Pueblo misionero de Dios:

La razón de ser de la iglesia local

Edición revisada y ampliada

Por: Carlos Van Engen

Prólogo a la edición en inglés por Arthur F. Glasser

Prólogo a la edición en castellano por Samuel Escobar

Prólogo a la edición revisada y ampliada en castellano por Carlos Van Engen

© 2022

Pueblo Misionero de Dios: La razón de ser de la iglesia local

Copyright ©2022 por Charles E. Van Engen

Edición revisada y ampliada en 2022

Originalmente publicado en español, en 2004, con el título
El Pueblo Misionero de Dios: Una Nueva Perspectiva de la Iglesia Local
por Libros Desafío

Título original en inglés: *God's Missionary People: Rethinking the Purpose of the Local Church*
Autor: Charles Van Engen
Publicado por Baker Book House, Grand Rapids, Michigan © 1991

Título: *Pueblo misionero de Dios: La razón de ser de la iglesia local*

Para las citas de la Biblia hemos recurrido a la versión Reina-Valera 1960,
excepto en casos donde se especifican otras versiones.

Publicado por…………………………..

ISBN 978-155883-409-5

Impreso en ……………………….

Dedicatoria

Dedico esta obra a millares de pastores y pastoras,
misioneras y misioneros, y miembros de la Iglesia
que ministran alrededor del globo terrestre
-- especialmente a mis compañeros y compañeras
en el ministerio en Chiapas, México.

Al demostrar su amor y compromiso con
el llamado de la Iglesia de Jesucristo hacia la misión
y la evangelización de los que aún no creen,
ellos me han inspirado con la energía y la visión
necesarias para elaborar esta obra.
Ellos han servido de ejemplo para dar forma concreta
a la visión de la iglesia misionera
expuesta en esta obra.

Indice General

Lista de ilustraciones

Prólogo a la edición en inglés

Considero un gran privilegio el haberme invitado a escribir el prefacio de este libro, ya que la ocasión se presta para presentar por primera vez a una persona relativamente desconocida, a quien, sin embargo, nos urge escuchar por lo que él tiene que compartir. Creo que Carlos Van Engen está especialmente calificado para impulsar la formación teológica y misiológica de los nuevos líderes de la Iglesia. Aunque el futuro es en gran manera desconocido, hay verdades que desafían a la Iglesia de Cristo. Van Engen reconoce dichos desafíos y tales verdades.

Además, este libro demuestra la capacidad del autor para presentar los temas bíblicos y teológicos que son fundamentales para la tarea que Dios ha dado a su pueblo. Por este motivo me alegro en presentar este libro y su potencial, su utilidad y su gran significado a escala mundial.

Allá por el año de 1955, el misiólogo e historiador Kenneth Scott Latourette, entonces catedrático emérito de la Universidad de Yale fue invitado a escribir la introducción de un libro intitulado *Los Puentes de Dios* (*The Bridges of God*). Al estudiar el manuscrito Latourette se dio cuenta de que en realidad ese libro sería "una marca para todos los tiempos." Puedo bien imaginar la emoción que debe haber sentido al empezar a realizar su tarea. ¿Y cuál fue su último párrafo? "Para el cuidadoso lector, este libro llegará a ser como una brisa de aire fresco....Es uno de los libros más importantes sobre métodos misioneros que haya aparecido en muchos años."

[1] Todos aquellos que han permanecido a la vanguardia del pensamiento misiológico y la práctica misionera desde que se publicó *Los Puentes de Dios*, seguramente estarán de acuerdo con esta opinión.

Ese elogio del catedrático Latourette al pensamiento misiológico de Donald A. McGavran ha resistido la prueba del tiempo. *The Bridges of God* (*Los Puentes de Dios*) fue el libro sobre misiones más leído en 1956; y el Movimiento del Iglecrecimiento que fuera impulsado por sus ideas ha llegado a ser un movimiento de grande influencia en la misiología de hoy.

No es presuntuoso expresar que este estudio inicial de Carlos Van Engen impulsará la discusión misiológica en las iglesias, enfocándolas a su misión en el mundo. ¿Cómo sería si cada congregación local pudiera autoevaluarse como una expresión local del "Pueblo Misionero de Dios?" Los que hemos leído la disertación doctoral de Van Engen, la consideramos guía confiable para nuestra reflexión sobre la Iglesia y su misión en el mundo. Para mostrar mi interés en el tema les diré que mi copia de esa disertación intitulada *El Crecimiento de la Iglesia Verdadera* (*The Growth of the True Church)* tiene numerosos apuntes en cada una de sus 517 páginas. Pero ahora, con este estudio más profundo del papel que juega la congregación local en el propósito misionero de Dios, tenemos algo que los cristianos alrededor del mundo indudablemente encontraremos de mucha utilidad.

Primeramente, Carlos Van Engen personalmente no se considera partidario de ninguna corriente teológica. En cierto modo, siempre lo he encontrado algo difícil de clasificar. Esto es característico de él. En todo tiempo es él mismo: mantiene su propio criterio como creyente y crítico, y es siempre amistoso. Su compromiso personal reside con los que viven bajo la Palabra de Dios, y los que permanecen en comunión de fe en Jesucristo. Por supuesto, Van Engen está profundamente comprometido con el cristianismo bíblico histórico, pero no puede ser fácilmente encasillado. Aquí está un hombre que en verdad encarna la gran afirmación de David: "Compañero soy yo de todos los que te temen y guardan tus mandamientos." Sal 119:63.

---

[1] "To the thoughtful reader this book will come like a breath of fresh air.... It is one of the most important books on missionary methods that has appeared in many years." Kenneth Scott Latourette, "Introduction", in Donald A. McGavran, *Bridges of God*. N.Y.: World Dominion Press, 1955 (reprinted by Eugene OR, Wipf and Stock, 2005), xiv.

Como consecuencia, él no es ni parroquial en su relación con la iglesia, ni polémico en la manera de compartir los resultados de su disciplinada reflexión. Es un miembro de toda la casa de la fe y refleja la vastedad de libros que ha leído, enriqueciendo y equilibrando los temas que trata. Nadie en la Iglesia se quejará de que no se les haya otorgado la atención debida a sus perspectivas particulares. Carlos Van Engen está dispuesto a defender la fe, pero nunca desciende al nivel de la crítica personal o la condenación general.

Segundo, Carlos Van Engen, aunque tiene el privilegio de ser "hijo de misioneros" y ha disfrutado de una relación estrecha con la tradición Reformada, no está interesado en extender, sin antes revisar, los elementos europeos y norteamericanos de la fe Reformada. Él escucha a los teólogos de todo el mundo. Esto significa que su comprensión de la presencia continua de Jesucristo en medio de su pueblo le obliga a discernir lo que "el Espíritu dice a las iglesias" hoy en todo el mundo. Reconoce la presencia trágica del error que constantemente desafía la verdad, pero está convencido de que el Espíritu Santo continúa dando a los fieles el discernimiento pertinente de las Escrituras acerca de la iglesia: su culto, su vida, y su servicio. Reconoce que no todas las iglesias desarrollarán precisamente el mismo énfasis, pero cree que cada una de ellas tiene algo que contribuir a la misión de Jesucristo en el mundo.

Como consecuencia, Carlos Van Engen toma en cuenta la esencia del encuentro ecuménico. El lector se verá impresionado por la variedad de autores que Van Engen ha consultado y cuyos libros él sugiere para su estudio. Especialmente significativo es el esfuerzo que hace para determinar los temas que particularmente reflejan hoy la voluntad de Dios para su pueblo. Se niega a afirmar que dicho material venga únicamente de su propia tradición teológica o de alguna otra tradición estrechamente definida, o que sea patrimonio de alguien en particular.

Al respecto opina Van Engen que el mejor teólogo de entre nosotros se encuentra con la verdad expresada en dos pensamientos escriturales "ver como en un espejo, oscuramente" y "conocer ahora solamente en parte" (1 Cor 13:12). Por ejemplo, él asienta que mucho tiempo antes que los evangélicos se preocuparan por el pobre, el oprimido, y los que viven una existencia marginada, otras corrientes de la Iglesia buscaban enfatizar las implicaciones teológicas y misiológicas que estas realidades representan. Van Engen ha querido aprender de ellos. En particular me gusta su constante buena voluntad de reconocer las contribuciones de otros y de expresar su deuda para con ellos.

Tercero, el autor no es ningún pensador de sillón. Hijo de misioneros en México, bilingüe y comunicador transcultural de la fe cristiana, sabe muy bien el peligro de tratar en una forma aislada y teórica los problemas profundos de la iglesia y su misión. Su propio compromiso misionero da peso y autenticidad a su reflexión teológica. Para aclarar algunos puntos importantes usa los discernimientos de los científicos sociales, sin cometer la trágica equivocación de algunos otros estudiosos del Iglecrecimiento, al partir de las Escrituras y proseguir solamente un "pragmatismo feroz."

Como consecuencia, él apoya la contextualización, pero condena la manipulación. Cree en una teología que viene de arriba, pero a la vez nos anima a escuchar a aquellos cuya sensibilidad a la condición del ser humano les hace evaluar la misión de la Iglesia desde abajo. Carlos Van Engen no demuestra adhesión rígida ni a métodos anticuados ni a estructuras sacrosantas, sino que escribe con sinceridad acerca de la necesidad de proporcionar un sentido autóctono a las iglesias locales en cualquiera cultura donde éstas tomen raíz.

Cuarto, este estudio es nada menos que un enfoque perspicaz a la muy abandonada y casi perdida llave de la reflexión misiológica: la iglesia local. Cuando primero me acerqué a escribir este prólogo, pensé en una declaración notable hecha en 1962 por Johannes Blauw, entonces secretario del Concilio Misionero de Holanda. En 1960 el Dr. Blauw había sido comisionado tanto por la Sección de Estudios Misioneros, como por el Concilio Internacional Misionero y el Concilio Mundial de Iglesias para considerar la naturaleza y la necesidad de la misión de la Iglesia en el mundo de acuerdo con la teología bíblica de los últimos treinta años.

El libro que él produjo, *La Naturaleza Misionera de la Iglesia* (*The Missionary Nature of the Church)* sufrió una muerte prematura, debido al cambio drástico que experimentó la reflexión teológica de esa época. Tristemente, el trabajo de Blauw despertó poco interés, aunque los evangélicos tomaron apoyo en sus discernimientos bíblicos. También es lamentable que, los misiólogos de la época de Blauw no hubieran explorado todas las implicaciones para la congregación local que éste menciona.

Sea como fuere, al final de su repaso bíblico, Blauw hizo una afirmación singular: "No hay ninguna otra Iglesia mas que la Iglesia enviada hacia el mundo, y no hay ninguna otra misión mas que la de la Iglesia de Cristo." En varias ocasiones Carlos Van Engen hace referencia a esta declaración, señalando su importancia. Mientras que Blauw quiere que refleccionemos en todo lo que la Biblia declara acerca del papel de la Iglesia enviada al mundo por su Cabeza, el Señor Jesucristo, es Carlos Van Engen quien ha tomado el desafío de relacionar estas ideas con la naturaleza misma de la congregación local. Este esfuerzo hace que su libro sea tan oportuno.

Es mas, Carlos Van Engen se ha concretado a hacer un repaso cuidadoso de la extensa literatura misiológica producida principalmente desde 1960. Su repaso convencerá al lector de que el Espíritu de Dios en nuestros días ha levantado una nueva generación de misiólogos en todas partes del mundo y en todas las diversas tradiciones de la Iglesia. Y su preocupación es la realización de la tarea todavía inconclusa de la evangelización mundial.

Este libro demanda una lectura cuidadosa y un estudio crítico. Amado lector, no permita que la tradición o los intereses creados; la cautela o la pura inercia le detengan para investigar estos temas amplia y profundamente. Después de haber leído este libro, pregúntese si su comprensión de la congregación local y la experiencia de la vida, culto, y testimonio de la Iglesia se aproximan a las realidades que Dios quiere que caractericen Su Iglesia.

¡Cuando terminé de leer este libro, no podía hacer más que decir-casi en voz alta- "¡Por fin! ¡Aquí está el libro que tanto hemos esperado!" Yo creo que Ud. dirá lo mismo.

Arthur F. Glasser

Decano Emérito

Escuela de Misión Mundial,

Seminario Teológico Fuller

Pasadena, California

1990.

Prólogo a la edición en castellano

Para la comunidad evangélica en los países de habla castellana, no podía ser más oportuna la aparición de este libro del Dr. Carlos Van Engen. En América Latina se ha dado en las últimas décadas un crecimiento espectacular de las iglesias evangélicas, en particular de las Pentecostales. Tal crecimiento acelerado, después de más de un siglo de presencia protestante lleva las marcas de lo que el estudioso Roland Allen llamaba con mucho acierto "La expansión espontánea de la Iglesia." La espontaneidad, entre otros factores, dio lugar a que algunas de las familias denominacionales que más han crecido no tengan una eclesiología clara, es decir ni una doctrina de la iglesia ni una práctica pastoral definidas. Su propio crecimiento numérico, su necesidad de institucionalización, y la crisis pastoral de las nuevas generaciones demandan con urgencia definiciones eclesiológicas. Otras iglesias cuya eclesiología estaba más clara, se ven confrontadas por el desafío de la cultura posmoderna y la popularidad de los modelos de mega-iglesia importados de Estados Unidos o surgidos en suelo iberoamericano. También ante ellos resulta necesaria la articulación de una eclesiología contextual.

Este trabajo de Van Engen es una contribución muy importante a la reflexión y definición acerca de la Iglesia que se necesita con urgencia hoy. Una de las razones por las cuales me honro en dar la bienvenida a esta obra es que el autor ha conseguido conjugar conciencia histórica, amplitud teológica, respeto a la enseñanza bíblica, y un sentido práctico que encamina siempre la reflexión hacia la aplicación en el ámbito cotidiano de la iglesia local. Aun los gráficos abundantes son evidencia de la experiencia docente del autor no sólo en el mundo académico sino en el día a día de la vida de las congregaciones locales. Sólo cuando la reflexión teológica alcanza ese nivel cumple con su propósito dentro de la economía del Reino de Dios.

La falta de sentido histórico y el desconocimiento de veinte siglos de reflexión sobre la naturaleza y misión de la Iglesia se debe por una parte a la reacción contra el institucionalismo constantiniano de la Iglesia Católica Romana en el mundo de habla hispana. Por otra parte, la fuerte presencia de misiones evangélicas independientes de tipo interdenominacional (llamadas en inglés *faith missions*) significó que muchas misiones postergaron demasiado el tratamiento de las cuestiones eclesiológicas que por lo tanto quedaron indefinidas para el liderazgo nacional. Van Engen hace un buen trabajo de refrescarnos la memoria, empezando por un examen del material bíblico y un resumen de los aportes de la tradición protestante que conectan con el pensamiento clásico de la Iglesia Cristiana que también es parte de la herencia evangélica, pero que desconocemos pues ha quedado oscurecido por las fórmulas romanas congeladas y reaccionarias de los Concilios de Trento y el Vaticano Primero.

Este resumen bíblico e histórico ayuda también a los evangélicos provenientes de misiones denominacionales que, aunque tenían una mejor definición eclesiológica que las misiones independientes, no siempre supieron contextualizar su herencia dentro de las realidades del mundo de habla hispana. Como señala el prologuista de la versión de este libro en inglés, Van Engen lleva adelante su reflexión con un espíritu amplio para reconocer la variedad de aportes eclesiológicos de las diferentes tradiciones y conectarlas con las preguntas más urgentes que surgen del presente. Aquí se conjugan por un lado su familiaridad con la situación latinoamericana debido a su propia experiencia misionera en Mexico, y por otro su espíritu amplio y abierto sin apartarse demasiado de su propia tradición Reformada.

Como ya lo habían hecho Juan A. Mackay en su libro *El orden de Dios y el desorden del hombre* (1964) y René Padilla en su libro *Misión integral* (1985), Van Engen presta especial atención a la Epístola a los Efesios. Con ello establece un fundamento que resulta especialmente importante cuando en la segunda mitad de su libro trata la difícil temática de la estructura de la iglesia local con sentido de misión y del liderazgo. Sobre este último tema existe una cantidad impresionante de literatura en castellano, mayormente traducida, pero que pocas veces se relaciona de manera explícita y consistente con la vida de la iglesia local. En cambio, la reflexión de Van Engen sobre el tema parte precisamente de las cuestiones que se plantean cuando la iglesia local se esfuerza en recuperar su dimensión misionera. Con ello consigue contagiarnos una preocupación legítima de origen bíblico sobre el crecimiento de la iglesia, sin caer en las extravagancias de la misiología gerencial de Iglecrecimiento. También Van Engen reconoce la medida en que la entrada de categorías bíblicas - y yo agregaría la innegable influencia de la presencia evangélica - van renovando el pensamiento católico romano en conceptos como los de las comunidades eclesiales de base.

Dos capítulos centrales de este libro hacen uso de la tradición Reformada para plantear con lucidez la necesidad de un marco teológico amplio como lo es el Reino de Dios, a fin de entender mejor la relación entre la iglesia y el mundo. El protagonismo cultural y político de la creciente minoría evangélica en el mundo de habla hispana demanda este tipo de reflexión. Van Engen se constituye así en un interlocutor válido para los pensadores que van surgiendo en el mundo Evangélico y Pentecostal. Tengo la impresión de que este libro debe leerse no tanto como un recetario que tenga las respuestas definitivas a todos los problemas eclesiológicos que enfrentan las iglesias evangélicas de habla hispana en el mundo. Se trata más bien de un aporte serio y comprometido con la misión de la iglesia, un llamado a la reflexión en una época de cambios en que las iglesias evangélicas deben recuperar un sentido de identidad y misión con una visión misionera de futuro. Un aporte bien informado e ilustrado y pleno de sugerencias.

Cabe agradecer a Dios por la vocación teológica y docente que ha llevado a Carlos Van Engen a completar esta obra y por su interés en que ella aparezca en castellano. Ahora en el mundo de habla hispana tanto los estudiosos de la misión cristiana, como los pastores embarcados en ella desde su iglesia local, encontrarán en este libro un desafío a pensar, orar y actuar.

Samuel Escobar
Valencia, España y Wynnewood, Pennsylvania.
Septiembre del 2002.

Prólogo a la edición revisada y ampliada
en castellano

Hace ya treinta años desde que saliera la primera publicación de este libro en inglés. Desde entonces se ha traducido esta obra en varios idiomas. Durante estos años intermedios he tenido la oportunidad de enseñar este material en numerosos seminarios e iglesias, en diversas naciones y contextos. Además, los más de 80 candidatos en estudios de Ph.D. en teología que he tenido la dicha de supervisar me han enseñado mucho acerca de la misión de la iglesia. Quiero mencionar algunas de las lecciones que he aprendido con relación a este libro.

En primer lugar, he aprendido que las verdades de la Biblia se extienden más allá de los confines de contexto y de tiempo. Algunos estudiosos que comentaron sobre este libro presumieron que este libro representa una tradición netamente "reformada," en distinción a una perspectiva bautista, luterana, episcopal o wesleyana, porque se comienza con un análisis de la eclesiología clásica, haciendo referencia a los cuatro atributos clásicos: una, santa, universal y apostólica. No es así. Las cuatro palabras clásicas son parte de la herencia de toda tradición cristiana al través de los siglos, desde el primer siglo hasta hoy. No es posible pensar en la naturaleza de la iglesia sin considerar las cuatro palabras clásicas.

En segundo lugar, con relación a los cuatro atributos, algunos han sugerido que, ya que mi interés es la misión, yo debería cambiar el orden de las cuatro palabras y comenzar con la característica de apostolicidad primero, porque el apostolado tiene que ver con el envío de Dios en su misión. Es interesante la sugerencia, y tiene aspectos importantes. Pero al final de cuentas la descarté. A mi parecer, la Iglesia unida en Cristo, santa en su obediencia y acercamiento a Cristo, y universal en su visión global es la Iglesia enviada: no otra. Si al concepto de envío (apostólica) se le da prioridad de lugar, uno fácilmente cae en la tentación de una expansión de imperio eclesiástico, de proselitismo y de venta de un producto sin considerar la autenticidad y calidad de lo que se está esparciendo, propagando o vendiendo. En América Latina conocemos bien esta tentación, ya que es parte de nuestra historia en relación con la imposición de la religión ibérica sobre todo nuestro continente. Yo me crié en San Cristobal de Las Casas, Chiapas, México, un pueblo colonial, fundado por los españoles a principios de los 1500s, cuya historia refleja esta extensión de imperio religioso.

En tercer lugar, unos amigos misiologos observaron que en este libro hay poca referencia a la contextualización ni a los contextos culturales donde la iglesia toma forma. Considerando que en la misión siempre estamos interesados en la relación dinámica de la iglesia con su contexto cultural, este vacío contextual parecía una falta seria de la obra. Al través de los años he pensado seriamente sobre esta crítica. Por fin la dejé de un lado. He descubierto que las palabras que la Biblia usa acerca de la esencia de la iglesia en su naturaleza misionera son conceptos bíblicos que no cambian y que son de igual importancia en cualquier momento. Además, cuando pimero me puse a escribir este libro, decidí que habría poca referencia a culturas y contextos porque estos conceptos se pueden aplicar en cualquier contexto, pero siempre toman formas diferentes. Representan las mismas ideas, pero se viven en diferentes maneras, de acuerdo con el contexto y la cultura. La contextualización no se hace en forma general. Siempre es específica y particular en el lugar de los hechos. Así, por ejemplo, lo que significa que la iglesia ha de ser profética o sacerdotal toma muy distintas formas de acuerdo con la cultura y el contexto donde se ubica la congregación local.

En cuarto lugar, ha venido aprendiendo la importancia de distinguir entre la teología de la iglesia (la eclesiología) y los estilos de adoración, los procesos eclesiásticos, las formas de gobierno y las actividades eclesiásticas de la iglesia. Durante los pasados veinte años ha salido un gran numero de obras acerca de movimientos como la iglesia simple, la iglesia emergente, la iglesia misional, la megaiglesia y la iglesia celular. Yo he leído casi todos esos libros. La lista bibliográfica es demasiado extensa para incluir en este libro. Esas obras piden otro libro que las examine y analice bíblica y teológicamente, especialmente desde una perspectiva latinoamericana. Tristemente, la mayoría de esas obras hablan casi exclusivamente de asunto eclesiásticos describiendo lo que autor hizo para ver crecer su iglesia, y pocos hacen reflexión sobre la naturaleza esencial de lo que es la iglesia. Hablan del cómo se hizo y quién lo hizo en construir esas iglesias. Esos detalles son importantes, pero no son esenciales. En este libro me puse a pensar acerca del qué de la iglesia. ¿Qué es la esencia de la naturaleza de la iglesia misionera?

Finalmente, en esta obra he planteado una distinción entre Iglesia e iglesia (con "I" mayúscula o con "i" minúscula). Por siglos en la historia de la Iglesia, se ha entendido que la Iglesia Cristiana (con I mayúscula) es la idea, el concepto de Iglesia. Tal como Agustín de Hipona la dijo, la Iglesia incluy a todos en todo lugar que jamás han creído en Jesucristo. A veces la Iglesia (con mayúscula) es la Iglesia invisible, ya que tan grande, amplia y extendida en términos de geografía y tiempo que no se puede verla toda.

La Iglesia es maravillosa y gloriosa. Pero nadie nunca la experimenta personalmente. Nosotros experimentamos la iglesia (i minúscula). Desde su inicio con la venida del Espíritu Santo en el Pentecostés, en Jerusalén, la iglesia ha consistido en la reunión de la congregación, llamados a juntarse como seguidores de Jesús el Cristo. En este sentido, Jesús dijo que, "Donde están dos o tres congregados en mi nombre, allí estoy yo en medio de ellos" (Mt 18:20). La presencia de Cristo constituye la Iglesia en su realidad concreta como iglesia. Es más, cuando los seguidores de Jesús se reunen en su nombre, Jesus les dijo que, "Los que me aman, mi palabra guardarán; y mi Padre les amará, y vendremos a ellos, y haremos moradea con ellos." (Jn 14:23). Aquí Jesús habla de una realidad concreta, una entidad visible, una reunion reconocible de los seguidores de Jesus, reunidos en el nombre de Jesús. La presencia del Espíritu Santo trae la presencia de Jesucristo. "Mas el Consolador, el Espíritu Santo, a quien el Padre enviará en mi nombre, él os enseñará todas las cosas, y os recordará todo lo que yo os he dicho…Pero cuando venga el Consolador, a quien yo os enviaré del Padre, el Espíritu de verdad, el cual procede del Padre, él dará testimonio acerac de mí. (Jn. 14:26; 15:26). La presencia trinitaria de Padre, Hijo y Espíritu Santo crea la Iglesia y la iglesia ocurre en forma concreta y visible. Como se ve en el libro de los Hechos, la misión de la iglesia nace la congregación local (primero en Jerusalén, luego en Antioquia y alrededor de todo el imperio Romano. Pablo termina cada uno de sus viajes misioneros rindiendo informe a las congregaciones de Antioquía y Jerusalén. Y la misión de Pablo era principalmente predicar en palabra y hecho la venida del Reino de Dios en Jesucristo, buscando establecer nuevas congregaciones.

Esta distinción entre Iglesia e iglesia vendrá a ser cada vez más notoria en este libro. Muy a menudo pensamos en la iglesia como aquella congregación de creyentes que buscan el propósito de Dios al reunirse como congregación. Pero también tenemos la Iglesia, aquel cuerpo comprado por la sangre de Jesucristo y llamado a ser su pueblo de todos los tiempos, en todo lugar en el mundo. El pueblo misionero de Dios se compromete a concretizar la Iglesia universal en la iglesia local.

Aprendí de mi amigo y consiervo, Orlando Costas, que multiplicar nuevas iglesias es la penúltima meta de la misión de Dios. Como cuerpo de Cristo, las **iglesias consisten en** la presencia física de Dios en este mundo, para la bendición y la transformación del mundo (Ro 12; 1 Co 12; Ef 4: 1 P 2 y 4). Esta verdad nos obliga a enfatizar la importancia de las iglesias. La Iglesia universal, la Iglesia en todo el mundo — de todos los tiempos y culturas – es una idea, un concepto. En realidad, esta Iglesia no existe de manera concreta y visible. Lo que existe es una multitud de congregaciones locales, de iglesias locales, cada una de las cuales es una manifestación local de la Iglesia universal. Usted y yo y todos los creyentes en Jesucristo nunca experimentaremos la Iglesia universal. La base desde la cual somos enviados al mundo es la congregación local, en la cual experimentamos la comunión de los santos y crecemos espiritualmente. Siendo así, es imposible sobreestimar la importancia de la congregación local de hombres y mujeres que aman a Cristo y adoran a Dios, mediante el poder del Espíritu Santo.

No obstante, la meta final de nuestra misión no puede ser sólo la congregación local. Multiplicar, hacer crecer y vigilar la salud y el desarrollo de la iglesia local es la penúltima meta de nuestra misión, tal como Orlando Costas nos ayuda a ver (Costas 1974, 90; 1979, 37-59; 1982, 46-48). La meta última de nuestra labor misionera es la gloria de Dios.

La penúltima meta de multiplicar iglesias saludables es esencial. Dios ha elegido a la congregación local como su principal instrumento para su misión en el mundo. Siendo así, para alcanzar la meta final, es de suma importancia edificar miles de nuevas congregaciones misioneras alrededor del mundo. Dios es glorificado cuando las vidas de las personas son cambiadas y las familias y las estructuras sociales, económicas y políticas de una ciudad o nación experimentan una transformación radical. Todo esto se debe a que el Espíritu Santo usó a las congregaciones locales para anunciar la venida del Reino de Dios en Jesucristo, de manera holística, en palabra y obra, de manera contextualmente apropiada y bíblicamente sana.

Carlos Van Engen

Holland, Michigan, USA

Mayo de 2022

Prefacio

La clase irrumpió en risas, pero el alto y solemne pastor africano dijo que no bromeaba: "Hermano Carlos, usted preguntó qué es lo mínimo que se necesita para que la iglesia sea legítimamente la Iglesia. Yo hablaba en serio cuando dije que lo único que se necesita es una campana. En mi tierra puedo salir a caminar en el campo, pararme bajo la sombra de un árbol y al tocar la campana la Iglesia se reúne."

Una mujer brasileña movía su cabeza en desacuerdo: "En mi país no necesitamos una campana, sólo necesitamos personas y la Biblia. Esto es algo que las Comunidades Eclesiales de Base [2] y las pequeñas congregaciones protestantes tienen en común. Ambas se juntan como discípulos de Jesucristo para estudiar las Escrituras, reflexionar sobre el significado de la Biblia para sus vidas, y animarse unos a otros a vivir las implicaciones del evangelio en sus contextos.

---

[2] Comenzando en Brasil en la década de los 1960, y extendiéndose en toda América Latina, grupos de CatólicoRomanos empezaron a reunirse en comunidades íntimas, buscando una manera de hacer reflexión sobre la relación que existía entre las Escrituras y su situación sociopolítica y económica. A menudo estas reuniones eran efectuadas sin la presencia de un sacerdote, y estos grupos llegaron a ser conocidos como "Comunidades Eclesiales de Base" (CEBs). Estos grupos tuvieron un impacto en la política y la iglesia en América Latina, sobre todo cuando se relacionaron estrechamente con el desarrollo de Teología de la Liberación latinoaméricana. Quizás el mejor trabajo al respecto sea el que escribió un protestante evangélico. Ver Guillermo Cook. *The Expectation of the Poor: Latin American Base Ecclesial Communities in Protestant Perspective* (Maryknoll, New York: Orbis, 1985). Ver también Cook, "The Protestant Predicament: From Base Ecciesial Community to Established Church: A Brazil Case Study" en *International Bulletin of Missionary Research* (July 1984): 98-102; Leonardo Boff. *Ecclesiogenesis: The Base Communities Reinvent the Church.* Maryknoll, New York: Orbis, (1986); Samuel Escobar. "Base Church Communities: A Historical Perspective" en *Latin American Pastoral Issues,* 14.1 (June 1987): 24-33; J. B. Libanio. "Base Church Communities (CEBs) in Socio-Cultural Perspective" en *Latin American Pastoral Issues.* 14.1 (June 1987): 24-47; René Padilla. "A New Ecclesiology in Latin America" en *International Bulletin of Missionary Research,* 11.4 (Oct.1987): 156-64; Valdir Steuernagel. "Base Ecciesial Communities: An Evangelical Reflection" en *World Evangelization* (May-June 1988): 17-18; John Welsh. "Comunidades Eclesiais de Base: A New Way to be Church" en *America,* 154.5 (Feb. 8, 1986): 85-88.

Ellos saben que donde hay dos o tres reunidos en el nombre de Cristo, él promete estar en medio de ellos." (Mateo 18:20).

La profunda sabiduría del hermano del África y de la hermana del Brasil, me hicieron recordar mi propio aprendizaje y compromiso con el evangelismo rural en el sur de México. Al llegar a algún pueblecito remoto, pedíamos permiso a las autoridades para llevar a cabo un evento de evangelismo público. En las horas siguientes colocábamos nuestro púlpito, conectábamos el sistema de sonido, colgábamos un hilo de bombillas de luces, preparábamos el proyector de películas con su generador portátil, y arreglábamos unas tablas a manera de bancas. Ya para la puesta del sol el pueblo se reunía. El pastor mexicano proclamaba la Palabra de Dios, se proyectaba una película para presentar la vida de Cristo, y se invitaba a los visitantes a aceptar a Jesucristo como su Salvador y a hacerse miembros activos de su Iglesia.

Casi toda mi vida he estado involucrado de alguna manera con la Iglesia; especialmente durante los últimos cincuenta años mi participación en la educación teológica me ha obligado a hacerme preguntas profundas y difíciles acerca del propósito de la Iglesia. He vivido, hablado, caminado y trabajado con cientos de pastores, pastoras, misioneras y misioneros, y cada vez surge con fuerza mayor: la necesidad de definir el propósito de la Iglesia, y especialmente el propósito para el cual la congregación local existe.

En esta obra he planteado una distinción entre Iglesia e iglesia (con "I" mayúscula o con "i" minúscula). Esta distinción vendrá a ser cada vez más notoria de aquí en adelante. Muy a menudo pensamos en la iglesia como aquella congregación de creyentes que buscan el propósito de Dios al reunirse como congregación. Pero también tenemos la Iglesia, aquel cuerpo comprado con la sangre de Jesucristo y llamado a ser su pueblo en el mundo. El pueblo misionero de Dios se compromete a concretizar la Iglesia universal en la iglesia local. Definitivamente hablaremos de iglesias, pero es el propósito de la Iglesia lo que dominará nuestro interés.

Por lo tanto, necesitamos comprender lo que es la Iglesia. Lyle Schaller señala en *Las Marcas de una Iglesia Saludable*[3] (*Marks of a Healthy Church*) que hay varios métodos de plantear nuestra perspectiva de la iglesia. El menciona específicamente tres: (1) La Iglesia Modelo —usando ciertas congregaciones como ejemplos o modelos para otras; (2) La Muestra Amplia —

---

[3] *Parish Paper* (New York: RCA. 1983), 1.

usando análisis estadístico y estudios sociológicos para señalar ciertas características sobresalientes que serían deseables, y (3) La Búsqueda Bíblica —la cual toma en cuenta ejemplos, mandatos y verdades proposicionales acerca de la Iglesia que se encuentran en la Biblia.

En este libro nuestra reflexión se basará mayormente en el enforque del tercer método. La fuerza de este planteamiento es que nos permite tratar ciertas verdades instituidas por Jesucristo. Podemos estar seguros de nuestro punto de partida, y tener una base para juzgar qué debería o no ser incluido en el concepto de Iglesia. Mantener este método como norma nos da dirección, impulso, motivación y confianza. A la vez, debido a que este método comienza con verdades lógicas, teóricas e ideales, se debe probar constantemente su aplicación a la vida real de la iglesia local. La teoría siempre debe permanecer en contacto íntimo con la iglesia tal como usted y yo la conocemos. Cabe aclarar que el acercamiento bíblico-teológico debe mantenerse siempre en una relación creativa y dinámica con los "modelos de iglesias" de Schaller y para ver su pertinencia se debe comparar con los datos de la "Muestra Amplia."

Pastores y pastoras, misioneros y misioneras, ejecutivos de misiones y plantadores y plantadoras de iglesias, todos estamos involucrados en llamar a las iglesias a ser lo que Cristo desea que sean. Ya desde que Henry Venn y Rufus Anderson[4] promovieron la idea de que las organizaciones misioneras deberían desarrollar congregaciones auto-desarrolladas, auto-propagadoras y autosostenidas, se ha planteado la pregunta en cuanto a la naturaleza de la Iglesia que estamos creando por medio de las iglesias locales. Desafortunadamente, los misioneros, ejecutivos de misión, plantadores nacionales e internacionales de iglesias y especialistas en el crecimiento de la iglesia raramente investigan las preguntas difíciles en lo que concierne a la naturaleza de las iglesias que están organizando. Este libro tiene la finalidad de estimular dicha

---

[4] Durante la mitad del siglo dieciocho Henry Venn sirvió como secretario general de la Sociedad Misionera de la Iglesia de Inglaterra y trabajó estrechamente con Rufus Anderson, entonces secretario correspondiente de la Junta Americana de Comisionados para Misiones Extranjeras. Aunque Venn era Anglicano y Anderson Congregacionalista, compartieron una perspectiva en común en la meta de la eclesiología de misiones, que llegó a ser conocido como, ("Las Tres Auto-fórmulas…Three-self formula"). Bajo esta fórmula, las iglesias que surgían como fruto de la misión, deberían demostrar su auto-desarrollo, auto-propagación y auto-gobierno tan pronto como fuera posible. R. Pierce Beaver creyó que estos dos hombres eran "los dos más grandes pensadores y administradores misioneros protestantes del siglo diecinueve, cuya influencia duró hasta mediados del siglo veinte." R. Pierce Beaver. *To Advance the Gospel Selections from the Writings of Rufus Anderson.*Grand Rapids: Eerdmans, 1967. p. 5. Ver también Charles Van Engen. *The Growth of the True Church.* Amsterdam: Rodopi, 1981. p. 267-77; Bengt Sundkler. *The World of Mission.* Grand Rapids: Eerdmans, 1965. p. 41; y Harvie Conn. *Theological Perspectives on Church Growth.* Nutley, New Jersey: Presbyterian and Reformed, 1976. p. 110.

reflexión. Cuanto más he estudiado el tema, estoy más plenamente convencido de que la Iglesia es una creación maravillosa y misteriosa de Dios que toma forma concreta inicialmente en la vida de los discípulos de Jesús que se reúnen en congregaciones locales y buscan contextualizar el evangelio en su tiempo y en su cultura.

Mi tesis es que en la medida en que las congregaciones locales son edificadas para alcanzar al mundo con el Evangelio del Reino de Dios, ellas vendrán a ser en realidad lo que ya son por fe: el *pueblo misionero de Dios*.

Dedico esta obra a los y las pastores y pastoras, misioneras y misioneros, y miembros de iglesias quienes con amor cristiano formaron mi pensamiento con sus preguntas acerca de la iglesia local y me acompañaron con entusiasmo a buscar respuestas bíblicas y teológicas sólidas. Les debo a ellos mi gratitud por su entrega de corazón y su compromiso con este proyecto. Los y las pastores y pastoras, misioneras y misioneros y ejecutivos misioneros que han intervenido con sus ideas, también han dejado aquí su huella.

Deseo expresar mi más profunda gratitud al Seminario Teológico Fuller por brindarme un corto tiempo sabático durante el cual pude completar este manuscrito. Doy gracias a Dios por mi esposa, Juanita, y reconozco con gratitud su labor de amor al corregir este manuscrito. Alabo a Dios por mis hijos, Amy, Anita y Andrés, quienes me han apoyado en mi trabajo, a la vez que me han mantenido en contacto con los aspectos más básicos de la vida cristiana. Finalmente, deseo expresar mi aprecio a la Casa de Publicaciones Baker y al Reformed Bible College por auspiciar la Conferencia Baker de Misiones de 1989, la cual proveyó el foro para presentar una parte del material que compone esta obra.

Es mi oración que este libro pueda motivar a pastores y pastoras, misioneras y misioneros a una reflexión más profunda sobre el propósito para el cual sus congregaciones existen y la forma en que sus congregaciones pueden demostrar las buenas nuevas del evangelio en sus contextos, con claridad y valentía.

Carlos Van Engen
Pasadena, California
Octubre 1990

Introducción

Era un día lleno de sentimientos ambivalentes en la reunión anual de la Sociedad Americana de Misiología celebrada en Chicago. Durante el desayuno algunos de nosotros comentábamos la noticia de que cerca de cuarenta parroquias Católico-Romanas habían cerrado sus puertas en Detroit, en el estado de Michigan. En contraste, acabábamos de escuchar la conferencia de un colega describiendo con entusiasmo el crecimiento de la iglesia en China. Sus visitas a varias iglesias reunidas en hogares le habían dado una profunda transformación en su perspectiva de cómo la Iglesia puede vivir en el mundo.

Seguimos con una presentación sobre el movimiento de las "comunidades eclesiales de base" en Brasil. Con reverencia y casi asombro, la conferencista nos explicaba la forma en que estas comunidades surgían como expresión de la consciente revelación de Dios en las Escrituras. Y, sin embargo, los miembros de estos grupos sentían también el dolor de la realidad socioeconómica en que se encontraban las masas. Para mí fue desafiante pensar en la naturaleza, la forma orgánica y la dinámica espiritual y sociocultural de estas comunidades populares de creyentes. Salí de aquella reunión animado, con esperanza y lleno de una nueva visión de lo que la Iglesia misionera podría ser.

Ese mismo día, unas horas después, fui a ver a un amigo que pastoreaba una iglesia en aquella ciudad. Esa noche conversamos acerca de los quehaceres diarios de su vida. Él me explicó cómo su iglesia estaba organizada alrededor de las áreas tradicionales de adoración, educación, cuidado congregacional y alcance comunitario. Me relató lo aislada que se encontraba esa congregación en medio de un vecindario urbano en transición. Se quejó de que no había suficiente tiempo para administrar las cuatro áreas de la vida de la iglesia: adoración, educación, finanzas, y misión. Era necesario aumentar el personal pastoral, decía él. Además, los miembros carecían de compromiso personal hacia la iglesia, y por consiguiente la iglesia sufría económicamente. No había dinero ni para darle un aumento de sueldo al pastor. Él se sentía muy solo, aislado, resolviendo él mismo las presiones del ministerio y manteniendo un edificio en deterioro.

Esa conversación me hizo regresar de nuevo a la realidad. Mientras escuchaba a mi amigo, comencé a entender que él y su iglesia no tenían una visión íntegra del porqué existían como iglesia. No había un entendimiento coherente de su propósito o de cómo la congregación debería interrelacionarse con su medio ambiente. Para ellos el concepto de "misión" consistía en apoyar una obra lejana, en enviar dinero para sostener la labor de unos misioneros que trabajaban en un país lejano, en apoyar el programa misionero denominacional, y en ayudar a una hija de la Iglesia que trabajaba con una agencia de auxilio social en Asia. Por lo que pude ver, mi amigo había estado en el ministerio por muchos años, pero nunca se había preguntado: ¿Por qué existía la congregación donde él servía? ¿Por qué estaba situada la congregación en ese lugar? ¿Cuál debía ser su ministerio? o ¿Cuáles deberían ser las áreas prioritarias del ministerio de la iglesia en ese contexto?

Mi amigo había recibido su educación en un buen seminario donde se le había enseñado cómo mantener satisfechos a los miembros de la iglesia, cómo organizar su oficina en una forma profesional, y a recibir su sueldo de la iglesia. Sentía tristeza por él, igual me dolía el corazón por otros pastores en idénticas condiciones en la Ciudad de México, Nairobi, Caracas y Seúl, cuyos ministerios parecen sufrir de una confusión similar.

Una de las áreas de estudio de misiología mas ignorada alrededor del mundo ha sido la eclesiología. En lugar de buscar nuevas avenidas para contextualizar la congregación en forma creativa y mejor representar el evangelio en ese lugar, hemos importado procedimientos extranjeros de la iglesia, sus formas, sus estructuras y sus tradiciones. Estos procedimientos han sido tomados de contextos antiguos y poco relevantes, y luego los hemos sobrepuesto a otras culturas alrededor del mundo. Aunque estemos conscientes de la relación entre evangelio y cultura, aún nos falta contextualizar las formas de la iglesia misma en su contexto cultural.

Al acostarme aquella noche, estaba convencido más que nunca, que es necesario cuestionar en forma profunda la naturaleza y el propósito de nuestras congregaciones. Esas preguntas deben hacerse de tal manera que ofrezcan respuestas especiales a la dinámica particular de cada congregación. El desarrollo de la misión de la congregación – o, mejor dicho, de congregaciones misioneras -- ya no es una opción. En la década de 1960 había algunos pronósticos de que la congregación moderna dejaría de existir. Esto no ha sucedido. Las congregaciones locales no van a desaparecer, pero su calidad de vida está en peligro. Estas congregaciones van a pasar toda la vida luchando por mantener lo que tienen, o se levantarán a una nueva vida y capturarán una nueva visión de su propósito misionero dentro de su contexto individual.

Esta visión significa más que el desarrollo de una filosofía de ministerio, y promueve acciones mas profundas que fijar metas o mejorar la administración. Las congregaciones locales alrededor del mundo cobrarán nueva vida y vitalidad a medida que entiendan el propósito de su misión por el cual existen en relación a su cultura, su pueblo, y las necesidades específicas de su alrededor. Todo ello les servirá de llamamiento a la acción misionera a través de la cual ellos descubrirán su propia naturaleza como pueblo de Dios en un mundo creado y amado por Dios.

El propósito de este libro es animar a misioneros y misioneras, ejecutivos y ejecutivas de misión, plantadores y plantadoras de iglesias, pastores, pastoras y líderes en las iglesias locales para que tomen su papel estratégico de crear congregaciones misioneras en el mundo. Se busca llamar a líderes de congregaciones locales a equipar a los miembros de sus iglesias para descubrir su propia naturaleza misionera. Además, esto implica la dura tarea de determinar prioridades y metas, de desarrollar estrategias personales y estructurales en unión con la obra del Espíritu Santo. Éste demanda que la iglesia se transforme y llegue a demostrar en el campo de los hechos lo que confiesa ser por fe.

El presente estudio incluye observaciones hechas por aquellos que, aunque representan diferentes y a menudo conflictivas tradiciones, demuestran sorprendente afinidad en cuanto al propósito de la misión de la iglesia.

Aquí estamos envueltos en *teologia viatorum,* una teología del camino. En nuestro proceso de aprendizaje consultaremos muchas tradiciones, buscando un grado de consenso acerca de la naturaleza de la misión de la iglesia. Al desarrollar estos temas no intentaremos proveer todas las respuestas, ni sugerir todas las posibles estrategias o criticar autores o tradiciones. Al contrario, nuestro propósito es introducir al lector a la rica mina de oro que es la teología de la misión de la iglesia. También queremos inspirar al lector y lectora a dar un vistazo más de cerca a la literatura sobre el ministerio eclesiástico de misión.

Esperamos que los lectores se comprometan con las nuevas perspectivas que se presentan en esta obra y que consideren los temas presentados, aplicándolos a la vida de su congregación local. Mi oración es que este volumen pueda, aunque en forma mínima, contribuir a la creación de congregaciones misioneras alrededor del mundo.

PRIMERA PARTE

La iglesia local: pueblo misionero de Dios

CAPÍTULO 1

Una nueva perspectiva

de la iglesia local

En 1980 construí una casa en las afueras de Tapachula, una ciudad tropical, al extremo sur de Chiapas, México. Al frente de la casa sembré un pequeño arbolito de unos 30 centímetros de alto. Cuidé ese arbolito, echándole agua durante la estación seca, podándolo durante el tiempo de lluvias, dándole forma y echándole veneno contra las hormigas cada mes para que éstas no se comiesen sus hojas. Al crecer el árbol tuve que arreglar la acera porque las raíces levantaron el cemento. Pasé horas incontables cuidando aquel arbolito y valió la pena. Después de tres años, mi árbol era tan alto como una casa de dos pisos y sus ramas daban sombra al jardín del frente de la casa. Su follaje volvía los torrentes de lluvia en una agradable brisa. Proveía un lugar para que los que pasaban pudiesen descansar bajo su sombra, y sus flores anaranjadas daban de comer a muchos pájaros. Al momento de sembrarlo, el árbol no era más que una pequeña plantita. Sin embargo yo sabía que de esa plantita surgiría un árbol.

En igual forma, miles de personas siembran unos pequeños bulbos de tulipán durante el otoño. Ellos no piensan que están plantando raíces sino que aseguran que están plantando tulipanes. Los que siembran no ven lo que siembran – miran con anticipación lo que va a surgir.

En muchos aspectos la iglesia de Jesucristo es como esa plantita o como el bulbo de tulipán. Alrededor del mundo la iglesia ha sido plantada pequeña y débil y ha crecido para llegar a ser una fuente de protección, de vida nueva que muestra un creciente compromiso por la salud y alimento espiritual de otros. Por primera vez en la historia de la humanidad encontramos a la iglesia rodeando al globo terrestre, acogiendo a mil-y-medio millones de personas quienes de una manera u otra confiesan su lealtad a Jesucristo y se autodenominan Cristianos.[5] Estamos en vísperas de una era totalmente nueva en la historia mundial y del Cristianismo, "una era de discipulado global" caracterizada por un "acceso total y global a todos los pueblos de la tierra."[6] Por primera vez la iglesia se ve suficientemente grande y extensa como para presentar el evangelio a todo ser humano en una forma comprensible. La oportunidad existe para que la iglesia única, santa, universal y apostólica testifique de su fe a personas de toda lengua, tribu y nación. Y a medida que las congregaciones sean creadas por esta labor misionera, la iglesia de Jesucristo alrededor del mundo crecerá como ese arbolito para llegar a ser lo que es en su verdadera naturaleza: el pueblo misionero de Dios.

Para que los misioneros y misioneras, plantadoras y plantadores de iglesias, pastoras y pastores puedan crear congregaciones misioneras tendrán que mostrar y vivir una nueva visión de la iglesia en su contexto local. La plantita tiene ya su propia naturaleza como árbol, le falta la madurez necesaria. Esta nueva perspectiva de la Iglesia es muy emotiva porque tiene en su naturaleza todo lo que Jesucristo dijo que vendría a ser. Jesús expresó esta perspectiva de crecimiento integral al comparar el Reino de los cielos al grano de mostaza y a la levadura (Mateo 13:31, 33). En ambas figuras el énfasis no reside en lo que es, sino en lo que puede llegar a ser. Debemos reconocer que el potencial no se expresa en forma contreta sin esfuerzo. La futura madurez comienza con la semilla. Es necesario estimular, cultivar y cuidar esa semilla para que llegue a ser lo que se espera. La masa no crece sin un poco de levadura. El grano de mostaza no crece y no se convierte en un árbol inmenso a menos que se siembre la semilla. De la misma forma la iglesia adquiere su dinamismo a la medida en que se acerca al Reino de Dios venidero. A través de la acción de Dios por medio del poder del Espíritu Santo, la fuerza movilizadora del Reino de Dios transforma lo que "ya" existe en lo que "todavía no" existe.

La iglesia es el cuerpo espiritual de Cristo en el mundo. No puede llegar a ser más completa de lo que es: el único santo, católico y apostólico pueblo de Dios. Nuestro Dios llama a la Iglesia a crecer hacia una mayor plenitud, hacia su verdadera naturaleza. En esta tensión dialéctica entre

---

[5] Ver David Barrett. *World Christian Encyclopedia* (Oxford: Oxford University Press, 1982): idem. "Silver and Gold Have I None: Church of the Poor or Church of the Rich?" *International Bulletin of Missionary Research*, 7.4 (Oct. 1983): 146-51.

[6] Ver David Barrett. "Five statistical Eras of Global Missions." *Missiology*, 12.1 (Enero 1984): 33.

lo que es y lo que llegará a ser, el Reino de Dios impulsa a la iglesia, infundiendo en ella una calidad particular que la hace emerger como la misteriosa creación de Dios, creada no por esfuerzo humano, sino por medio de Jesucristo a través de la operación del Espíritu Santo. Esa misteriosa creación de Dios sigue siendo en realidad el cuerpo de Cristo y crece mediante el "perfeccionar (equipar) a los santos para la obra del ministerio, para la edificación del cuerpo de Cristo" (Efesios 4:12). La Iglesia como semilla ya contiene dentro de sí el poder generativo necesario para llegar a ser el árbol que fue sembrado. No vendrá a ser ningún otro tipo de planta. Sin embargo, el crecimiento de la semilla demanda plantarla con cuidado, regarla y cuidarla para que Dios pueda dar el crecimiento (1 Cor 3:6). Karl Barth hizo las preguntas claves referente a esta perspectiva de la Iglesia emergente: "¿Hasta qué punto responde (la Iglesia) a lo que indica su nombre? ¿Hasta qué punto existe una práctica expresión de su esencia? ¿Hasta qué punto es en verdad lo que parece ser? ¿Hasta qué punto cumple las demandas que hace y las expectativas que provoca?"[7]

La relación de misión e iglesia en la misiología moderna

Durante la última mitad del siglo pasado, los que formularon las teorías de misión, junto con los sociólogos de religión, eclesiólogos y practicantes de misión, han estado conscientes de la urgente necesidad de una nueva visión de las congregaciones locales como el pueblo misionero de Dios. El llamado a una nueva misiología congregacional ha venido por lo menos de tres diferentes fuentes. La primera comienza desde la década de 1930;.los misiólogos que han apelado a una relación más cercana entre el concepto de misión y la idea de iglesia, concentrándose el debate en la naturaleza misionera de la congregación. La segunda consiste en los sociólogos de la religión que han comenzado recientemente a enfatizar la importancia estratégica de la congregación. Y la tercera incluye los ecclesiólogos modernos que desde Barth y Dietrich Bonhoefer han llamado a la Iglesia a tener una nueva visión, sugiriendo una nueva perspectiva, la cual tiene implicaciones misiológicas amplias y provundas para la congregación local. Estas tres áreas de pensamiento convergen en un urgente llamado a crear una nueva perspectiva de la congregación como el pueblo misionero de Dios en un contexto local.

Si existimos para edificar congregaciones misioneras en el mundo, primero debemos cuidadosamente considerar la relación entre Iglesia y misión. La Iglesia de Jesucristo puede hallar

---

[7] Karl Barth. *Church Dogmatics*, vol. 4:2, G. T. Thomson, trans. (Edinburgh: T and T Clark, 1958), 641.

su más completa expresión en relación con el mundo dentro del Reino de Dios sólo si vive su naturaleza como un pueblo misionero. Como Emil Brunner dijo: "La Iglesia existe por medio de la misión así como el fuego existe por medio del quemar."[8] Sin embargo, durante gran parte del siglo XX, la relación de la Iglesia con la misión ha sido objeto de mucho debate sin llegar a un acuerdo.

Normalmente no pensamos que la Iglesia y la misión sean sinónimas. Podríamos definir a la Iglesia como *la única comunidad, santa, universal y apostólica de los discípulos de Jesucristo y formada por todas las familias de la tierra alrededor de la Palabra, sacramentos y el testimonio de fe compartido.* Se podría definir la misión siguiendo la idea del Stephen Neill, como *"el cruce intencional de barreras de la Iglesia hacia lo que no es iglesia en palabra y hecho para la proclamación del Evangelio."*[9] Estas dos definiciones demuestran la diferencia entre los dos conceptos, así como Leslie Newbigin lo destaca:

> En el pensamiento de una vasta mayoría de Cristianos, las palabras "Iglesia" y "misión" dan la connotación de ser dos tipos diferentes de sociedad. Una es concebida para ser una sociedad dedicada a la adoración y al cuidado espiritual de sus miembros....La otra es concebida para ser una sociedad dedicada a la propagación del evangelio, pasando a sus convertidos al cuidado seguro de "la Iglesia"....Se presume que la obligación misionera es una que se satisface después de que las necesidades de casa hayan sido completamente satisfechas; que las ganancias existentes tienen que ser consolidadas antes de ir al campo; que la Iglesia del mundo entero tiene que ser edificada con el mismo tipo de prudencia que un negocio de empresa.[10]

De esta manera nuestra perspectiva normal de las cosas tiende a contrastar la iglesia y la misión como la Figura 1 lo indica.

[8] Extraído del libro de Michael Griffiths. *God's Forgetful Pilgrims: Recalling the Church to Its Reason for Being* (Grand Rapids: Eerdmans, 1975), 135.

[9] Stephen Neill. "How My Mind Has Changed about Mission," grabación de video producida por Overseas Ministries Study Center, 1984.

[10] J. E. Lesslie Newbigin. *The Household of God: Lectures on the Nature of the Church* (New York: Friendship, 1954), 164-65.

FIGURA 1

Conceptos comunes de iglesia y misión

Iglesia	Misión
• Organización institucionalizada	• Un compañerismo individualizado
• Basada en miembros permanentes	• Móvil, pocos miembros permanentes
• Dirigida por clérigos asalariados	• Dirigida por misioneros que se auto-sacrifican
• Orientada a mantener la institución	• Empresarial, orientada a tomar riesgos
• Un refugio lejos del mundo	• Dirigida hace el mundo
• Una forma de gobierno ordenada	• Libre, una organización *ad hoc*
• Rinde cuentas estructuradamente, con sentido de propiedad	• Independencia sin estructura, operación voluntaria
• Auto-servicial/auto-sostenida	• Sostenida interminablemente desde afuera
• Auto-gobernada/auto-propagada	• Controlada y promovida desde afuera

Tal descripción puede ser algo graciosa; lo que permanece en la mente de muchos miembros de la congregación es que iglesia y misión son vistas como diferentes y a veces como ideas opuestas. Esto ha sido verdad especialmente en Africa, Asia y América Latina, donde organizaciones de "misión" muy a menudo operan aparte de las estructuras de la "iglesia." Tal diferencia radical es perturbadora porque también sabemos que los dos conceptos deberían estar cercanamente interrelacionados y precisamente su interconexión ha sido enfatizada por lo menos desde la década de 1930.

Uno de los debates más significativos sobre este tema se llevó a cabo en el Consejo Misionero Internacional (International Missionary Council, IMC) que se reunió en Tambaram, Madras, India en 1938. En esta reunión, la misiología eclesiológica recibió su mayor impulso. El lema escogido para esa conferencia, "La Misión Mundial de la Iglesia," [11] muestra que los delegados se preocupaban por la relación íntima de iglesia y misión. La conexión fue enfatizada

---

[11] Londres: Comisión Internacional de Misiones, 1939.

8

nuevamente en la conferencia de la IMC en Willingen, Alemania en 1952. Allí los representantes del movimiento ecuménico misionero afirmaron que "no hay participación en Cristo sin participación en su misión hacia el mundo. Aquello por la cual la Iglesia recibe su existencia es también lo que le da su visión mundial." [12]

Esta convicción ha sido repetida por muchos desde entonces. Por ejemplo, Thomas Torrance afirma que la "misión pertenece a la naturaleza de la Iglesia." [13] Johannes Blauw dice que "no hay otra Iglesia mas que la Iglesia enviada al mundo y no hay otra misión más que la de la Iglesia de Cristo." [14] John R. Stott declara que "la Iglesia no puede ser entendida correctamente excepto en una perspectiva que es a la vez misionera y escatológica." [15]

Aunque sabemos que las dos ideas son distintas, estamos conscientes de que es imposible entender una aparte de la otra. Por un lado, la actividad de misión es sostenida por la Iglesia, llevada a cabo por la Iglesia y los frutos de la misma son recibidos por la Iglesia. Por otro lado, la Iglesia vive su llamado en el mundo a través de la misión, encuentra su propósito esencial en su participación en la misión de Dios y se compromete en una multitud de programas cuyo propósito es misión.

La conclusión es inevitable: No podemos entender lo que es misión sin observar la naturaleza de la Iglesia y no podemos comprender a la Iglesia sin mirar su misión. Como dice Lesslie Newbigin, "debemos decir que una Iglesia ha cesado de ser una misión cuando ha perdido el carácter esencial de Iglesia, al igual debemos también decir que una misión que no es a la vez Iglesia, no es una verdadera expresión del apostolado divino. Misión sin iglesia es tan atroz como iglesia sin misión." [16]

---

[12] Comisión Internacional de Misiones. *The Missionary Obligation of the Church* (London: Edinburgh House, 1952), 3.

[13] Thomas F. Torrance. "The Mission of the Church" *Scottish Journal of Theology* 19.2 (1966):141.

[14] Johannes Blauw. *The Missionary Nature of the Church: A Survey of the Biblical Theology of Mission* (Grand Rapids: Eerdmans, 1974), 121.

[15] John R. W. Stott. *One People* (Downers Grove, Ill.:Inter-Varsity, 1971), 17. Del mismo autor ver también "Evangelism Through the Local Church." *World Evangelization* (March-April, 1989): 10.

[16] Newbigin. *Household*, 169.

La importancia estratégica de la congregación local

Durante la década de 1960 el aumento del entusiasmo por la relación de iglesia y misión se reflejó en los documentos del Concilio Vaticano II[17] así como en el estudio del Concilio Mundial de Iglesias, "La Iglesia para Otros y la Iglesia para el Mundo."[18] Desafortunadamente, el activismo de la época hizo que la iglesia y la misión llegasen a ser vistas casi como sinónimas, definiendo a la Iglesia en términos de su utilidad para el cambio social. La Iglesia solamente era importante mientras contribuía a los cambios radicales del mundo. La frase dominante vino a ser, "La Iglesia es misión."

Sin embargo, hacía falta un componente vital, como Neill lo señala cuando advierte que "si todo es misión, nada es misión."[19] Alfombrar el templo, comprar un órgano nuevo para el culto, llamar a un nuevo pastor o reestructurar la denominación no necesariamente se traduce en cruzar barreras entre la iglesia y aquellos que no pertenecen a la iglesia por medio de la proclamación del evangelio.

Comienza la reducción, especialmente en Europa y Norteamérica. Allá surgió una creciente insatisfacción con la iglesia institucionalizada, dando por resultado un éxodo masivo de las congregaciones locales por parte de la generación de los que nacieron después de la Segunda Guerra Mundial.[20] Aunque ellos mismos se creían parte de la Iglesia universal, mostraron un gran pesimismo en relación con las iglesias organizadas, a las cuales habían pertenecido. Siguiendo la idea de J.C. Hoekendijk en su obra, *The Church Inside Out*[21] (La Iglesia de adentro hacia afuera), esta generación se unió a organizaciones de ayuda como el Cuerpo de Paz (*Peace Corps*) y otros movimientos que apuntaban a la transformación de un mundo fuera de los parámetros de las iglesias tradicionales. Ellos deseaban misión sin iglesia y sólo darían lealtad a la iglesia siempre y

---

[17] Austin P. Flannery, ed. *Documents of Vatican II* (Grand Rapids: Eerdmans, 1975).

[18] *The Church for Others and the Church for the World: A Quest for Structures for Missionary Congregations* (Génova: Concilio Mundial de Iglesias, 1968).

[19] Stephen Neill. *Creative Tension* (Londres: Edinburgh House, 1959), 81.

[20] Una discusión a fondo de esto es dada por Benton Johnson. "Is There Hope for Liberal Protestantism" en Dorothy C. Bass. Benton Johnson y Wade Clark Roof. *Mainstream Protestantism in the Twentieth Century: Its Problems and Prospects* (Louisville: Iglesia Presbiteriana USA, 1986), 13-26.

[21] La traducción al inglés del libro escrito por Hoekendijk con ese título fue publicado en 1966 por Westminster, Philadelphia. La perspectiva de Hoekendijk ejerció una gran influencia sobre el pensamiento del Concilio Mundial de Iglesias. *The Church for Others and The Church for the World* fue un estudio que buscó el desarrollo de "las estructuras misioneras de la congregación." En realidad, las congregaciones en sí no fueron tocadas ni influenciadas por el estudio.

cuando la iglesia cumpliera sus funciones políticas y sociales, las cuales consideraban ser la misión.

Por fin los resultados se percibieron. Esta perspectiva no sólo perdió contacto con la Iglesia en general, sino que perdió su visión por la misión. Al perder contacto con el grupo de creyentes que era tangible, local y social, su misión se convirtió en activismo social pero no en misión. La singularidad, las cualidades y la naturaleza especial de la Iglesia fueron absorbidas en un activismo social, el cual terminó siendo puramente secular. Rodger Bassham lo describe así: "La participación en la misión de Dios en el mundo viene a ser la clave para definir la función, realidad y validez de la existencia de la iglesia. El entendimiento de iglesia y misión subraya la frase 'la iglesia es misión' y percibe a la iglesia como una función de su agenda misional, no a la misión como una función de la iglesia." [22]

Aparentemente pocas personas oyeron a David Moberg en 1962 cuando insistió en que, por razón de su identidad esencial, las iglesias son agentes de misión en su medio ambiente.[23] Más tarde, sólamente algunos se darían cuenta del error tan serio de evitar, ignorar u olvidar a la congregación local como el agente básico de la misión de la Iglesia en el mundo.

Hacia fines de la década de los 1970s, varias voces comenzaron a llamar la atención hacia una cuidadosa re-evaluación del papel de la congregación local en la misión de la Iglesia en el mundo. Cuando Jürgen Moltmann escribió *Hope for the Church* (Esperanza para la Iglesia), puso su esperanza en la comunidad local y creyente al proclamar que "la congregación local es el futuro de la iglesia." [24] Y añadió diciendo que "Dios como amor...puede sólo ser testificado y experimentado en una congregación lo suficientemente pequeña para que los miembros se conozcan unos a otros y se acepten unos a otros así como son aceptados por Cristo. El evangelio

---

[22] Rodger C. Bassham. "Seeking a Deeper Theological Basis for Mission." *International Review of Missions,* 67.267 (Julio 1978): 333.

[23] Cf. David O. Moberg. *The Church as a Social Institution: The Sociology of American Religion* (Englewood Cliffs, N.J.: Prentice Hall, 1962). Moberg crea un caso fuerte sobre las "funciones sociales de la Iglesia," mencionando el papel de la Iglesia como agente de socialización, agencia dadora de nivel de vida, proveedora de convivencia social, promotora de solidaridad social, estabilizadora social, agente de control social, agente de reforma social, institución de beneficencia, e institución filantrópica. Moberg no pretende reducir el ser de la Iglesia a su función social. Por el contrario, él demuestra que precisamente por ser la Iglesia, el pueblo de Dios puede tener este impresionante tipo de impacto social.

[24] Nashville: Abingdon. 1979, 21.

del Cristo crucificado por nosotros nos pone un final a la religión como poder y abre la posibilidad de experimentar a Dios en el contexto de comunidad verdadera como el amor de Dios." [25]

En esa misma época David Wasdell,[26] Wilbert Shenk,[27] y Mady A. Thung[28] pensaban sobre las implicaciones de la eclesiología misiológica que se había desarrollado durante la década de los 1960s. Es entonces cuando David A. Roozen, William McKinney y Jackson W. Carroll, en un estudio sobre la presencia religiosa de la congregación en la vida pública de Hartford, Connecticut, enfatizaron el papel vital de la congregación en la misión de la Iglesia en el mundo:

> Tal vez el papel más obvio que las congregaciones llevan a cabo es el de proveer sustento para sus miembros y participantes. No hay otra institución social que haya jugado un papel histórico tan importante como el de darle al pueblo un significado para sus vidas y la oportunidad de ver su propia existencia con relación a la fuente y propósito que trascienda la vida cotidiana. Por medio de tales actividades como la adoración corporativa, el cuidado pastoral y programas de educación, las congregaciones están visiblemente presentes para sus miembros y comunidades.
> Relativamente pocas instituciones pueden "mediar" efectivamente entre las mega-estructuras sociales y los individuos, sin embargo las congregaciones están claramente entre éstas....Vivimos en un tiempo...en el cual el balance entre lo privado y lo público se ha perdido y en el cual la iglesia tiene un papel especial que cumplir como puente.[29]

Es interesante que cinco años más tarde Newbigin apoye fuertemente este aspecto. Después de una intensa reflexión en su obra *The Gospel in a Pluralistic Society*, (El Evangelio en una Sociedad Pluralista),[30] Newbigin enfatizó la congregación "como la hermenéutica del evangelio. ¿Cómo es posible que el evangelio sea creíble, que la gente llegue a creer que la última palabra en los asuntos de la humanidad está representada por un hombre colgado en una cruz? Estoy

---

[25] Ibid., 42. Tomado de David A.Roozen, William McKinney and Jackson W. Carroll, eds. *Varieties of Religious Presence: Mission in Public Life* (New York: Pilgrim, 1984), 26.

[26] David Wasdell. "The Evolution of Missionary Congregations," *International Review of Missions,* 66 (Oct. 1977): 366-72.

[27] Wilbert Shenk. "Missionary Congregations: An Editorial Comment," *Mission Focus* (Marzo 1978): 13-14.

[28] Mady A. Thung. "An Alternative Model for a Missionary Church: An Approach to the Sociology of Organizations," *Ecumenical Review*, 30.1 (Enero 1978): 18-31. Este artículo debería ser leído en conjunto con el trabajo más extenso de Thung. *The Precarious Organization: Sociological Explorations of the Church's Mission and Structure* (The Hague: Mouton, 1976).

[29] Ibid, 26-27. Roozen, McKinney, y Carroll citan a Parker J. Palmer. "Going Public," *New Congregations* (Primavera 1980): 15.

[30] Grand Rapids: Eerdmans, 1989.

sugiriendo que la única respuesta, la única hermenéutica del evangelio, es una congregación de hombres y mujeres que lo creen y lo viven."[31]

En otras palabras, es precisamente por ser parte de la Iglesia universal que la congregación local está en misión. Y mientras vive su naturaleza misionera, la congregación se descubre a sí misma emergiendo para llegar a ser la Iglesia. Hemos visto el impacto de la teología de misión y la sociología de la religión sobre nuestra perspectiva de la naturaleza misionera de la congregación. Ahora necesitamos considerar más específicamente la manera en la que el desarrollo de la eclesiología moderna ha llamado a la Iglesia a volver a reflexionar en su naturaleza, reafirmando su relación con el mundo y formulando de nuevo su participación en la misión de Dios.[32]

---

[31] Ibid., 22-32.
[32] En cuanto a la relación de la eclesiología con conceptos de misión, ver Carlos Van Engen. *Misión en el Camino: Relexiones sobre la teología de la misión. Eugene, OR: Wipf & Stock, 2019, 161-178.*

CAPÍTULO 2

El impacto de la eclesiología moderna
en la iglesia local

Todos relacionamos la idea de Iglesia con la idea de misión de acuerdo con nuestra perspectiva individual de lo que es la Iglesia. Los miembros de la iglesia que se consideran como el pueblo misionero de Dios necesitan visualizar simultáneamente la comunidad cristiana como una organización social y humana, y a la vez como un organismo espiritual creado por Dios. En este caso la misión llega a ser tanto un don como una tarea, tanto un privilegio espiritual como una labor social. Dicha perspectiva es un desarrollo reciente en la eclesiología moderna.[33]

Antes del siglo XX la teología de la Iglesia no recibió la debida atención. Paul S. Minear, entre otros, ha señalado que durante los primeros siglos la eclesiología consistía en el uso de variadas imágenes para estimular a la iglesia a tomar ciertas características. Es decir, la Iglesia era vista como un cuerpo o una comunidad; como una sierva o una esposa; como una viña o como un redil, como una casa o un edificio. Cada imagen o figura retórica tenía como propósito no sólo describir la iglesia (indicativo), sino, dentro de tal descripción, presentar una relación normativa (imperativa) entre la congregación y su naturaleza como iglesia.[34]

---

[33] Por "eclesiologia moderna" yo me refiero a la teológía de la iglesia (la eclesiologia) que se desarrolló a partir de la obra de Dietrich Bonhoeffer a fines de los 1940s, tal como lo resumo en los siguientes párrafos. En este capítulo mi resumen se enfoca en la eclesía mayormente Protestante de los pasados ochenta años.

[34] Minear señala que "son tan efectivas [las imágenes] que rara vez tenemos que cuestionar con respecto a la identidad de esa realidad [a la cual todas apuntan]. Imagen tras imagen apunta mas allá de sí misma hacia una realidad en la cual Dios, Jesucristo y el Espíritu Santo están trabajando. Era acerca de este trabajo y de esta realidad en la que el escritor del Nuevo Testamento estaba pensando al hablar del Reino o del templo o del cuerpo. El estudio de imágenes, entonces, refuerza la convicción de que la realidad de la Iglesia es finalmente Cristo" Paul S. Minear. *Images of the Church in the New Testament* (Filadelfia: Westminster, 1960), 223. Ver también John N. D. Kelly. *Early Christian Doctrines* (Nueva York: Harper, 1959), 190-91; Jaroslav Pelikan. *The Christian Tradition: A History of the Development of Doctrine* (Chicago: University of Chicago Press, 1971), 1:159; G. C. Berkouwer. *The Church* (Grand Rapids: Eerdmans, 1976), 7; Hans Küng. *The Church*

La época de Agustín de Hipona (354-430) marca un parteaguas. La autocomprensión de la iglesia cambió de categoría: de autoexamen y autocrítica a autofelicitación y autodefinición estática. Esto culminó con el triunfo del Concilio de Trento (1545-1553). Aquí hubo una identificación casi total de la Iglesia Romana con el Reino de Dios, y una celebración del hecho de que los cuatro atributos (una, santa, católica y apostólica) se encontraban identificados sólamente dentro de la Santa Sede Romana. Durante la Edad Media, los cristianos habían llegado a ver su iglesia como colocada en un pedestal místico e instrumental: su misión era esencialmente moldeada alrededor de los sacramentos como medios de gracia para los feligreses.

La Reforma Protestante del siglo XVI buscó retornar a una perspectiva correctiva y autocrítica basada en la idea de las "marcas" de la iglesia. Por ejemplo: la Confesión Belgica[35] describió la Iglesia en el artículo 27 de la siguiente manera:

> Creemos y profesamos en una Iglesia católica y universal, la cual es una santa congregación y asamblea de verdaderos creyentes cristianos que esperan todos su salvación en Jesucristo, siendo lavados por su sangre y santificados, siendo sellados por el Espíritu Santo.

También en el artículo 29 leemos:

> Las marcas por las cuales la verdadera Iglesia es conocida son éstas: Si la pura doctrina del evangelio es predicada allí dentro. Si ésta mantiene la pura administración de los sacramentos como los instituyó Cristo. Si la disciplina de la iglesia es ejercitada para castigar el pecado. En breve, si todas las cosas son administradas de acuerdo con la pura Palabra de Dios, todas las cosas contrarias a ello son rechazadas y Jesucristo es reconocido como la única Cabeza de la Iglesia.

Siguiendo el pensamiento de Martín Lutero, la Confesión de Augsburgo, Artículo VII, párrafo 1 dice, "De la Iglesia. También enseñan que la una santa iglesia continuará para siempre. La iglesia es la congregación de los santos (la asamblea de todos los creyentes) en el cual se enseña el Evangelio correctamente y los sacramentos se administran apropiadamente (de acuerdo con el Evangelio)."[36]

(Nueva York: Seabury, 1980): 266; Avery R. Dulles, *Models of the Church: A Critical Assessment of the Church in All Its Aspects* (Garden City, N.Y.: Doubleday, 1974), 126-27; John Mackay. *A Preface to Christian Theology* (Nueva York: Macmillan, 1943), 170; y Charles Van Engen. *The Growth of the True Church* (Amsterdam: Rodopi, 1981), 68-72, 194-202.

[35] Ver, por ejemplo, https://www.crcna.org/sites/default/files/BelgicConfession.pdf

[36] The Augsburg Confession, 1530, Article VII, Of the Church, 1. Ver https://bookofconcord.org/augsburg-confession/of-the-church/ (Traducción de CVE).

A pesar de grandes diferencias teológicas importantes entre ellos, sin embargo uno puede ver que la Confesión de Augsburgo (1530), las dos Confesiones Helveticas (1536 y 1566), la Confesión Francesa (1559), la Confesión Escocesa (1560), la Confesión Belgica (1569), el Catecismo de Heidelberg (1563), los 39 Artículos de la Iglesia de Inglaterra (1571), los Artículos Irlandeces (1615), las Confesiones Bautistas (1646, 1688, 1834 y 1866), la Confesión Waldensiana (1655), la Declaración de Savoy de la Iglesia Congregacional (1658) y la Confesión de Fe de Westminster (1647), todos se basan en forma general en la misma eclesiología básica que Martín Lutero enseñó.

Cada confesión siguió una línea similar de razonamiento. En medio de grandes desacuerdos, es notório ver que casi todo grupo Protestante de los siglos dieciseis y diecisiete estaban de acuerdo que la Iglesia es una, santa, y católica: la comunión de los santos, llamada y creada por Dios por medio de Jesucristo, marcada por la presencia del Evangelio en palabra y sacramento. Casi toda denominación protestante hoy puede encontrar sus raices en una u outra, o en varias de estas confesiones. Todos concuerdan con la definición básica de la Iglesia expresada en la Reforma del Siglo XVI, que la Iglesia es la comunión de los santos.[37] En otras palabras, hay acuerdo en cuanto al meollo, el centro de la esencia de la Iglesia.[38]

Esta perspectiva de la Iglesia permaneció casi sin desafio hasta que Dietrich Bonhoeffer escribiera *Sanctorum Comunio (The Communion of Saints, La Comunión de los Santos)* en 1930, marcando un cambio radical en la perspectiva eclesiástica. Antes que apareciera la obra de Bonhoeffer, por lo general la eclesiología consistía en un proceso *a priori*, lógico y de pensamiento escolástico. La Iglesia era definida y explicada con tal lógica y razón que no había forma de encontrar en las parroquias o congregaciones una realidad correspondiente. Desde las iglesias dominadas por el mundo de los tiempos de Constantino y del Santo Imperio Romano hasta los evangélicos Reformados, Luteranos, Anglicanos, y Anabautistas, todos estos poseían definiciones sistemáticas y lógicas para la iglesia, ordenadas según las Escrituras o según otros aspectos de su teología. Aún los líderes de las iglesias de la Reforma no tenían manera de identificar empíricamente lo que significaba en la práctica "la pura predicación de la Palabra," "la correcta administración de los sacramentos" o "el apropiado ejercicio de la disciplina en la iglesia."

---

[37] Cf., e.g., G.C. Berkouwer, *The Church*, pp. 92ff; H. Berkhof, *CIG.*, 412ff; J, Moltmann. *The Church in the Potter*, pp. 314–317; L. Berkhof, *Teologia*, pp. 671–673; J.L. Segundo, *The Community Called Church*, p. 24.
[38] Ver C. Van Engen, *The Growth of the True Church*, Amsterdam: Rodopi, 1981, 191-192.

Se utilizaba el testimonio de las divisiones del Protestantismo primitivo y el uso de las marcas de la Iglesia para defender la propia posición de cada iglesia como "verdadera" y las demás como algo menos que "verdaderas." Era lógico que tal eclesiología crease un gran abismo entre la idea de lo que debería de ser la Iglesia y lo que en realidad era. El resultado fue que la eclesiología llegó a formarse de conceptos fuera de la realidad. Una idea fue la de la iglesia "visible," la cual era mucho menos de lo que debería ser, pero por lo menos sus prácticas eran comprobables. La segunda idea fue la de la iglesia "invisible," la cual era tan ideal y tan perfecta que no se podía hallar en la realidad.

Al inicio del siglo XX la pregunta sobre la naturaleza y misión de la Iglesia comenzó a tomar una nueva urgencia. Algunas preguntas surgen de los escritos de Johanes Gustav Warneck.[39] Otras se desarrollan por medio del Concilio Misionero Internacional (International Missionary Council) en su conferencia realizada en Madras, India en 1937.[40] Lo que Warneck y otros se comienzan a preguntar es la relación de la Iglesia con la misión y la naturaleza de la Iglesia con relación a su misión en el mundo.

Estas preguntas son definidas más adelante principalmente en las consultas del Concilio Misionero Internacional en Willingen en 1952, en Evanston en 1954 y en Ghana en 1957. Quienes siguen esta nueva forma de pensar tratan arduamente de ser bíblicos y de tomar en serio los estudios teológicos. Sin embargo, esta nueva perspectiva de iglesia y misión definitivamente provoca el rechazo de las propuestas previas. Este nuevo punto de vista consiste en considerar el lugar real de la Iglesia verdadera en el mundo real; en una realidad que se puede ver, apreciar y comprender.

Durante el siglo XIX un gran número de misioneros salieron de Norteamérica y Europa a través de agencias misioneras paraeclesiásticas con un enfoque específico como la Misión al Interior de China (China Inland Mission) y la Sociedad Bíblica Británica y Extranjera (British and Foreign Bible Society). En estos casos, las iglesias no estaban directamente involucradas. Warneck

---

[39] Estos incluyen *Outline of a History of Protestant Missions from the Reformation to the Present Time: A Contribution to Modern Church History,* 7th ed., George Robson, ed. (Nueva York: Revell, 1901), y *The Living Christ and Dying Heathenism,* 3rd ed., Neil Buchanan, trans. (Nueva York: Revell,1909); también ver W. Holsten. "Warneck, Gustav (1834-1910)" en Stephen Neill, Gerald H. Anderson, and John Goodwin, eds. *Concise Dictionary of the Christian World Mission* (Nashville: Abingdon, 1971), 643ff.

[40] Para una discusión acerca de las nuevas ideas que estaban funcionando en el IMC, ver Rodger C. Bassham. *Mission Theology, 1948-1975: Years of Creative Tension - Ecumenical, Evangelical and Roman Catholic* (Pasadena Calif.: William Carey Library, 1980), 23 ff.

y otros comenzaron a cuestionar las relaciones de las misiones con las iglesias y la misión de la Iglesia en el mundo. Ellos empezaron a ver que la naturaleza de la Iglesia no podía ser definida aparte de su misión, y la misión ya no podía definirse aparte de su relación con la Iglesia en el mundo.

La naturaleza de la Iglesia, su razón de ser, y la misión en el mundo fueron progresivamente elaboradas y moldeadas a través del alcance misionero. Las preguntas adicionales sobre la relación de las iglesias hacia otras religiones, el papel de la Iglesia en el desarrollo de los gobiernos del este y sur del globo, las nuevas tecnologías y la expansión colonial del Occidente demandaron atención. La idea de establecer iglesias autosostenidas, autogobernadas y auto-propagadoras del Evangelio no parecía suficiente a la luz de estos nuevos cuestionamientos.

Fuerzas que han impulsado un cambio en la eclesiología moderna

Las fuerzas que estimularon una nueva manera de pensar en la eclesiología moderna han sido variadas:

1. La histórica conferencia misionera mundial en Edimburgo, Escocia en 1910, el surgimiento del Concilio Misionero Internacional, fundado en Lake Mohonk, Nueva York en 1921[41] y el movimiento misionero cristiano global trajeron una nueva perspectiva de misión a las iglesias europeas y norteamericanas. Los involucrados en este nuevo ideal de misiones tenían la tendencia de ver a la iglesia como organismo viviente para llevar el fruto de misión.

2. La capitulación de la iglesia frente a las fuerzas de maldad, particularmente las iglesias europeas durante las décadas de 1930 y 1940 apuntó a un período intensamente introspectivo después de la Segunda Guerra Mundial en el cual muchos teólogos clamaron por una nueva reflexión sobre el papel de la iglesia nacional en la sociedad.

3. Mientras la iglesia desarrolló una organización y un liderazgo nacional, autóctono y más maduro en todos los seis continentes, la tremenda diversidad cultural, nacional, antropológica, socio-económica y las formas eclesiásticas asumidas por esta creciente Iglesia global comenzaron a incluirse a sí mismas en eclesiología.[42]

4. A partir de 1948, el nuevo Concilio Mundial de Iglesias (WCC) y varios concilios nacionales cristianos demandaron respuesta a las preguntas sobre la relación de la única Iglesia con los diversos movimientos en busca de membresía.

---

[41] El mejor volumen hasta hoy acerca de la historia del IMC es W. Richey Hogg. *Ecumenical Foundations: A History of the International Missionary Council and its Nineteenth-Century Background* (Nueva York: Harper 1952).

[42] Ver Steven G. Mackie. *Can Churches Be Compared?* (Geneva, World Council of Churches, 1970); y Steven Mackie. "Seven Clues for Rethinking Mission," *International Review of Mission,* 60 (1971): 324-26.

Era importante saber bajo que criterio de creencias y organización podrían llamarse iglesias y ser aceptados como miembros. Las Iglesias Independientes Africanas, las sectas y movimientos de profetas de Oceanía, las "comunidades eclesiales de base" de América Latina, comunidades de fe socialmente activas tales como "Sojourners" en Washington D.C. y las iglesias homosexuales; todas impulsaron hacia nuevas definiciones del cristianismo y de la eclesiología. ¿Cuáles serían las implicaciones de admitir a estos grupos en la membresía de un concilio nacional o mundial de iglesias? ¿Eran legítimas sus declaraciones como iglesias? Si ellos fuesen iglesias, entonces ¿qué es iglesia?[43]

5. Nuestra ensanchada comunidad global, el surgimiento de las naciones del África, Asia y Oceania, la creciente facilidad para viajar y el aumento en comunicaciones clamaron por una Iglesia como comunidad cristiana global, relacionada con asuntos globales sin precedente.

6. El renacimiento de las "misiones de fe" después de la Segunda Guerra Mundial con su maquillaje "interdenominacional" o "no-denominacional," hizo que muchos alzaran preguntas muy perspicaces sobre la naturaleza de la Iglesia. A principios del siglo XIX, los movimientos de misiones para-eclesiásticos estaban activamente involucrados con las iglesias, pero para principios del siglo XX, David Barrett cuenta que "15,800 diferentes y separadas agencias paraeclesiásticas sirven a las iglesias en su misión a través de múltiples ministerios en los 223 países del mundo, aunque organizacionalmente son independientes de las iglesias."[44] La relación de estas agencias con la Iglesia, su propia naturaleza como Iglesia y los convertidos de estos ministerios que llegan a ser ellos mismos una iglesia nacional han redefinido de hecho la naturaleza de la Iglesia en muchos países. Es imposible decir que estas agencias para-eclesiásticas (o "sodalidades," usando el término de Ralph Winter)[45] no eran parte de la "Iglesia una, santa, católica y apostólica"; aún el maquillaje confesional y organizacional de su membresía era muy diferente de las iglesias tradicionales como eran conocidas a través de la antigua historia de la iglesia.

7. El desarrollo mundial de las que en un tiempo eran llamadas iglesias del Tercer Mundo fue motivo de pensar en la eclesiología con nuevas perspectivas, especialmente en relación a la misión de la iglesia. Han surgido nuevos asuntos acerca de cómo contextualizar apropiadamente la eclesiología en el este y sur del globo terreste, permitiendo relevancia y protegiendo aún al cristianismo bíblico.[46]

---

[43] Un urgente llamado para un nuevo pensamiento eclesiológico y misiológico acerca de la Iglesia ha venido de parte de un número de Católico-Romanos y Protestantes latinoamericanos como Leonardo Boff, Juan Luis Segundo, René Padilla, y Orlando Costas.

[44] David Barrett. "Five Statistical Eras of Global Mission," *Missiology,* 12.1 (Enero 1984):31.

[45] Winter presentó primero la idea en "Churches Need Missions Because Modalities Need Sodalities" en *Evangelical Missions Quarterly* (Verano 1971): 193-200. Mas tarde elaboró la idea con más amplitud en "The Two Structures of God's Redemptive Mission," en *Missiology,* 2.1 (Enero 1974): 121-39. El discurso luego fue publicado como folleto por William Carey Library en 1976.

[46] Ver como ejemplo, Hendrick Kraemer. *From Mission Field to Independent Church* (the Hague: Boekencentrum, 1938).

8. La eclesiología post-Concilio Vaticano II, mencionada por ejemplo en "Lumen Gentium" y "Ad Gentes," enfatiza un concepto de la Iglesia como el "Pueblo de Dios" y guía a un examen más amplio de la eclesiología Católica Romana.[47]

9. El surgimiento de las comunidades de fe en los Estados Unidos cuyos miembros poseen un alto grado de compromiso personal para con los demás, un estilo de vida comunal, un fuerte activismo social y las formas creativas de adoración y vida común ha demostrado la variedad y diversidad de formas que la Iglesia puede tomar.[48]

Era necesario tomar una nueva perspectiva en esta dirección. Dietrich Bonhoeffer enfatizó la naturaleza de la Iglesia cuando consideró la relación entre la comunidad de los santos (*Communio Sanctorum*), como una entidad sociológica dentro de la sociedad del mundo, y la comunidad espiritual (*Sanctorum Communio*), vista como el compañerismo de los seguidores de Jesús.[49] Aunque no todos los que vinieron después de Bonhoeffer siguieron su acercamiento a la eclesiología, su obra marca el comienzo de un nuevo punto de vista que contínuamente lucha por mantener unidos ambos conceptos de la naturaleza de la Iglesia: lo empírico y lo sociológico por un lado y lo primordial, bíblico y teológico por el otro.[50]

La importancia misiológica de una nueva perspectiva

Con creciente urgencia pastores, misiólogos y teólogos han clamado por una nueva definición de la naturaleza de la Iglesia, su misión, su razón de ser, su relación al Reino de Dios y su llamado en el mundo. Ha sido más y más difícil separar lo "visible" de lo "invisible," la

---

[47] Ver como ejemplo, Austin P. Flannery, ed. *Documents of Vatican II* (Grand Rapids: Eerdmans, 1975). El enciclopediado papal, "Redemptoris Missio," afirma esta nueva eclesiología. Ver *Origins*, 20.34 (31 Enero 1991).

[48] The Church of the Savior en Washington, D.C. y la "Community of Communities, "una red nacional de iglesias en casa representando diferentes trasfondos denominacionales, son ejemplo de nuevas maneras de ser de la iglesia. Ver "Called and Committed: The Spirituality of Mission," *Today's Ministry* 2.3 (1985):1-8.

[49] Ver Eberhard Bethge. "Foreword," en: Dietrich Bonhoffer. *The Communion of Saints: A Dogmatic Inquiry into the Sociology of the Church*. E.T. (Nueva York: Harper, 1963).

[50] Durante los pasados treinta años há surgido una vasta literatura al rededor del mundo acerca de la misión de la iglesia, la iglesia y su misión, la iglesia misionera, etc. Los movimientos conocidos como "la iglesia emergente," "la iglesia misional," "la iglesia simple," entre otros, han tratado de crear muchas nuevas formas de ser iglesia y de pensar acerca de la iglesia misionera. En círculos de la iglesia Católica Romana, el Vaticano II impulsó un repensar acerca de la iglesia y su misión, una reconceptualización que aún sigue hoy. Una discusión y bibliografia de estos movimientos queda más allá de los limites de este libro.

esperanza de la realidad. Estos Bonhoeffers modernos han demostrado convincentemente que la Iglesia debe vivir su naturaleza misionera aquí y ahora.[51]

Es necesaria una nueva perspectiva misiológica en eclesiología para poder ver a la Iglesia misionera como una realidad "emergente," la cual al ser edificada en el mundo, llega a ser en realidad lo que es por fe. Alcanzar y apropiarse esta nueva perspectiva transformará nuestra forma de ver la Iglesia y su misión, llegando a ser altamente contextual, radicalmente transformadora, espiritualmente poderosa en esperanza y con miras hacia la eternidad. Este punto de vista involucra un proceso mediante el cual la Iglesia "es" y "llega a ser" simultáneamente.[52] Es una comunidad formada en sacramento vivo y en una señal ante Dios, ante sus miembros y ante aquéllos fuera de sus paredes.

Asimismo, la Iglesia se encuentra en un proceso de llegar a ser por medio del cuidadoso y contextualizado establecimiento de metas, planificación y evaluación. Se busca sanar la brecha entre lo que la Iglesia dice que es y lo que en realidad es. Se busca una nueva unidad entre la Iglesia de la humanidad, a menudo pecaminosa, visible y organizacional y su aspecto divino, santo e invisible.

En esta perspectiva, la Iglesia esencial no es la misma todos los días porque constantemente está desarrollándose y "emergiendo." En otras palabras, la Iglesia ya es por naturaleza lo que está llegando a ser y sencillamente debe cambiar continuamente, mejorarse, reformarse y manifestarse. La forma de este constante cambio sigue líneas sociológicas bien claras y definidas. Cada nueva forma es la misteriosa creación de Dios (creatio Dei), dirigida hacia donde el Espíritu Santo le place soplar. Sabemos que la gente se une a una iglesia por razones sociales, demográficas, culturales, políticas y económicas pero nadie se une a la iglesia si no ha sido llamado, elegido, justificado y adoptado por Jesucristo. Su Espíritu misteriosamente crea su Cuerpo, fuera del cual no hay salvación.

Así que la Iglesia emerge en forma natural, pero con características sobrenaturales. Es una entidad sociológica con una naturaleza espiritual. Las iglesias crecen porque poseen ciertas características espirituales internas, porque sus miembros desean crecer, porque dan prioridad y aplican estrategias para tal crecimiento y por otros importantes factores sociales y demográficos

---

[51] Para mayor análisis de estas perspectivas paradójicas, ver Charles Van Engen. *The Growth of the True Church*, "Amsterdam Studies in Theology," vol.3 (Amsterdam: Rodopi, 1981), 47-94.

[52] Este tema fue mencionado, como ejemplo, por Juan Isais en *The OtherSside of the Coin,* E.P. Isais, trans. (Grand Rapids: Eerdmans, 1966).

que afectan dicho crecimiento.[53] Esta Iglesia continuará desarrollándose hasta llegar a ser lo que es en el poder del Espíritu y aún "las puertas del Hades no prevalecerán contra ella" (Mateo 16:18). Este proceso de cambio refleja el deseo de la Iglesia de ser en realidad lo que ya es en visión, en esperanza y en potencial. Paul S. Minear cuenta noventa y seis palabras figuradas o imágenes utilizadas en el Nuevo Testamento para describir la Iglesia y señala que tales imágenes establecen visión y un autoconcepto viable dentro del Cuerpo de Cristo, la Iglesia.

> Una de esas imágenes de la iglesia es la de satisfacer la necesidad de relacionar un sueño y una visión con la realidad. Por ejemplo, podemos considerar la afirmación abrupta y prosaica: "Dejad a la iglesia ser la iglesia." Tal declaración implica que la iglesia no es ahora completamente la iglesia. También implica que la imagen actual no es la imagen eficaz que debería ser. Ahora, ¿Qué es la iglesia cuando ésta se permite a sí misma ser la iglesia? ¿Sabemos? Sí y No. Nosotros, quienes estamos dentro de la iglesia, hemos permitido que su carácter real sea entenebrecido. No sabemos lo suficiente acerca del diseño de Dios para la iglesia como para que seamos acusados y juzgados por el Señor de la iglesia: "Nunca te conocí." Hay muchos otros aspectos del carácter de la iglesia de los cuales la iglesia misma está ciega....En cada generación el uso constante de las imágenes bíblicas ha sido la senda por la cual la iglesia ha tratado de aprender lo que la iglesia verdaderamente es para que no se vuelva lo que no es.[54]

Cuando Jesús dejó a sus discípulos después de la resurrección, su comisión hacia ellos era de una vez por todas un sueño, una imagen y una perspectiva de la iglesia "emergente." "Pero recibiréis poder cuando venga sobre vosotros el Espíritu Santo y me seréis testigos en Jerusalén, en toda Judea y Samaria, y hasta los confines de la tierra" (Hechos 1:8). La declaración de Jesús ha sido altamente ligada a la teoría misionera, especialmente en relación con la expansión de la Iglesia en los siempre vastos círculos nacionales, culturales y geográficos.

Pocos han visto la promesa de Jesús como una imagen de autocomprensión de la Iglesia. ¿No creen que Jesús está diciendo a sus discípulos que forman un cierto tipo de compañerismo, que son un grupo que crece rápidamente, un vasto grupo de testigos misioneros? Parece que Jesús

---

[53] Orlando Costas denominaba este proceso como "el crecimiento integral de la iglesia." Ver Orlando Costas. *The Church and its Mission: A Shattering Critique from the Third World*. (Chicago: Tyndale, 1974) 90-91. Se publicó esta obra en castellano como Orlando Costas. *El Protestantismo en America Latina Hoy: Ensayos del Camino* (1972-1974) (San Jose, Costa Rica: Indef, 1975) 68-70.Ver también Orlando Costas. *The Integrity of Mission: The Inner Life and Outreach of the Church* (N.Y.: Harper & Row, 1979) 37-60.

[54] Paul S. Minear. *Images of the Church in the New Testament* (Filadelfia: Westminster, 1960), 25.

está diciendo a sus discípulos que por el mismo hecho de ser "testigos", ellos son y avanzarán hacia lo que han sido creados para ser.

W. Douglas Smith ha señalado que hay un ciclo continuo en lo que llamamos una iglesia misionera en surgimiento. El ciclo consiste en "ir, enseñar, equipar y enviar."[55] En realidad, la expansión histórica de la Iglesia podría ser descrita como el pueblo misionero de Dios luchando por surgir, no númericamente, ni culturalmente, ni geográficamente, sino más bien espiritual-, estructural-, organizacional-, teológica-, arquitectónica-, musical- y económicamente. Está claro que el aspecto humano, caído y pecaminoso de la naturaleza de la Iglesia, ha operado como una fuerza opuesta a la intención de ella misma de surgir y alcanzar a ser lo que realmente es.

Hendrikus Berkhof enfatizó el dinamismo emergente de la naturaleza de la Iglesia en términos de su función mediadora:

> La interposición de la comunidad entre Cristo y el individuo nos da un claro enfoque de la función mediadora de la iglesia, que es parte de su carácter tripartita. Esa función mediadora significa que la iglesia viene de una parte y va a otra, para unir el principio y el fin. Ella debe servir de puente entre Cristo y el hombre....No es posible que la meta final de la iglesia sea el creyente individual. Dios desea toda una comunidad para Sí mismo. A través del movimiento del Espíritu Santo en el mundo, la iglesia como polo provisional está en un nuevo punto de partida....Es así que la iglesia se mantiene entre Cristo y el mundo, como si se relacionase equitativamente con ambos.[56]

Siete etapas de desarrollo de las congregaciones misioneras

La característica emergente de misión dirige a la Iglesia hacia la meta, a llegar a ser una realidad dinámica, creciente, en desarrollo. Los mismos mandatos, experiencias, imágenes y esperanzas que usó el Espíritu Santo para capacitar con poder a los discípulos en el día de Pentecostés, todavía impulsan a la Iglesia para llegar a ser lo que Cristo ha estado creando. Desde su nacimiento, la Iglesia ha sido llamada a crecer a la "condición de un hombre maduro, a la medida de la estatura de la plenitud de Cristo" (Efesios 4:13). Como esta plenitud es infinita, eterna e inmutable, la visión de la Iglesia nunca estará limitada a ver únicamente lo que ya existe. Siempre verá lo que, por la gracia de Dios, podrá ser.

---

[55] W. Douglas Smith. *Toward Continuous Mission: Strategizing for the Evangelization of Bolivia* (Pasadena, Calif.: William Carey Library, 1978), capítulo 6.

[56] Hendrikus Berkhof, *Christian Faith: Introduction to the Study of the Faith,* S. Woudstra, trans. (Grand Rapids: Eerdmans, 1979), 345-47.

Podemos ilustrar esta fascinante y dinámica característica de la Iglesia al observar la historia de su misión. Aquí vemos por lo menos siete etapas en el surgimiento de una iglesia misionera local y nacional. Estas etapas han sido repetidas una y otra vez al establecer nuevas iglesias. Podría resumirse el desarrollo de la iglesia en un contexto dado de la siguiente manera:

1. El evangelismo pionero lleva a un número de personas a la conversión.

2. Las reuniones iniciales de la iglesia son dirigidas por los líderes junto con los predicadores que vienen de afuera a nutrir a la recién nacida iglesia.

3. Los líderes de programas de entrenamiento eligen, entrenan y comisionan a pastores de la propia región, supervisores y líderes de otros ministerios.

4. Las organizaciones regionales de grupos cristianos desarrollan estructuras, comités, programas de jóvenes, sociedades femeniles y asambleas regionales.

5. La organización nacional, la supervisión de regiones y relaciones con otras iglesias nacionales comienzan a tomar forma.

6. Los ministerios especializados crecen dentro y fuera de la iglesia creando juntas directivas, presupuestos, planes, finanzas y programas.

7. Los misioneros de la propia región son enviados por la iglesia hija para la misión en el mundo local, nacional e internacional, empezando nuevamente el ciclo.[57]

El concepto de surgimiento que yace detrás de estas siete etapas provee una clave para la interacción de la misiología y la eclesiología mientras aplicamos nuestra comprensión de la tensión dialéctica entre la realidad presente y la esperanza futura.

La Iglesia misionera está llegando a ser lo que es.
La Iglesia misionera es lo que está llegando a ser.
La Iglesia misionera no puede llegar a ser más de lo que es.
La Iglesia misionera no puede ser más de lo que está llegando a ser.

---

[57] Las siguientes preguntas pueden ayudar al lector a reflexionar sobre la manera en que las congregaciones misioneras pueden ser estimuladas para emerger. ¿En cuál de los etapas antes referidos buscaría que se termine la traducción de la Biblia? ¿En qué etapa espera usted que la nueva iglesia sea auto suficiente, auto gobernante y auto propagadora del Evangelio? (ver prefacio, nota al piede página 2) ¿A qué etapa comienza y termina la infusión de fondos y personal externo? ¿A qué etapa debería haber una concentración en la educación teológica?¿En que punto deberían los líderes vernáculos nacionales tomar riendas sobre los proyectos originalmente comenzados por misioneros extranjeros?¿En qué etapa comienza usted a edificar la iglesia local como un cuerpo, con miembros de variados talentos para el ministerio? ¿Qué relación puede existir entre los etapas de desarrollo congregacional, y las misiones especializadas educativa, médica y de agricultura? ¿Qué papel deben jugar las tendencias de estructura y las organizaciones de tribu, cultura y nación en el desarrollo y secuencia de los etapas? ¿Qué rol deben jugar las políticas de la organización sobre el desarrollo subsecuente de la nueva congregación misionera? ¿Qué principios de administración son apropiados para las congregaciones misioneras?

Por lo tanto, es importante que los misioneros, ejecutivos de misión, pastores y fundadores de iglesias crean en la naturaleza misionera que debe verse en la vida de la Iglesia. De hacerlo así, ellos están construyendo completamente el edificio, el cual, aunque constituido por seres humanos, no es hecho por manos humanas. Esto es a la vez la teología sociológica y la sociología teológica de la Iglesia.

No hay otra organización como la Iglesia, Cuerpo de Jesucristo. Como ningún otro, Cristo es el Dios-Hombre, a la vez divino y humano. No es por accidente sino por diseño que la Iglesia, la cual es Su Cuerpo, debería estar "en el mundo, más no es del mundo" (Jn 17:11-14). Es una institución caída y humana a la vez que un organismo perfecto y divino. Solamente al unir los aspectos divinos y humanos de la naturaleza de la Iglesia podremos llegar al verdadero entendimiento de la misión de la Iglesia. Solamente si las congregaciones viven intencionalmente su naturaleza como el pueblo misionero de Dios, la Iglesia comenzará a surgir llegando a ser en realidad lo que ya es por fe.

CAPÍTULO 3

La esencia de la iglesia local
en el libro de Efesios

Una perspectiva de la naturaleza misionera de la iglesia local debe basarse en un fundamento bíblico. Una de las fuentes más importantes para esta perspectiva es la carta del apóstol Pablo a los Efesios. Un cuidadoso estudio de Efesios nos provee un panorama amplio y profundo de la naturaleza misionera de la congregación local. La descripción que se presenta a continuación no tiene el propósito de ser una exégesis detallada de Efesios. Antes bien, usaremos algunas declaraciones importantes que se encuentran en esa carta para abrir una ventana hacia la eclesiología misionera de Pablo. Él veía a la iglesia local como un organismo que debía crecer continuamente en su expresión misionera debido a su imprescindible naturaleza en el mundo. Las palabras "una, santa y católica," refiriéndose a la naturaleza de la Iglesia, pueden trazarse hasta los cánones del Primer Concilio de Constantinopla en el 381 de la era cristiana y las ideas expresadas ahí datan, por lo menos, desde el tiempo de Ignacio, a inicios del siglo segundo. Es sorprendente como Ignacio quiso aplicar las enseñanzas e ideas de Pablo sobre la naturaleza de la iglesia descritas en Efesios.

Al estudiar la eclesiología misionera de Efesios no nos sería difícil desviarnos para examinar las diferentes palabras que se refieren a la Iglesia. A Martín Lutero, por ejemplo, le desagradaba la palabra "iglesia" (*Kirche*), en alemán por su trasfondo jerárquico e institucional. Lutero prefería palabras tales como multitud (*Haufe*), asamblea o convocación (*Versammlung*), colección o grupo (*Sammlung*), o congregación, como una unidad corporal (*Gemeinde*). Pero las palabras mismas no son tan importantes como lo es el énfasis que la Reforma dio a la naturaleza de la Iglesia. Dicho énfasis queda claramente expresado en el Credo Apostólico como la "Comunión de los santos." El credo hace hincapié en la Iglesia como congregación, comunión, compañerismo o el pueblo de Dios.[58] Pablo subrayó este mismo enfoque sobre el pueblo de Dios desde la perspectiva del Antiguo Testamento. El Nuevo Testamento utiliza la palabra *ekklesia* por lo menos setenta y tres veces e invariablemente el significado implica la idea de una asamblea – ya sea la reunión o los individuos reunidos.[59]

Sin embargo, el estudio semántico poco enriquece nuestro entendimiento sobre la naturaleza de la Iglesia. Antropólogos y linguistas han sugerido que para poder entender un concepto dado en su contexto cultural, es de mayor ayuda buscar equivalentes dinámicos de pensamiento, figuras retóricas y sentimientos expresados. Un aspecto de este método involucra el uso de descripciones gráficas que comunican ciertos significados. Paul S. Minear encontró noventa y seis palabras o figuras que representan la Iglesia en el Nuevo Testamento.[60] Un análisis cuidadoso de estas metáforas de la Iglesia en Efesios puede ser de mucha ayuda para entender la perspectiva de Pablo sobre la misión de la Iglesia.

La palabra *ekklesia* aparece sólo nueve veces en Efesios. Esto es sorprendente ya que este libro se considera como la máxima expresión de la eclesiología de Pablo acerca de la Iglesia. La ausencia de la palabra *ekklesia* muestra que Pablo desarrolla su pensamiento en un estilo hebreo, por medio de representaciones pictográficas o figuras retóricas en lugar de utilizar silogismos de lógica griega. Un examen cuidadoso de Efesios revela que Pablo emplea por lo menos quince diferentes palabras o frases pictográficas. Las más importantes son: "santos" (usada nueve veces), "cuerpo" (usada ocho veces), "soldado con armadura" (usada ocho veces) y "esposa" (usada siete veces). Una serie de imágenes menores hermosean los grandes conceptos: "pueblo elegido de Dios" (usada cuatro veces), "hijos" o "familia" (usada cuatro veces), "la destreza del trabajo", "edificar" o "templo" (usada tres veces), "un canto de alabanza" o "una ofrenda" (usada dos veces), "un nuevo hombre" o "un nuevo ser" (usada dos veces). Finalmente, una serie de imágenes

---

[58] Para una discusión del uso que hace Pablo del Antiguo Testamento con respecto a su perspectiva de la Iglesia, vea Paul D. Hanson. *The People Called: The Growth of Community in the Bible* (New York: Harper and Row, 1986).

[59] Ver por ejemplo, Gerhard Kittel y Gerhard Friedrich, eds. *Theological Dictionary of the New Testament*, G. W. Bromiley, trans. 10 vols. (Grand Rapids: Eerdmans, 1965), ver "*ekklesia*" (espec. 3.501-13); Walter Bauer. *A Greek-English Lexicon of the New Testament and Other Early Christian Literature*, W. F. Arndt and F. W. Gingrich, y F. W. Danker, trans. y rev. (Chicago: University of Chicago Press, 1979), ver "*ekklesia*."

[60] Paul S. Minear. *The Images of the Church in the New Testament* (Philadelphia: Wastminster, 1960).

vislumbran en la carta una sola vez: "la anchura, la longitud, la profundidad y la altura de amor," "imitadores de Dios," "reino de Cristo," "hijos de luz," "sabios," y "embajadores".

Estas fotografías verbales son lúcidas pinturas que iluminan la perspectiva paulina de la naturaleza de la Iglesia y muestran el trasfondo de las palabras confesionales de las iglesias de antaño: "una, santa, católica y universal." Así que debemos comenzar nuestro estudio de Efesios desde el corazón mismo de la epístola, donde el Credo también comienza – con el concepto de la unidad del cuerpo de Cristo. En otras palabras, se ofrece una teología bíblica de la perspectiva paulina de la Iglesia tal como se expresa en Efesios.

La misión de la iglesia es misión en unidad (Efesios 4:1–16)

El apóstol Pablo declara categóricamente que hay "un cuerpo, y un Espíritu, como fuisteis también llamados en una misma esperanza de vuestra vocación; un Señor, una fe, un bautismo, un Dios y Padre, el cual es sobre todos, y por todos, y en todos" (Efesios 4:4–6). No se habla de la Iglesia en forma plural. No confesamos ser "santas iglesias católicas" ni "familias de Dios" ni "pueblos de Dios" ni "cuerpos de Cristo" ni "nuevos Israeles." En la perspectiva bíblica de la Iglesia, el plural solamente se refiere a la localización geográfica de las iglesias locales, pero no a la naturaleza existencial de la Iglesia. En Efesios *ekklesia* sólo aparece en singular.

Recibimos por fe la unidad de la Iglesia. Esta unidad es dada por Dios, no hecha por humanos. Es una unidad sostenida por el Espíritu de Dios que es quien reúne a la Iglesia. La Iglesia permanece como la misteriosa creación de Dios *(Creatio Dei),* de los elegidos y pecadores justificados por Dios por la fe en Jesucristo. Pablo dice que la Iglesia es como un edificio construido por Dios a través de su Hijo en el poder del Espíritu Santo. Dios trino es el divino constructor (Efesios 2:10, 21–22). Dios edifica la Iglesia por medio de la misión y el fruto de dicha actividad constructora de Dios es la unidad del Cuerpo de Cristo. Como dice KARL BARTH, no podemos justificar, espiritual- o bíblicamente, "la existencia de una pluralidad de iglesias genuinamente separadas y excluyéndose mutuamente una de otra, ni interna ni externamente. Una pluralidad de iglesias en este sentido significa una pluralidad de señores, una pluralidad de espíritus, una pluralidad de dioses."[61]

---

[61] Karl Barth. *Church Dogmatics*, 4.1. Barth hace un análisis profundo de la obra de Cristo y del Espíritu Santo que crea la iglesia como su cuerpo.

La unidad de la Iglesia es una afirmación de fe. En medio del quebrantamiento y divisionismo de la Iglesia, esa unidad no es un hecho evidente, no puede ser observado. Todos somos "Gentiles," "extranjeros" y "advenedizos," separados por la "pared divisoria" (Efesios 2:11–14). No obstante, aceptamos por fe el hecho de un solo cuerpo porque creemos en un solo Dios, en un solo Jesucristo y en un solo Espíritu Santo.

Esta confesión tiene un significado práctico. Si recibimos por fe la unidad de la Iglesia, debemos esforzarnos por buscar esa unidad (Efesios 4:1-3). Pablo nos exhorta a que caminemos como creyentes "dignos de la vocación con la cual fuimos llamados," y que seamos "humildes, mansos, soportándonos con paciencia y solícitos en guardar la unidad." Otra versión lo traduce como "esforzándonos por preservar la unidad del Espíritu en el vínculo de la paz" (Efesios 4:3). La unidad del cuerpo es básicamente una unanimidad interna más que una uniformidad externa basada en aspectos institucionales u organizacionales. Pablo habla de este espíritu unificador en Filipenses 2:1-11 y en 1 Corintios 1:12-13. Dicha unidad significa ser miembros los unos de los otros, como se ve en 1 Corintios 12, en el sentido de que los gozos y los honores, los lamentos y los dolores de cada miembro afectan a todos los miembros, porque todos son un cuerpo. En Efesios, Pablo no habla de denominación, ni de concilio, ni de asociación. Pablo nos enseña acerca del Cuerpo. Él desea que entendamos que hemos recibido por fe la unidad de una Iglesia universal y nos esforcemos en lograr dicha unidad en el ejercicio de nuestros dones al servicio del mundo – es decir, de la misión.[62]

Lo que significa ser uno, tal como lo expresa Pablo en Efesios 4:1–6, se explica claramente en los versículos 7 al 16 del mismo capítulo. Es la idea de un cuerpo con muchos miembros que ejercen sus dones como parte de ese cuerpo. A cada miembro se le ha dado un don (4:7). El Dador es Cristo quien "lo ha llenado todo" (4:8–10). Entre estos dones se incluyen los de apóstoles, profetas, evangelistas, pastores y maestros (Efesios 4:11–12).[63]

---

[62] Véase Barth. *Church Dogmatics*, 4.2. Barth usa la frase "ser para el mundo."

[63] Es más allá de los límites de este libro discutir aquí en forma detallada la reciente reinterpretación de Efesios 4:11 donde Pablo habla de "apóstoles, profetas, evangelistas, pastores y maestros." Algunos líderes del movimiento conocido como el Nuevo Movimiento de Reforma Apostólica (en ocasiones denominado como movimiento neo-pentecostal) han entendido esta lista como una lista jerárquica del "ministerio quintuplicado" (*five-fold ministry* en inglés) que asigna el primer lugar de autoridad al apóstol, el segundo lugar al profeta, etc. Pero, dada la eclesiología de Pablo en Efesios, su visión de la iglesia como organismo, colaborativo, colectivo, como un cuerpo, una visión horizontal e integrada de la iglesia, yo no creo que Pablo tuviera la intención de darnos aquí una lista vertical y jerárquica. Yo creo que esta lista es meramente ilustrativa de varias formas de liderazgo en la iglesia, liderazgo que había de impulsar a la iglesia en hacer y

El propósito de los dones es equipar a los santos para un servicio diaconal, para la edificación (es decir, el crecimiento) del cuerpo de Cristo (Efesios 4:12). Así que la idea de unidad no tiene que ver sencillamente con juntar individuos o denominaciones en una forma netamente organizacional como si fueran piezas de un rompecabezas que se acomodan para lograr una unidad mayor. El concepto de Pablo es que el todo define la identidad de cada parte y esa unidad compone la suma de las partes. La iglesia es como una amplia familia o como una tribu. Los individuos como tales tienen valor en sí mismos en cuanto se relacionan al cuerpo de Cristo, derivan su verdadero significado por razón de su lugar en el todo, es decir, en la Iglesia. Como Pablo lo expresa en 1 Corintios 12:14-27, una mano suelta o un oído u ojo fuera de lugar no tiene ningún significado; no tienen propósito ni identidad en sí mismos. Al contrario, reciben su importancia en el hecho de que Dios los ha constituido como parte funcional del cuerpo completo.

Este concepto del cuerpo transforma el individualismo Occidental y corrige el conformismo marxista. Cada persona es de suma importancia y es única y especial como criatura de Dios. Su valor dentro de la Iglesia surge de su participación en la totalidad del cuerpo a través del ejercicio de sus dones y de acuerdo con la gracia que le ha sido dada. En este sentido podemos entender la verdad expresada por Cipriano: *extra ecclesiam nula salus* (fuera de la iglesia no hay salvación).[64] Apartado del cuerpo ningún miembro puede mantener su coyuntura con Dios, ni como creyente ni por su relación a la misión a la cual Cristo le ha llamado.

La unidad de la iglesia es introvertida y extrovertida simultáneamente. Los dones son dados por el Espíritu Santo "para perfeccionar (equipar) a los santos," para que ellos puedan efectuar el propósito externo del Espíritu, *"ergon diakonias"* ("la obra del ministerio", 4:12). El versículo 4:12 continúa diciendo que en este esfuerzo todos los santos trabajan juntos *"eis oikodomen tou somatos tou Xristou"* ("para la edificación del cuerpo de Cristo"). Es en este momento cuando se

---

vivir su *diakonia* "a fin de perfeccionar a los santos (todos los creyentes) para la obra del diaconado), para la edificación del cuerpo de Cristo....para ir edificándose en amor." (Eph. 4:12, 16). En Romanos 12 y I Corintios 12, por ejemplo, Pablo mismo nos da una mucho más larga lista de los dones del Espíritu que también tienen que ver con el ejercicio de liderazgo en la iglesia. Transformar esta lista en una jerarquía de autoridad eclesial contradice todo lo demás que conocemos de la eclesiología de Pablo.

[64] Cipriano de Cartago (210-258 e.C) fue un obispo del tercer siglo que enseño que "fuera de la iglesia no hay salvación." Hay una gran variedad de significados que diversas iglesias han asignado tal como ellos entienden la frase de Cipriano.

constituye la unidad de la iglesia desde adentro hacia afuera.[65] Aquí los miembros ejercitan sus variados dones para prepararse cada uno para su misión y para su ministerio en el mundo.

Esta unidad no es como un introvertido club de entusiastas con idéntica forma de pensar. Aquí hay un cuerpo de apóstoles, profetas, evangelistas, pastores y maestros quienes asisten y se capacitan cada uno en la proclamación del evangelio en el mundo que les rodea. Es el Cuerpo mismo que explotó en acción en aquellos primeros años de la iglesia, yendo por todas las naciones y haciendo discípulos, predicando, enseñando y bautizando (Mateo 28:19-20). Este Cuerpo fue conocido por poseer todas las cosas en común (Hechos 4:32). Ellos se preocupaban por los enfermos, cuidaban de las viudas, de los huérfanos y de los pobres. Esta es una unidad exteriorizada que busca dar, en las avenidas y calles del mundo, una invitación a la gran fiesta (Mateo 22:9-10).

Jesús declaró la perspectiva de esta unidad exteriorizada en su oración sacerdotal. "La gloria que me diste, les he dado, para que sean uno, así como nosotros somos uno: yo en ellos, y tú en mí, para que sean perfeccionados en unidad, para que el mundo sepa que tú me enviaste, y que los amaste tal como me has amado a mí" (Juan 17:22–23, *Biblia de las Américas*).

El propósito que prevalece en todo esto es que la Iglesia crezca y llegue a la "unidad de la fe y del conocimiento del Hijo de Dios, a un varón perfecto, a la medida de la estatura de la plenitud de Cristo....Siguiendo la verdad en amor, crezcamos en todo en aquel que es la cabeza, esto es, Cristo, de quien todo el cuerpo, bien concertado entre sí por todas las coyunturas que se ayudan mutuamente, según la actividad propia de cada miembro, recibe su crecimiento para ir edificándose en amor" (Efesios 4:13, 15–16).

Dicho crecimiento consiste en una unidad[66] que se va ampliando en forma integral a través de la incorporación de nuevos miembros al Cuerpo (crecimiento numérico); a través del desarrollo espiritual de los miembros del Cuerpo mientras ellos ejercen sus dones en beneficio del mundo (crecimiento orgánico y espiritual); a través de un incrementado impacto del Cuerpo de Cristo en el mundo al cual ha sido enviado (crecimiento diakonal); y a través de un entendimiento más amplio y profundo del señorío de Cristo en la Iglesia, evitando que los miembros sean "llevados

---

[65] Johannes C. Hoekendijk defiende fuertemente esta idea en *The Church Inside Out*, I. C. Rottenberg, trans. (Philadelphia: Westminster, 1966).

[66] Carlos Barth.*Church Dogmatics*, 4.2; páginas 641-60 trata sobre la "edificación" de la comunión.

por doquiera por todo viento de doctrina, por estratagema de hombres" (crecimiento teológico, Efesios 4:14).[67]

Misión y unidad se ven entrelazadas en esta perspectiva de Pablo acerca de la Iglesia. Llegará el día en que Cristo presente la Iglesia "a sí mismo, una iglesia gloriosa, que no tuviese mancha ni arruga ni cosa semejante, sino que fuese santa y sin mancha" (Efesios 5:27, comparar con Apocalipsis 21:9–10, 25–26).

La misión de la iglesia es misión en santidad
(Efesios 1:1–14; 4:17–5:5; 5:6–6:20; 3:14–21)

Es difícil hablar de la santidad de la iglesia. En la ecclesiología hemos tenido que crear algunas distinciones cuidadosas—tales como: visible vs. invisible; forma vs. esencia; ideal vs. real; institución vs. comunidad y perfecta vs. imperfecta -- con el propósito de entender el dolor que tenemos por la falta de santidad en la Iglesia. El agua de la santidad fluye fuerte y profundamente en Efesios. También hemos visto que aquí los "santos" son una imagen dominante. Pablo llama a los efesios a una vida santa (5:1–21), llamados a ser luz en las tinieblas (5:8–14), a combatir el mal y los poderes del aire como soldados listos para la guerra (6:10–18). Todo esto afirma la confesión del Credo de los Apóstoles concerniente a la santidad de la Iglesia: "Creo en la santa iglesia universal."

Recibimos por fe la santidad de la Iglesia (Efesios 1:1–4). Es un don de Dios, afirmado por Él mismo como su propósito para nosotros. Pablo empieza su epístola con un himno antiguo en donde se exaltan diez bendiciones que describen la misión de Dios a través de las edades. Este pensamiento se expresa en forma de una letanía de alabanza a las obras de las tres Personas de la Trinidad. ¿Qué ha hecho Dios por nosotros? Nosotros somos:

Por el Padre: 1. escogidos, 2. hechos santos, 3. predestinados, 4. adoptados
               CORO: para la alabanza de su gloria
Por el Hijo: 5. redimidos, 6. perdonados, 7. hechos conocedores del misterio,
               8. unidos en Cristo, 9. herederos con él.
               CORO: para la alabanza de su gloria

---

[67] Orlando Costas fue uno de los primeros misiólogos de los pasados 50 años en enfatizar el crecimiento INTEGRAL de la Iglesia. Véase Orlando Costas. *The Church and its Mission: A Shattering Critique from the Third* World (Chicago: Tyndale, 1974) 90-91. Más tarde fue publicado en español. Orlando Costas. *El Protestantismo en América Latina Hoy: Ensayos del Camino, 1972-1974* (San José, Costa Rica: INDEF, 1975) 68-70. Véase también Orlando Costas. *The Integrity of Mission: The Inner Life and Outreach of the Church* (N.Y.: Harper & Row, 1979) 37-60.

Por el Espíritu: 10. sellados
CORO: para la alabanza de su gloria

Con el lenguaje poético de este himno se explica nuestra naturaleza como pueblo santo de Dios. Recibimos esta afirmación por fe porque no podemos verla. Cuando miramos nuestras vidas como individuos no vemos mucha santidad. Con la boca confesamos que somos santos (como en Efesios 1:1); pero con la mente sabemos, y con el corazón sentimos, que somos pecadores andando como los gentiles en la vanidad de nuestras mentes, Efesios 4:17.

Así proseguimos, luchando individual- y colectivamente por alcanzar la santidad que se expresa en la idea de ser el Cuerpo de Cristo (Efesios 4:17-5:14). Pablo, el apóstol de los gentiles, condena una serie de prácticas realizadas por ellos y hace brillar la luz resplandeciente de la Palabra sobre ciertos aspectos culturales de sus seguidores señalando las prácticas equivocadas que deben modificarse en la vida de aquellos que han llegado a ser un "nuevo hombre" (4:24). Estas vidas transformadas crean orgánicamente una nueva cultura transformada. Pablo enfatiza unas prácticas y unas actitudes muy personales como son: la sensualidad, la lascivia y la inmoralidad (4:19, 22; 5:3); la avaricia (4:19, 22; 5:3), el hurto (4:28); la falta de diligencia en el trabajo (4:28); el lenguaje profano (4:29; 5:4) la amargura y la cólera (4:26–27, 31); la mentira (4:25) y la codicia (5:5). El apóstol llama a los miembros de la congregación a ser "hijos de luz," cada uno dando su iluminación por medio de los "frutos de bondad, justicia y verdad" con tal de que su luz haga desvanecer las tinieblas en las vidas de otros y pueda a su vez llamarlos a "despertar" y "levantarse de los muertos" para que "Cristo brille" en ellos (Efesios 5:8–14).

En el contexto de este pasaje, Pablo sólo habla de la conducta individual. Él quiere que sepamos que la iglesia como organismo se ve afectada por la manera en que los miembros hablan, cómo llevan a cabo sus trabajos, cómo usan o abusan de sus cuerpos, cómo piensan y se autoevalúan, y cómo se relacionan con los que sufren necesidad. Así que la santidad de la Iglesia queda directamente afectada por la vida de cada "nueva criatura." Cada miembro demuestra ser parte del Cuerpo de Cristo en su forma de vivir en el mundo. La manera de pagar nuestros impuestos, de administrar nuestra familia y nuestras finanzas, de votar políticamente, y de hablar en público o en privado tiene una conexión íntima con la santidad de la Iglesia.

Por el hecho de ser miembros del cuerpo, cuando confesamos nuestra creencia en la santidad de la Iglesia, confesamos nuestro compromiso con nuestra propia santidad. Esto incluye el llamado a la transformación de la cultura, la economía, la política, la educación y aún el estilo de vida de los creyentes.[68] Pablo desea que reconozcamos que nuestra santidad se vive dentro de las situaciones de la vida personal individual como una expresión de la santidad de la Iglesia. (Efesios 5:6–6:20).

La Iglesia como una comunidad de "los hijos de luz" (5:8) ilumina las partes más oscuras del mundo a través de la santidad de sus miembros, tanto individual como colectivo. Mateo dice que los discípulos de Jesús son "la luz del mundo" (Mateo 5:14). También, Pablo dice que la santidad de la Iglesia se relaciona con la santidad en la adoración (Efesios 5:19–20), la santidad en la organización y sumisión de la iglesia local (5:21),[69] la santidad en relaciones matrimoniales (5:22–33), la santidad en ser padres de familia (6:1–4) y la santidad en el trabajo (6:5–9).

La santidad de la Iglesia en la sociedad es nuestro punto de batalla, "no contra sangre y carne sino contra principados, contra potestades, contra los gobernadores de las tinieblas de este mundo, contra huestes espirituales de maldad en las regiones celestes" (6:12). En medio de tan gran maldad individual y colectiva, la Iglesia nunca debe pensar que la fuerza política y económica puede reemplazar la fuerza de la santidad de la Iglesia en Cristo Jesús. La Iglesia organizada así individualmente debe mantenerse firme en la verdad. Es decir, debe estar rodeada de la verdad como con un cinturón alrededor de su cuerpo; poniéndose el evangelio como si fuera calzado; y manteniendo la fe como un escudo de defensa contra la opresión y el pesimismo. La Iglesia debe proclamar la salvación con certeza, pregonar la Palabra de Dios como un golpe de ofensiva contra el mal, y orar fervientemente como una contraseña que presenta las necesidades del mundo a Dios (Efesios 6:10–20). Una vez que la Iglesia se haya vestido con la armadura que Pablo describe, estará lista para comenzar a cambiar al mundo a través del ejercicio de la verdadera santidad misionera.

La verdadera santidad crece en amor (Efesios 3:17b–19). En Efesios 3:14–21 Pablo describe con detalle la santidad como un "poder en el hombre interior por su Espíritu" (3:16), como "Cristo habita por la fe en vuestros corazones" (3:17) siendo "llenos de toda la plenitud de Dios" (3:19). ¿Qué es lo que está al centro de la santa presencia de Dios en la Iglesia? ¡Amor! "En esto conocerán que sois mis discípulos, en que os améis los unos a los otros," dijo Jesús (Juan 13:35; ver Juan 15:10–12). No hay otra actividad que identifique completamente al Cristiano y a la Iglesia

---

[68] Véase por ejemplo, Ronald J. Sider. *Rich Christians in an Age of Hunger* (Downers Grove, Ill.: Inter-Varsity, 1977); idem, ed. *Cry Justice! The Bible on Hunger and Poverty* (New York: Paulist, 1980).

[69] *A Greek-English Lexicon of the New Testament* traduce *hypotassomenoi* aquí como "entregándose voluntariamente en amor."

con su Señor, que el amor. ¿Cuál es la esencia de toda la ley y los profetas? El amor a Dios y el amor al prójimo (Deut 6:5; Lev 19:18; Mat 19:19; 22:39; Mar 12:31; Rom 13:9; Gal 5:14; Stg 2:8). Pablo también desafía a la iglesia de Efeso a ser "arraigados y cimentados en amor" para que ellos puedan "comprender con todos los santos cuál sea la anchura, la longitud, la profundidad y la altura del amor de Cristo" (3:17–19). El amor es el poder de la Iglesia en el mundo. Como historiador de la Iglesia, Kenneth Scott Latourette demostró que el amor era el poder transformador más radical que desató una fuerza incalculable a través de los discípulos de Jesús y que finalmente conquistó al Imperio Romano.[70] "Nadie tiene mayor amor que este, que uno ponga su vida por sus amigos" (Juan 15:13). Y es aquí donde se halla la santidad de la Iglesia. "Esto os mando", dijo Jesús. "que os améis unos a otros" (Juan 15:17). Con esto vemos la profundidad de la afirmación del Credo, "Creo en la santa iglesia universal (católica), la comunión de los santos."

La misión de la iglesia es misión hacia todos (Efesios 1:15–23; 2:1–22; 3:1–13)

La carta a los Efesios sigue su canto de redención con una de las Cristologías más cósmicas (aparte de Colosenses 1 con la cual es paralela) que se encuentran en el Nuevo Testamento. Pablo quiere que entendamos lo que es la Iglesia mediante el mejor conocimiento de aquél que es la Cabeza de la Iglesia. La Iglesia deriva su vida, su naturaleza y su misión de la Persona de Jesucristo. Carlos Barth dice que:

> La Iglesia no es la comunidad llamada cuerpo ni comparada con el cuerpo, sino Cristo mismo. Él es el cuerpo. Por naturaleza, Él no es simplemente uno (porque un cuerpo es la unidad de muchos miembros), sino uno en muchos. No es que *soma* sea una buena imagen para la comunidad como tal, sino que Jesucristo es por naturaleza *soma*....La comunidad no es *soma* porque es una agrupación social que como tal tiene algo de la naturaleza de un organismo y nos hace recordar un organismo....Ella es *soma* porque se deriva realmente de Jesucristo, porque ella existe de Él como Su cuerpo. La relación en Él o más bien con Él, es evidente en todas partes: "*noi polloi en soma esmen en Xristoi*" (Rom 12:5). Él es la "Cabeza" de este cuerpo, el centro, el cual constituye su unidad, organiza su pluralidad y garantiza ambas (Col 1:18, Efes 5:23).... Aparte de Jesucristo no hay otro principio o "*telos*" para constituir u organizar o garantizar su cuerpo. [71]

---

[70] Vease Kenneth S. Latourette. *A History of the Expansion of Christianity*, 7 vols., vol. 1, *The First Five Centuries* (New York: Harper, 1937-45; repr. Ed., Grand Rapids: Zondervan, 1970), 163-69; idem, *A History of Christianity* (New York: Harper and Row, 1953), 105-8.

[71] Carlos Barth, *Church Dogmatics*, 4.1.

35

Así que cuando leemos la Cristología desarrollada en Efesios 1, deberíamos tener "alumbrados los ojos de nuestro entendimiento" (1:18), y reconocer que se nos ha dicho algo acerca del Cuerpo que es la Iglesia. ¡Lo que se nos ha dicho es fantástico! Lo que fue hecho en Cristo es precisamente la "supereminente grandeza de su poder para con nosotros los que creemos" (1:19). Cristo ha sido resucitado de entre los muertos, se ha sentado a la diestra del Padre en los lugares celestiales, puesto sobre todo principado y autoridad, poder y señorío, y se le ha dado dominio sobre todo nombre y tiempo. Todas las cosas han sido sujetas debajo de sus pies. El es dado a la Iglesia como el Rey sobre todas las cosas y Él es la Cabeza del Cuerpo, la Iglesia. En Él toda la plenitud se manifiesta. Él lo llena todo en todo (1:20–24).

Ahora bien, si dicha cristología cosmológica se aplica al Cuerpo de Cristo, del cual Él es la Cabeza, entonces nos enfrentamos con una universalidad difícil de comprender. Recibimos por fe la universalidad de la Iglesia porque la reconocemos como una expresión de la intención universal de Dios en Jesucristo.[72] Al elegir un pueblo, la intención de Dios es de alcanzar al mundo entero. Como Johannes Verkuyl nos hace recordar respecto a Israel, "Al escoger a Israel como un segmento de toda la humanidad, Dios nunca quitó sus ojos del resto de las naciones; Israel fue el *pars pro toto* (la parte para, o en lugar de, el todo), una minoría llamada a servir a la mayoría. La elección de Abraham y de Israel hecha por Dios tiene que ver con el mundo entero."[73]

Recibimos la universalidad de la Iglesia por fe porque no la vemos aún. En verdad, hay mil quinientos millones de personas alrededor del mundo que pueden ser contados dentro de la Iglesia cristiana de una forma u otra. También hay cuatro mil quinientos millones de personas que aún se ven fuera del rebaño de Jesucristo, el Buen Pastor. Si la Iglesia es para todos, ¿por qué no están todos en la Iglesia?

Al confesar la universalidad de la Iglesia en Jesucristo, tratamos arduamente de cumplirla en el mundo (Efesios 2:1–13). En el capítulo 2 Pablo menciona que todos los que estábamos lejos de Dios, "muertos en nuestras transgresiones," hemos sido resucitados con El a fin de "mostrar en los siglos venideros las sobreabundantes riquezas de su gracia por su bondad para con nosotros" quienes hemos sido hechos cercanos (2:5–7 Las Américas). "Acordaos," dice Pablo, "de que en otro tiempo vosotros (cuando éramos Gentiles en cuanto a la fe)....estabais sin Cristo, alejados de

---

[72] Cf. Herman N. Ridderbos. *Paul: An Outline of His Theology*, J. R. de Witt, trans. (Grand Rapids: Eerdmans, 1975), 387-92.

[73] Johannes Verkuyl. *Contemporary Missiology: An Introduction*, D. Cooper, trans. (Grand Rapids: Eerdmans, 1978), 91-92.

la ciudadanía de Israel y ajenos a los pactos de la promesa, sin esperanza y sin Dios en el mundo" (Efesios 2:11-13 RV1960).

Ya que esta salvación es para todos los pueblos, la Iglesia no puede cesar de llamar, de invitar, de traerlos a los pies de Jesucristo. La Iglesia universal (en este sentido de católica) debe encontrarse en las calles y las avenidas de las ciudades de este mundo como un mensajero que lleva una invitación especial. La Iglesia universal es una fraternidad completamente abierta, sí, con sus puertas abiertas para recibir a todos. La Iglesia universal no puede disminuir su universalidad por razón de ningún exclusivismo, sea este social, económico, racial, sexual, cultural o nacional. La Iglesia universal por su misma naturaleza misionera, es precisamente enviada a todos los pueblos por la Cabeza de la Iglesia "el cual lo llena todo en todo."

Puesto que recibimos la universalidad de la Iglesia por fe y tratamos arduamente de llevarla a cabo en el mundo, podemos entender que nuestras vidas como cristianos son una expresión de la universalidad de la Iglesia (Efesios 2:13–22). Nos consideramos a nosotros mismos como cristianos mundiales que anuncian las buenas nuevas de que la pared intermedia de separación ha sido abolida en Cristo Jesús (2:13–15). Por lo tanto, toda distinción étnica y social ha sido abolida en la plenitud del Cuerpo de Cristo, reconciliada a través de la muerte y la resurrección de Jesús (2:16–18). Ya no somos "extranjeros ni advenedizos, sino...conciudadanos de los santos y de la familia de Dios" (2:19) dentro de la estructura del edificio que Dios está edificando (2:20–22). A veces la Iglesia ha malinterpretado esta verdad al decir que debería homogenizar toda diversidad cultural y étnica. La unidad que menciona Pablo es mucho más penetrante. Dentro de su unidad en Cristo, el nuevo hombre puede expresar con gozo las diferencias personales y culturales como regalos de Dios y como la riqueza variada de todos los que componen el Cuerpo de Cristo.

Todos hemos sido atraídos dentro de la Iglesia universal para que la Iglesia pueda llegar a ser cada vez más universal. Luego se nos envía a hacer discípulos. La Iglesia no es un club exclusivo de privilegiados, sino que es un nuevo hombre unido en Cristo y compuesto de personas de todas las naciones, tribus, pueblos y lenguas del mundo (Apoc 7:9). Cristo nos une para que podamos llamar a otros a su Reino de gracia. Hemos sido atraídos "a fin de mostrar (a todos y a cada uno) en los siglos venideros las sobreabundantes riquezas de su gracia por su bondad para con nosotros en Cristo Jesús" (2:7 Las Américas).

Mientras la Iglesia llega a ser más universal, su cuerpo crece en su universalidad (Efesios 3:1–13). La exposición de Pablo sobre la naturaleza misionera de la Iglesia en Efesios es a la vez profunda y sencilla. Reconocida por fe, la universalidad llega a ser algo por lo cual la Iglesia lucha arduamente. La consecuencia natural es el crecimiento integral de la Iglesia. Como la "casa de Dios," como un "templo santo" (2:19,21), la Iglesia continúa edificándose geográfica-, cultural-, numérica-, étnica- y socialmente. Aquí vemos el gran "misterio" del propósito de Dios para todas las naciones, revelado a Pablo, del cual él es "siervo" (3:2–12).

Tomado prisionero por la intención universal de Jesucristo, Pablo es enviado "por causa de los gentiles" (3:1). Pablo es hecho el mayordomo-administrador del misterio: "que los gentiles son coherederos y miembros del mismo cuerpo" (3:6). El misterio revelado a Pablo es que la voluntad de Dios establece la universalidad de la Iglesia. Pablo existió para anunciar a los gentiles las incomprensibles riquezas del señorío cósmico de Cristo (3:8), "a fin de que la multiforme sabiduría de Dios sea ahora dada a conocer por medio de la iglesia." Él dice que la sabiduría de Dios es hecha manifiesta en la iglesia universal y mostrada aún a las fuerzas espirituales en el cielo, según su eterno y universal propósito (3:10–11). Viviendo en la encrucijada del Asia Menor, en una ciudad cosmopolita llena de gente de muchas culturas, razas e idiomas, los cristianos de Efeso, aunque antes fueran extranjeros, llegan a formar parte integral de aquella gran muchedumbre "de quien recibe nombre toda familia en el cielo y en la tierra" (3:15; compare con Filipenses 2:9–10).[74]

Hemos estudiado la naturaleza misionera de la Iglesia a través de las fotografías verbales dibujadas por Pablo en Efesios. Y hemos permitido que esas figuras retóricas formen una confesión del glorioso propósito misionero de Dios. Así que Pablo nos desafía con una poderosa visión de la congregación local en misión. Por el mismo hecho de confesar nuestra fe en "una santa iglesia universal, la comunión de los santos," nos hemos intencional- e inevitablemente comprometido a participar en la misión de Dios en el mundo.

---

[74] Ver Carlos Van Engen, "¿Por qué multiplicar iglesias saludables?" en Charles E. Van Engen, *Teología de la misión transformadora.* (PRODOLA series) Eugene, OR: Wipf & Stock, 2020, 333-361.

CAPÍTULO 4

La esencia de la iglesia local
en perspectiva histórica

La historia del Pueblo de Dios comienza con Abraham. Dios, creador de los cielos y de la tierra, creador de toda la humanidad (Genesis 1-11 trata de la relación de Dios con la humanidad entera.), llama a Abraham.

> Vete de tu tieraa y de tu parentela, y de la casa de tu padre, a la tierra que te mostraré. Y haré de ti una nación grande y te bendeciré y engrandeceré tu nombre, y serás bendición….y serán benditas en ti todas las familias de la tierra. (Gen 12:1-3)

Abraham sería el padre de un gran pueblo por medio del cual Dios había de bendecir a toda la humanidad. El propósito de Dios era bendecir no únicamente a Abraham y a sus descendientes, sino a todos los pueblos, todas las familias de la tierra. Abraham y el Pueblo de Dios serían los instrumentos que Dios quería usar para bendecir a todos los pueblos de la tierra. Este propósito universal, esta bendición Abrahamica, se repite cientos de veces en el Antiguo Testamento, comenzando con Isaac, Jacob y Moisés.[75] Siglos después el autor de I Pedro repite y enfatiza esta visión al escribirles a los migrantes judíos dispersos en todo el imperio Romano,

> Vosotros sois linaje escogido, real sacerdocio, nación santa, pueblo adquirido por Dios, para que anunciéis las virtudes de aquel que os llamó de las tinieblas a su luz admirable…Amados, yo os ruego...que (mantengáis) buena vuestra manera de vivir entre los gentiles (todas las familias de la tierra); para que…glorifiquen a Dios en el día de la visitación al considerar vuestras buenas obras (I Ped 2:11-12).[76]

Dios constituye su pueblo con la intención de bendecir a todos los pueblos de la tierra por medio de Israel. Israel existe para ser pueblo misionero de Dios.[77]

---

[75] Ver Gen 22:18; 26:4; 28:14; Ex 9:16; Rom 9:17.

[76] Ver, por ejemplo, Ex 19:5-6; Dt 4:20; 7:6; 14:2; 26:18.

[77] El tema de la misión de Dios, *missio Dei,* hacia todos los pueblos en el Antiguo Testamento es demasiado amplio, profundo y ampliamente repetido para poder tratarlo dentro de los limites de este libro. Ver, por ejemplo, Arthur Glasser, Charles Van Engen, Dean S. Gilliland, Shawn B. Redford. *El Auncio del Reino: La história*

Con razón, siglos después, en su conversación con Nicodemo, líder de mucha influencia en el pueblo judío de ese primer siglo de la era cristiana, Jesús le recuerda que, "De tal manera amó Dios al mundo, que ha dado a su Hijo unigénito, para que todo aquel que en él cree, no se pierda, mas tenga vida eterna" (Jn 3:16). El propósito fundamental de Dios tiene que ver con su amor por todo el mundo, toda la humanidad.

Así que, Dios envía su hijo, Jesús, el mesías, el Cristo, para que "todo aquel que cree," quien fuera de entre todos los pueblos "no se pierda, mas tenga vida eterna." Ese Jesús, nos explica Mateo,

> Recorría…todas las ciudades y aldeas, ensenñando en las sinagogas de ellos, y predicando el evangelio del reino, y sanando toda enfermedad y toda dolencia en el pueblo. Y al ver las multitudes, tuvo compasión de ellas, porque estaban deamparadas y dispersas como ovejas que no tienen pastor. (Mt 9:35; Ver también, Mt 4:23; Mr 1:39; Lc 4:44)

En su evangelio, Lucas resume la misión de Jesús. Jesús mismo explicó su misión, diciendo que, "Es necesario que también a otras ciudades anuncie el evangelio del reino de Dios, porque para esto he sido enviado." Lucas nos dice que, "su fama se extendía más y más; y se reunía mucha gente para oírle, y para que les sanase de sus enfermedades." Jesús, pues, "iba por todas las ciudades y aldeas, predicando y anunciando el evangelio del reino de Dios, y los doce con él.…Y habiendo reunido a sus doce discípulos, les dio poder y autoridad sobre todod los demonios, y para sanar enfermedades, y les envió a predicar el reino de Dios y a sanar a los enfermos." (Ver Lk 4:43, 5:15; 8:1; 9:1-2)

Fue así como la misión de Jesús hacia todas las naciones llega a ser el propósito y la misión de los seguidores que Cristo. En Lucas 24 leemos la historia de dos encuentros de los discípulos con Jesús resucitado, primero con los dos que caminaban a Emaus yluego con los once y otros seguidores de Cristo. En el segundo de esos encuentros, Jesús enfatiza su misión. Les dice a los discípulos que era necesario que, "el Cristo padeciese y resucitase de los muertos al tercer día; y que se predicase en su nombre el arrepentimiento y el perdón de pecados en todas las naciones, comenzando desde Jerusalén. Y vosotros sois testigos de estas cosas." (Lu 24:46-48). Lucas sigue la historia al inicio del libro de los Hechos, donde nos cuenta como los

---

de la misión de Dios en la Biblia. Eugene, OR: Wipf & Stock, 2019; Christopher Wright. *La Misión de Dios: Descubriendo el Gran Mensaje de la Biblia.* Buenos Aires: Certeza, 2009.

discípulos se encuentran otra vez con Jesús resucitado y Jesús les dice, "Me seréis testigos en Jerusalén, en toda Judea, en Samaria, y hasta lo último de la tierra. (He 1:8)." La misión de Jesús llega a ser la misión de sus seguidores. Con razón Lucas nos relata en el resto del libro de los Hechos que en los siguientes meses y años, los discípulos de Jesus anduvieron de ciudad en ciudad y de aldea en aldea predicando el reino de Dios y sanando.

Así que, con la venida del Espíritu Santo en el Pentecostés, fue muy natural que los seguidores de Jesús se unieran para crear una nueva entidad: la iglesia. Debemos considerar lo que la Biblia nos enseña acerca de la naturaleza de una congregación sana. Cuando multiplicamos iglesias nuevas y saludables, ¿que estamos multiplicando? La respuesta se puede encontrar en Hechos 2 y en 1 Tesalonicenses 1. En cada pasaje, encontramos una descripción de una congregación nueva de menos de un año de haberse establecida. Lucas explica las características de la congregación en Hechos 2.43-47, con el propósito de probar que está constituida por judíos mesiánicos, quienes siguen fielmente los mandamientos del Nuevo Testamento y que también son fieles seguidores del Mesías, Jesús de Nazaret. En el caso de los creyentes de Tesalónica, Pablo menciona las características de esa iglesia, para probar que Dios "los ha escogido" (1 Ts 1.4). ¿Cómo puede uno saber que los creyentes de Tesalónica son elegidos? Se sabe porque manifiestan las siguientes características.

Dado el contexto bíblico en el cual aparecen estas características, creo que Lucas, al igual que Pablo, nos ofrece no sólo una descripción de un grupo particular de creyentes (escrita sólo de forma descriptiva), sino que también está dando un resumen de lo que él cree constituye una auténtica y verdadera iglesia local (escrito en forma normativa). En otras palabras, nuestras congregaciones y nuestras iglesias nuevas y sanas deberían demostrar las características siguientes:

- Hay milagros y señales extraordinarias.
- La congregación tiene un impacto en su contexto circundante.
- Los miembros de la congregación tienen todo en común. Se preocupan unos por otros.
- Comen juntos y celebran la Comunión y la unidad especial.
- Alaban y adoran a Dios.
- El Señor cada día agrega al grupo los que van siendo salvos (Hch 2.43-47).
- Confiesan a Jesús como su Salvador.
- El evangelio llega con poder. Hay milagros y señales especiales.
- Se predica la Palabra.
- Experimentan una comunión de amor.
- Expresan una forma de vida ejemplar.
- Sufren por el evangelio.

- Muestran un espíritu de gozo.
- Muestran una conversión radical.
- Su testimonio es conocido en todo el mundo.
- Demuestran una nueva esperanza (1 Ts 1.2-10).

Hay mucho que podría decirse concerniente a estas dos descripciones de iglesias sanas. No obstante, aquí sólo quiero mencionar una cuestión. Estas dos iglesias nuevas están comprometidas con la evangelización, con la misión y con el crecimiento numérico de creyentes y de congregaciones. Hay ocasiones cuando deseamos enfatizar una o dos de estas características mencionadas en los dos pasajes. No obstante, estas características describen una realidad que toma forma cuando se consideran todas juntas. No es posible aceptar o enfatizar una o dos de estas características y pasar por alto el resto. Hacerlo sería ignorar la forma en que Lucas y Pablo describen a estas dos congregaciones. La descripción de cada una es un paquete completo: orgánica y holística. Enfatizar la unidad, o la adoración, o las señales y milagros significa que uno también debe acentuar la obra misionera de estas congregaciones al predicar el evangelio, la manera en que logran el crecimiento numérico de creyentes y sus intentos de multiplicar iglesias nuevas y saludables (ver Van Engen 1981, 178-90).

Queridos lectores y lectoras, no sé como lo ven ustedes, pero a mí me enctantaría ser parte de una congregación local con las características mencionadas por Lucas y Pablo. Nuestras experiencias de lo que es la iglesia muy a menudo son muy distantes de esta descripción. Mi intención aquí es enfatizar que tanto Lucas como Pablo nos muestran fotografías de una realidad visible y reconocible de la iglesia. Sin embargo, en muchos casos, los seguidores de Jesús se han demostrado ser una mezcla de realidades contradictorias.

- Decimos que somos una iglesia, pero estamos divididos.
- Decimos que la iglesia es santa, pero somos pecadores.
- Decimos que la iglesia es católica, universal, pero generalmente exhibimos características parociales y exclusivas.
- Decimos que la igleis es apostólica, pero mostramos poco compromiso hacia la misión de Dios para toda la humanidad.

Pablo nos reta a crear congregaciones locales en donde todo el Pueblo de Dios busca "perfeccionar a los santos para la obra del ministerio, para la edificación del cuerpo de Cristo, hasta que todos lleguemos a la unidad de la fe y del conocimiento del Hijo de Dios, a un varón perfecto, a la medida de la estatura de la plenitud de Cristo; para que….siguiendo la verdad en amor, crezcamos en todo en aquel que es la cabeza, esto es, Cristo." (Ef 4:12-13).

A través de los siglos ha habido una significativa modificación de la visión energética de Pablo de que una iglesia misionera fuese una, santa y universal. Aunque los tres conceptos se afirmaron y el cuarto -- "apostólica" – se añadió en el Primer Concilio de Constantinopla en el año 381 e.C., la Iglesia luchó sin éxito alguno durante el siguiente milenio para mantener una perspectiva de la iglesia misionera dirigida más allá de sus propias fronteras.

Pablo había demostrado que, en su orientación hacia Dios, hacia la humanidad y hacia el futuro, la Iglesia se mantiene en una tensión entre lo que es y lo que debe ser. Esta misma tensión puede ser la fuerza que impulse a la Iglesia a ser lo que es, a "emerger," a transformarse de una semilla a un árbol maduro. Los cristianos que reflexionan sobre la naturaleza y la misión de la Iglesia se involucran en un proceso de investigación acerca de la esencia de la Iglesia. Uno supone que esta investigación representa un asunto fácil y ligero. Por lo menos Martín Lutero aparentemente lo pensó así cuando escribió en los Artículos de Esmalcalda en 1537:

> Gracias a Dios un niño de siete años de edad sabe lo que es la iglesia: Creyentes santos y la grey que oye la voz de su pastor (Juan 10:3). También los niños oran, "Creo en la única y santa Iglesia Cristiana." Su santidad no consiste en sotanas, tonsuras, hábitos u otras ceremonias que los papistas han inventado más allá y por encima de las Santas Escrituras. Mas bien su santidad viene de la Palabra de Dios y la verdadera fe.[78]

Más recientemente Hendrick Kraemer expresó con sencillez una definición que da eco a la perspectiva de Lutero cuando dijo: "Donde hay un grupo de Cristianos bautizados, ahí está la Iglesia."[79]

El tema aún no es tan sencillo. Lutero mismo tuvo que incluir la antigua frase confesional "Creo en la Iglesia." El elemento de fe nos dice que hay más sobre la Iglesia de lo que se puede ver, más de lo que existe en un momento dado, más de lo que nuestra débil fe puede comprender, y más que los atributos descritos acerca de la Iglesia.[80] G. C. Berkouwer señaló:

> Cualquiera que se sienta impulsado a reflexionar sobre la Iglesia, sobre su realidad por la fe (credo ecclesiam), se encuentra....(delante de) una larga serie de preguntas variadas, todas conectadas muy de cerca al hecho de que existen tantas iglesias como diferentes posiciones sobre la esencia de la Iglesia. Especialmente en nuestros días, especialmente, hay otra.... pregunta que se vislumbra detrás de éstas: ¿Es esta

---

[78] Lehmann, Helmut T., Gen. Ed. *Luther's Works,* 53 vols. (Philadelphia: Fortress, 1955), Introduction to vol 39 (traducción del autor).

[79] Citado en el Concilio Misionero Internacional. *The Missional Obligation of the Church.* (Londres: Edimburgo, 1952) (traducción del autor).

[80] Charles Van Engen. *The Growth of the True Church* (Amsterdam: Rodopi, 1981), 48-94.

reflexión en verdad relevante? Ante la gran cantidad de preguntas que se formulan acerca de qué tan verdaderas son las declaraciones acerca de la Iglesia, nos preguntamos: ¿Son estas declaraciones verosímiles? Aunque uno enfatiza que la Iglesia nunca puede explicarse solamente en base a sus componentes históricos, psicológicos y sociales, uno no puede negar que la intención del credo eclesiástico es señalar lo que comúnmente se llama la Iglesia "empírica".[81]

La realidad visible y el ideal invisible

La Iglesia ha entendido que cuando las palabras "una, santa, católica y apostólica" se refieren a la naturaleza de la Iglesia, "ellas tienen que ser cualidades visibles de la Iglesia como existe actualmente en la realidad."[82] No debemos crear ideas abstractas de los atributos de la esencia de la Iglesia que pierdan su contacto con la vida de la iglesia en la tierra. Tampoco buscaremos describir la Iglesia como únicamente una institución. Al contrario, debemos tratar de reconocer las marcas de la verdadera comunidad en su naturaleza como confraternidad organizada institucionalmente. La única manera de examinar la Iglesia es por medio de lo que vemos.[83] Paradójicamente, sabemos también que la Iglesia es más de lo que vemos; ella es santa pero pecadora, una pero dividida, universal pero particular, apostólica pero saturada de los conceptos de su propio tiempo.

Rara vez la Iglesia ha observado detenidamente la diferencia entre el significado lógico de la fórmula confesional y la realidad visible. J.N.D. Kelly observa que la palabra santa "expresa la convicción de que la Iglesia es el pueblo elegido por Dios y en el que habita por medio del Espíritu Santo. En relación con la palabra 'católica,' su significado original era 'universal' o 'general' y en este sentido Justino Mártir habló de la 'resurrección católica.' Al ser aplicada a la Iglesia, su principal importancia era enfatizar su universalidad en contraste con el carácter local de las congregaciones particulares."[84]

Los primeros teólogos de la Iglesia no distinguen entre la Iglesia visible y la invisible. La comunión o fraternidad universal se entiende como una sociedad tanto invisible como empírica. Esta era la real y reconocible comunión en Cristo, llamada por el Espíritu y abierta a recibir a todas las familias de la tierra.[85] En la autopercepción de la Iglesia primitiva sobre su unidad, santidad,

[81] G. C. Berkouwer. *The Church*, J. E. Davison, trans. (Grand Rapids: Eerdmans, 1976), 7.
[82] Avery R. Dulles. *Models of a Church: A Critical Assessment of the Church in All Its Aspects* (New York: Doubleday, 1974), 126.
[83] Gene A. Getz. *The Measure of a Church* (Glendale, Calif.: Regal, 1975), 16.
[84] J. N. D. Kelly. *Early Christian Doctrines* (New York: Harper and Row, 1978), 190.
[85] Ibid., 190-91. Kelly cita con respecto a esto a Clemente de Roma, Justino, Ignacio, Clemente II y Hermas

catolicidad y apostolado, se entendía que éstos eran criterios por medio de los cuales se medían los diversos errores que aparecían. Posteriormente las confesiones de fe fijaron estas perspectivas como puntos de referencia para medir la verdadera naturaleza de la Iglesia.

Sin embargo, con el correr de los tiempos, los credos como señales comenzaron a ser considerados como propiedades (*propietas*), luego criterios, y finalmente las marcas de la Iglesia (*notae ecclesiae*), los elementos reconocibles de la Iglesia de Roma que constituían la base para defender el *status quo*. Durante esa época se utilizaban equivocadamente estas cuatro palabras descriptivas para declarar que sólo la Sede Romana era santa, perfecta, completa y dada por Dios. En esa forma se defendía la institución Romana llamada "iglesia" contra la iglesia ortodoxa, contra la de los Waldenses y otros grupos cristianos que se denominaban "iglesia."

Ya para la época del reinado del Papa Gregorio IX en el siglo XIII la Iglesia Romana creía que los dones de Dios eran de su exclusiva propiedad. Las ideas de unidad, santidad, catolicidad y apostolado servían de autojustificación en lugar de auto-examinación, apoyadas por la supuesta autenticidad de la Iglesia Romana. Más tarde el Concilio Vaticano I (1869–1870) pudo establecer que la Iglesia es en sí misma "un grandioso y permanente motivo de su credibilidad y misión divina."[86]

Por razón de la estática y auto-justificante apropiación de estos cuatro atributos de parte de la Iglesia Romana, los Reformadores quisieron crear una distinción bien marcada entre los atributos y las marcas de la iglesia o *notae ecclesiae*. Berkouwer analiza aquí la historia de la iglesia.

> Nos encontramos con una impresionante distinción...entre los atributos y las marcas de la Iglesia. A primera vista, la distinción es bastante opaca, ya que uno podría esperar que la Iglesia pudiera ser conocida y precisamente delineada por medio de sus "atributos." Sin embargo, un análisis más cercano muestra que el motivo explícito que subraya esta distinción es la controversia entre Roma y la Reforma sobre la pregunta de cómo uno debería ver los atributos de la Iglesia...[87] Al hablar de las marcas de la Iglesia, la *notae ecclesiae*, la Reforma introdujo un criterio por medio del cual la Iglesia podría ser y tenía que ser probada para saber si era la verdadera Iglesia. El motivo de esta prueba en la eclesiología añade una perspectiva completamente nueva e importante a la doctrina de los atributos de la Iglesia, de decisiva importancia al considerar la naturaleza de la Iglesia y dichos atributos. [88]

---

[86] Hans Küng. *The Church: Maintained in Truth*, E. Quinn, trans. (New York: Seabury, 1980), 266.
[87] Berkouwer cita a Herman Bavinck. *Gereformeerde Dogmatiek*, 4 vols. (Kampen, the Netherlands: Kok, 1895-1901), 4.304.
[88] Berkouwer. *The Church*, 13; énfasis del autor.

El asunto en juego en esta tan importante distinción es la función de estos "atributos" de la Iglesia. Las palabras: "una sola, santa, católica y apostólica" reflejan una eclesiología en la cual todo lo referente a la naturaleza de la Iglesia quedaba decidido sencillamente sobre la base de que una iglesia local existía y que por virtud de esa existencia poseía un número de inatacables "atributos". No se podía pensar que esos atributos pudiesen ser reconocidos empíricamente en la vida de la Iglesia. Los Reformadores se dieron cuenta que tal uso de palabras descriptivas no era aceptable. Ellos vieron la necesidad de sugerir algo más profundo, un examen por el cual se pudiera comprobar la proximidad o la distancia de una iglesia local de su Centro, Jesucristo.[89] Esto obligó a que los Reformadores buscaran un nuevo modelo que pudiera comprobar la presencia o ausencia de la esencia de la Iglesia. Berkouwer expone la situación de la siguiente forma.

> Nos llama la atención que las cuatro palabras por sí solas nunca fueron cuestionadas, y que los Reformadores no optaron por otros "atributos." Estaban de acuerdo con la descripción de la Iglesia en el Credo Niceno: una, santa, católica y apostólica…En otras palabras, no se cuestiona si la Iglesia es verdaderamente una, católica, apostólica y santa. Se mencionan diferentes marcas, por ejemplo: la predicación pura del evangelio, la administración pura de los sacramentos, y el ejercicio de la disciplina eclesiástica…Más bien el propósito decisivo es éste: la Iglesia es y debe permanecer sujeta a la autoridad de Cristo, respondiendo a la voz de su Señor. Es mas, la Iglesia es probada por Cristo en esta sujeción. Esta es la motivación general de la Reforma en cuánto a las *notae ecclesiae*.[90]

Así los Reformadores entendieron que las tres marcas de la Iglesia son pruebas por las cuales los miembros del cuerpo local pueden indagar su cercanía a Jesucristo, el único y solo Centro real de la esencia fundamental de la Iglesia. La predicación pura de la Palabra, la correcta administración de los sacramentos y el ejercicio apropiado de la disciplina fueron medios por los cuales se podía probar la fidelidad de la Iglesia entera hacia su Señor. La presencia de Cristo en la Iglesia sería la prueba de autenticidad de todas las actividades de la Iglesia, de sus dogmas y sus posturas de disciplina. Los Reformadores deseaban señalar algo más fundamental que los cuatro atributos. Querían enfatizar el Centro, a Jesucristo, a quien la Iglesia debe su vida y su naturaleza.

Como los cuatro "atributos" anteriormente mencionados habían perdido su función de criterios de prueba, se necesitaban la Palabra y los sacramentos para devolverle a la Iglesia el único

---

[89] Hendrikus Berkhof. *Christian Faith: An Introduction to the Study of the Faith* (Grand Rapids: Eerdmans, 1979), 409.
[90] Ibid., 14-15.

fundamento de ser y de la verdad. Al predicar el evangelio en palabra y en hecho, la Iglesia da a conocer a Jesucristo y por consiguiente dirige a la Iglesia hacia una nueva visión dinámica de los cuatro atributos. Avery Dulles señala que "El evangelio, con certeza, es uno y santo. Al ser dirigido a todos los hombres, la Iglesia entonces es católica. Como no puede ser cambiada en un 'evangelio diferente' (Gálatas 1:6), la Iglesia permanece apostólica. La Iglesia, en cuanto viva el evangelio, podrá compartir estos atributos, pero no se proclama a sí misma...Se espera que la iglesia se mantenga bajo el evangelio y sea juzgada por él."[91]

Los Reformadores del Siglo XVI no creyeron que fuera beneficioso para la Iglesia el autoproclamarse una, santa, católica y apostólica, mientras no fijara su mirada hacia la única Cabeza, Jesucristo, la base fundamental y el centro unificador de las cuatro antiguas palabras.[92]

Después de los Reformadores, desafortunadamente, la defensa de las "marcas" de la Iglesia se convirtió en una forma de destruir la unidad, la verdadera santidad, la catolicidad y la apostolicidad de la Iglesia. Martín Lutero y Juan Calvino originalmente habían querido ver que estas marcas fuesen conceptos dinámicos que aumentaran la unidad, la santidad y la catolicidad de la Iglesia. Lamentablemente, los hijos de la Reforma Protestante del Siglo XVI utilizaron estas marcas para causar división, siguiendo sus tendencias introvertidas y exclusivistas. Richard de Ridder (siguiendo a John Piet) ha mostrado que las iglesias Reformadas modernas han usado las marcas para señalar el *lugar* donde se llevan a cabo ciertas actividades, en lugar de señalar las tareas misioneras que se han de llevar a cabo en el mundo.[93] Es así como también las "marcas" de la Iglesia se volvieron conceptos dogmáticos y herramientas polémicas para defender una iglesia como "verdadera" contra otra considerada como "falsa." Progresivamente en el Protestantismo post-Reforma se perdió también la función dinámica y autoevaluadora de las "marcas." Por lo tanto, continuó vigente la necesidad de buscar una eclesiología viva y dinámica. John Piet describe el defecto de las marcas de la Iglesia que los Reformadores sugirieron.

Primero, es claro que todas las definiciones de iglesia escritas durante el siglo XVI fueron influenciadas por los factores sociales y religiosos prevalecientes en aquel tiempo....En segundo lugar, las marcas de la iglesia nos llevan solamente hasta

---

[91] Dulles. *Models*, 126-27; véase también a Küng. *The Church*, 268.
[92] Cf. Van Engen. *Growth of the True Church*, 237-39.
[93] Véase a Richard de Ridder. *Discipling the Nations* (Grand Rapids: Baker, 1971), 212-14; Van Engen. *Growth of the True Church*, 243-48; John Piet. *The Road Ahead: A Theology for the Church in Mission* (Grand Rapids: Eerdmans, 1970), 24; Colin Williams. *Where in the World?: Changing Forms in the Church's Witness* (New York: Concilio Nacional de Iglesias, 1963), 52, and idem. *What in the World?* (New York: Concilio Nacional de Iglesias, 1964), 44.

cierto punto, puesto que sus interpretaciones pueden variar mucho. Los luteranos difieren de los calvinistas; algunos luteranos difieren de otros luteranos y algunos calvinistas de otros calvinistas precisamente porque cada grupo asigna su propio significado a tales palabras como "correctamente" y "puramente." En tercer lugar, aunque todas las definiciones reformadas tienen su punto de partida en las Escrituras, no son necesariamente bíblicas. Las descripciones de la Iglesia en la Biblia se forman en base al contexto de misión mientras que las definiciones reformadas se basaron en una situación dada en la sociedad....Finalmente, el efecto del pensamiento reformado en el presente debe ser visto por lo que es y reconocido dondequiera que aparezca. Por ejemplo, cualquiera que se adhiera rígidamente a los conceptos de la Reforma sobre la iglesia, permanece en el peligro de tener una visión estática y estacionaria de la Iglesia....La Iglesia debe mirar hacia Dios y al mundo y hallar su razón de ser el pueblo de Dios en el mundo de Dios.[94]

Este desarrollo en la eclesiología contribuyó a que durante los siglos subsecuentes, hasta el Siglo XX, ni los Católico-Romanos ni los Protestantes estuvieran muy seguros de la forma de mantenerse muy cercanos a la vida dinámica y a la esencia viva de la Iglesia. La Iglesia había perdido la objetividad de mantener una eclesiología en constante reforma. Los cristianos no tenían base para evaluar esa unidad, santidad, catolicidad y apostolicidad. Surgió una creciente sospecha de que la perspectiva de "una sola naturaleza" no era adecuada. ¿Podría verse la Iglesia como una organización poseedora de una sola naturaleza, ya fuera humana o divina?[95] Los eclesiólogos comenzaron a buscar una nueva forma de percibir la iglesia local como humana y divina; como organismo y organización, como comunión e institución. Esto, a su vez, demandó que ellos examinaran de nuevo los atributos de Nicea y las marcas de la Reforma del Siglo XVI, pero tratando de entenderlos como dones y tareas.

Una nueva perspectiva de los cuatro atributos

Diversos teólogos tales como Hans Küng, Berkouwer, Dulles, Hendrikus Berkhof y Carlos Barth sugirieron reexaminar las cuatro palabras descriptivas, viéndolas como características por medio de las cuales se pudiera medir la realidad de la Iglesia. Las palabras expresaban tanto dádivas como tareas que pudiesen definir la idea de la Iglesia que emerge hacia la completa

---

[94] Piet. *The Road Ahead*, 28-29.
[95] Por ejemplo, la Tercera Conferencia Mundial sobre Fe y Orden (1952) declaró, "Estamos de acuerdo en que no hay dos iglesias, una visible y otra invisible, sino *una iglesia que debe encontrar expresión visible en la tierra*." (Lukas Vischer. *A Documentary History of the Faith and Order Movement* [St. Louis: Bethany, 1963], 103). Abraham Kuyper escribió un párrafo defendiendo una perspectiva similar en *Tractaat van de Reformatie der Kerken*, titulado, "Waarom of eene zelfde kerk op aarde tegelijk onzichtbaar en zichtbaar zij."

manifestación de su verdadera naturaleza. Así, la dádiva de que la Iglesia es *una*, implica la tarea de buscar la unidad, de vivir como una, de unirse a sí misma y a su Señor. La dádiva de que la iglesia es *santa*, expresa la tarea de llegar a la santidad de sus miembros, en sus organizaciones, en su vida en el mundo, en su recepción y expresión de la Palabra de Dios. La dádiva de que la Iglesia es *católica* significa que la tarea de la Iglesia es crecer en su universalidad geográfica, cultural, racial, espiritual, numérica y temporal en torno al Señor de señores, quien dirige su Palabra a todas las criaturas. La dádiva de que la Iglesia es *apostólica* es a la vez una tarea de anunciar el evangelio apostólico, viviendo en una manera apostólica y ser enviados como apóstoles de Jesucristo al mundo. [96]

Esta perspectiva busca maneras por las que la Iglesia que se confiesa por fe llegue a ser algo reconocible en su vida real en el mundo. Esta perspectiva ofrece nuevas y emocionantes posibilidades para la Iglesia en misión. Es más, David Watson escribe que "el antiguo orden de la iglesia establecida y organizada, que descansa sobre sus estructuras y tradiciones en vez de la renovación del Espíritu de Dios, quedará sin efecto. Las fórmulas de fe y los credos de la Iglesia, faltos de vida espiritual, nunca satisfacen el vacío de aquellos que en sus propias y diferentes maneras buscan al Dios vivo." Watson continúa diciendo que si la Iglesia puede redescubrir su identidad recibida de Dios y logra un avivamiento espiritual, la parte más maravillosa de su historia estaría todavía por escribirse. "Todo depende de nuestra habilidad para tomar una nueva visión de la iglesia como debe ser, de nuestra disposición a cambiar cuando es necesario y sobre todo de nuestra determinación a mantener nuestras vidas constantemente abiertas a la renovación espiritual."[97] Debe haber una perspectiva progresiva de lo que la Iglesia es para impulsar su compromiso de construir lo que la Iglesia debe llegar a ser.[98]

---

[96] La palabra "apostólica" tiene por lo menos cuatro significados. 1. El primero es el uso en el Nuevo Testamento donde los "apóstoles" se identificaban como los enviados (*apostello* quiere decir enviar) ya que eran testigos oculares del ministério de Jesús. En sus cartas, Pablo se autodenomina "apóstol de Jesucristo." 2. Con tiempo, la palabra "apóstol" llagó a usarse en la Iglesia Católica Romana para significar la autoridad espiritual y eclesial del Papa de Roma por su sucesión apostólica histórica de Jesús y Pedro. 3. Comenzando con la Reforma Protestante del siglo XVI, el significado de "apostólico" se refería a la fidelidad de la enseñanza teológica de la iglesia que fuera fiel al pensamiento teológico de los apóstolls en la iglesia del primer siglo tal como ellos enseñaron y se encuentra en la Biblia. 4. En los pasados veinte años la palabra "apostólica" se há usado para referirse a la Nueva Reforma Apostólica de los movimientos neo-pentecostales y carismáticos que han tomado nueva forma eclesial. (Ver, por ejemplo, C. Peter Wagner, *The New Apostolic Churches* (G.R.: Baker, 1998).

[97] David Watson. *I Believe in the Church* (1st American ed., Grand Rapids: Eerdmans, 1979), 37-38.

[98] Véase Jürgen Moltmann. *The Church in the Power of the Spirit* (New York: Harper and Row, 1977), 2.

Si se entienden las cuatro palabras como dádivas y tareas, la Iglesia ya no se verá restringida a los confines de una institución que tal vez ya no refleje ni las cualidades de Nicea ni las marcas de la Reforma. Nuestro concepto de Iglesia va más allá de lo que *es* y prosigue hacia lo que *podría ser,* pero se mantiene siempre en contacto íntimo con la esencia de la Iglesia. En su esencia, la Iglesia comienza a desarrollar una realidad más allá de sí misma. En este caso, la Iglesia empieza a transformarse de "adentro hacia afuera" como Johannes C. Hoekendijk sugiere. Esta especie de movimiento dinámico desde adentro hacia el exterior por medio de los atributos de la Iglesia se podría ilustrar por medio del siguiente diagrama (ver Figura 2).

FIGURA 2

Una perspectiva dinámica de los cuatro atributos

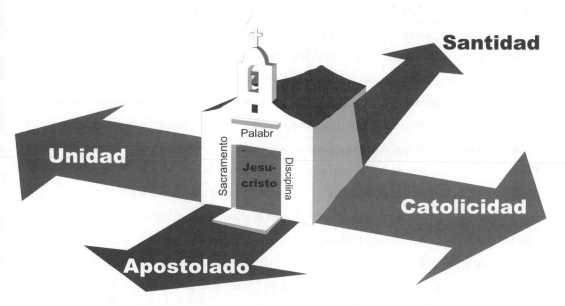

En esta figura se puede ver que Jesucristo es el Centro de lo que es la Iglesia. Su presencia se confirma por medio de las "marcas" de la Iglesia según la Reforma del Siglo XVI y se manifiesta en la naturaleza misionera de la Iglesia a través de cuatro planos o superficies que se desprenden de sus atributos. Estos atributos no pueden expresar en sí la totalidad de la realidad de la presencia de Cristo en la Iglesia. Estos atributos sí logran expresar la presencia de Jesucristo, la Cabeza de la Iglesia, en una forma más completa cuando se les otorga un movimiento expansivo como dádivas y tareas de la vida de la Iglesia. Vistos desde este punto de vista, los cuatro atributos son cualidades dinámicas de la Iglesia que proyectan su vida hacia el exterior, es decir, hacia el mundo.[99]

Los cuatro atributos en acción

Al considerar los cuatro atributos en la forma arriba expuesta, vemos que misiológicamente no podemos detenernos allí. Debemos buscar la manera de entender las cuatro palabras en una

---

[99] J. E. Leslie Newbigin enfatiza esto en *The Household of God: Lectures on the Nature of the Church* (New York: Friendship, 1954), 47-60.

forma misionera y dinámica. La perspectiva de Hans Küng y G. C. Berkouwer al ver las cuatro palabras como "dádivas y tareas" es deficiente porque ve a la Iglesia introspectivamente e ignora al mundo en el cual la Iglesia vive, por el cual la Iglesia existe y hacia el cual la Iglesia es enviada. Jürgen Moltmann fue uno de los primeros eclesiólogos contemporáneos en sugerir la necesidad de tener una perspectiva extrovertida con miras hacia el mundo en el cual la Iglesia ha de ser entera- y puramente la Iglesia. Aquel mundo, dice Moltmann, está dividido, se encuentra en constante lucha, es injusto e inhumano. "No podemos, por lo tanto, ofrecer simplemente las marcas de la Iglesia que tienen tendencia a una dirección introspectiva, entendiéndolas a la luz de la Palabra y de los sacramentos. Debemos darles a esas marcas la dirección exteriorizada y verlas en relación con el mundo. Estas marcas no son importantes solamente para las actividades internas de la iglesia sino que son aún más importantes para el testimonio de la iglesia en el mundo."[100]

Por supuesto, Moltmann piensa que la identificación íntima de Jesús con los pobres y los oprimidos clama por una respuesta radical y misionera en cuanto a los cuatro atributos distintivos: "La unidad de la Iglesia es su unidad en libertad. La santidad de la Iglesia es su santidad en la pobreza. El apostolado de la iglesia lleva el signo de la cruz y su catolicidad es conectada con su apoyo directo al oprimido."[101]

Jon Sobrino cotinua el pensamiento de Moltmann en *The True Church and the Poor*[102] (*La Verdadera Iglesia y los Pobres*), desarrollando su perspectiva misiológica en forma convincente, presentando las ideas de "la unidad de la iglesia del pobre, la santidad de la iglesia del pobre, la catolicidad de la iglesia del pobre y el apostolado de la iglesia del pobre...Yo pienso," dice Sobrino, "que la iglesia del pobre es una iglesia auténticamente misionera dedicada a la evangelización. La misión es más importante de lo que fue en el pasado. Esta ha cambiado el mismo ser de la Iglesia."[103]

Esta manera de pensar ha sido de gran impacto entre los Católico-Romanos de América Latina y hasta cierto punto entre los Protestantes también. A través del amplio espectro del

---

[100] Moltmann. *Church in the Power*, 341-42. (Traducción de cve)
[101] Ibid., 341. (Traducción de cve)
[102] M. J. O'Connell, trans. *La Verdadera Iglesia y los Pobres*, (Maryknoll, N. Y.: Orbis, 1984).
[103] Ibid., 117-18. Véase también a Leonardo Boff. *Ecclesiogenesis: The Base Communities Reinvent the Church*, R. Barr, trans. (Maryknoll, N. Y.: Orbis, 1986); idem, *Church, Charism, and Power: Liberation Theology and the Institutional Church*, J. Dierksmeyer, trans. (New York: Crossroad, 1986); Juan Luis Segundo. *Theology and the Church: A Response to Cardinal Ratzinger* (Londres: Winston-Seabury, 1985); Sergio Torres y John Eagleson, eds. *The Challenge of Basic Christian Communities*, J. Drury, trans. (Maryknoll, N. Y.: Orbis, 1981), y Gustavo Gutiérrez. *A Theology of Liberation* (Maryknoll, N. Y.: Orbis, 1973), 255-85.

pensamiento teológico y social existe la idea de que debemos entender las cuatro palabras antiguas dentro de un nuevo énfasis misiológico. Por ejemplo, Howard Snyder, hablando acerca de la unidad de la iglesia, sugiere un movimiento de cuatro pasos en la expresión misionera de la Iglesia: "1. El propósito primordial de la unidad de la iglesia es que Dios sea glorificado. 2. El propósito secundario de la Iglesia es la auténtica comunicación de las buenas nuevas. 3. La unidad se encuentra en la verdad con Cristo y asimismo con la Trinidad. 4. Esta unidad en verdad significa tanto unidad de creencia como unidad de vida, tanto la ortodoxia como la ortopraxis."[104]

Ya es tiempo de que comencemos a pensar en las cuatro palabras del Concilio de Nicea, no como adjetivos que describen la cualidad de un sujeto conocido como Iglesia, sino como adverbios que describen la acción misionera de la vida esencial de la Iglesia en el mundo. Esto haría que las cuatro palabras fueran más que sencillos "atributos estáticos," más que "marcas" de prueba; y aún más que "dádivas y tareas." Se verían las cuatro palabras como cuatro órbitas planetarias de la vida misionera de la Iglesia en el mundo.

Durante la Edad Media, los cuatro atributos se entendían como adjetivos que describían un sujeto. La iglesia como objeto institucional (sustantivo) se describía con los cuatro atributos como adjetivos: se consideraba a la iglesia como una, santa, católica y universal. Pero al entender que la iglesia es un verbo, todo cambia.

---

[104] Howard A. Snyder. "Co-operation in Evangelism," en: C. René Padilla, ed. *The New Face of Evangelicalism: An International Symposium on the Lausanne Covenant* (Downers Grove, Ill.: Inter-Varsity, 1976), 113-34. Véase también José Miguez Bonino. "Fundamental Questions in Ecclesiology," en Sergio Torres y John Eagleson, eds. *The Challenge of Basic Christian Communities: Papers from the International Ecumenical Congress of Theology,* (Sao Paulo, Brazil: February 20-March 2, 1980), J. Drury, trans. (Maryknoll, N. Y.: Orbis, 1981), 145-59; René Padilla "A New Ecclesiology in Latin America*," International Bulletin of Missionary Research,* 11.4 (Oct. 1987), 156-64; Guillermo Cook. "Grassroots Churches and Reformation in Central America," en *Latin American Pastoral Issues*, 14.1 (Junio 1987), 5-23; Orlando Costas. *Christ Outside the Gate* (Maryknoll, N. Y.: Orbis, 1978); Robert L. Wilson. "How the Church Takes Shape," en *Global Church Growth*, 20.6 (Nov.-Dic., 1983), 325-27, y John R. Welsh. "Comunidades Eclesiais de Base: A New Way to Be Church," *America*, 154.5 (8 Feb. 1986), 85-88.

FIGURA 3

Los cuatro atributos en perspectiva misionera

- Acerca a Jesús (Col 1:28).
- Invita al gran banquete Mt 22:2–10.
- Incorpora.
- Establece una cohesión orgánica (Ef 1:9–10).
- Llega a ser Una (Juan 17).
- Edifica el Cuerpo de Cristo (Ef 4:11–13)

Santidad (Santificadora)
- Perdona.
- Sana.
- Ministra como nación de sacerdotes (1 Ped 2:4–5).
- Relaciona a Dios en santidad.
- Relaciona a otros en pureza.
- Refleja la presencia del Espíritu Santo.
- Sirve compasivamente.

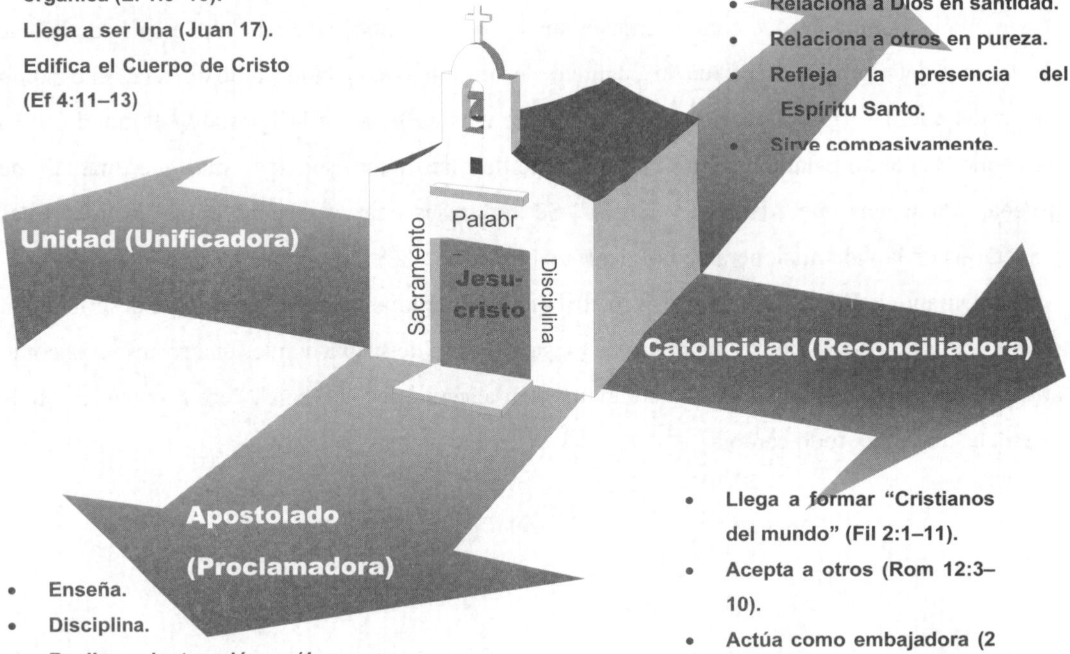

Unidad (Unificadora)

Palabr

Sacramento

Jesu-cristo

Disciplina

Catolicidad (Reconciliadora)

Apostolado (Proclamadora)

- Enseña.
- Disciplina.
- Recibe instrucción (1 Corintios 11:23).
- Hace teología.
- Mantiene las llaves del Reino (Mt 16:19).
- Testifica.

- Llega a formar "Cristianos del mundo" (Fil 2:1–11).
- Acepta a otros (Rom 12:3–10).
- Actúa como embajadora (2 Cor 5:11–21).
- Crea puentes y redes.

Cuando entenemos la iglesia como un acontecimiento, una acción que ocurre, la *eklesía*, la reunión que tiene ciertas características, las cuatro palabras se transforman en adverbios que describen el hecho de ser iglesia. En esta perspectiva, cuando la iglesia ocurre, cuando "dos o tres están reunidos en mi nombre" (como dijo Jesús), el Espíritu Santo hace nacer un acontecimiento en el mundo que es unificadora, santificadora, reconciliadora, y proclamadora.

Como podemos ver en la figura 3, esta perspectiva nos ofrece básicamente una nueva manera de entender la naturaleza misionera de la Iglesia — y nos da nuevas formas concretas de reconocer la Iglesia como un movimiento misionero que transforma al mundo.

Al estudiar la figura arriba expuesta, en primer lugar, se ve *la única Iglesia de Jesucristo como una fuerza unificadora*. La Iglesia se dedicaría a congregar, invitar e incorporar a las personas cuando llegaran a creer en Jesucristo. Las imágenes bíblicas de cohesión orgánica, su vida organizacional, y la fiesta del cordero se traducen en acción misionera, la cual busca "preservar la unidad del Espíritu en el vínculo de la paz" (Efesios 4:3). Segundo, *la santa Iglesia de Jesucristo sería vista como una fuerza santificadora*. La Iglesia vive para que el pueblo sea perdonado, sanado y para que la presencia de Dios pueda ser experimentada. El tabernáculo de Israel en el desierto es una figura dominante en este sentido, y el concepto se expresa plenamente en Jesucristo, Emanuel, Dios con nosotros. Tercero, *la Iglesia católica (universal) sería vista como una fuerza reconciliadora*. Este movimiento establece un puente entre Jesucristo y la humanidad, mostrando el camino que ha de seguir la fraccionada humanidad hacia la renovación y la comunión con Dios. En esta perspectiva, la Iglesia se ve como embajadora, llamando al mundo a ser reconciliado con Dios (2 Cor. 5) Cuarto, *la Iglesia apostólica de Jesucristo se vería como una fuerza proclamadora*. La verdad se hace presente solamente en la Iglesia. La Iglesia es la comunión de los discípulos que se conocen, se aman y se sirven unos a otros porque conocen, aman y sirven a su Maestro. Es una confraternidad de testimonio, de movilización y de enseñanza, la cual está basada en las enseñanzas de los apóstoles y proclama la Palabra de Dios en el mundo. [105]

Vistos de esta manera, los cuatro antiguos atributos como actividades que la Iglesia realiza exhiben en forma concreta la totalidad de su existencia. Por lo tanto, ellos deberían fijar la agenda de la congregación local. ¿Qué es la Iglesia? Es la actividad unificadora, santificadora,

---

[105] Para una discusión más amplia de esta perspectiva dinâmica y praxeológica de los cuatro atributos como adjetivos que describen la acción que es la iglesia, junto con algunas fuentes bibliográficas al respecto, ver Charles Van Engen. *The Growth of the True Church*. Amsterdam: Rodopi, 1981, 79-112.

reconciliadora y proclamadora de Jesucristo en el mundo. La misión no puede ser algo separado o añadido a la esencia de la Iglesia. La naturaleza esencial de la congregación local se encuentra en su misión. De no ser así, la congregación no sería realmente la Iglesia. Necesitamos permitir que la iglesia sea verdaderamente la Iglesia.

Nótese que esta descripción queda muy lejos de expresar que todo lo que la iglesia hace es misión. Lo que la Iglesia hace internamente sin intención de impactar al mundo que la rodea no es misión. Sin embargo, cuando una congregación local entiende que es, por su naturaleza, una constelación de actividades misioneras e intencionalmente vive su vida como un cuerpo misionero, entonces comienza a ser la auténtica Iglesia de Jesucristo. Esto nos guía al próximo capítulo, donde exploraremos el concepto de la intención misionera de la iglesia y examinaremos algunas nuevas palabras que nos pueden servir como expresiones concretas de la existencia misionera de la congregación local en el mundo.

CAPÍTULO 5

Reafirmando la intención misionera
de la iglesia local

En este capítulo quiero mencionar cinco otras palabras o frases que he denominado "nuevas palabras." Estas nuevas frases surgieron en la misiología cristiana durante los 1950s hasta la década de los 1970s. Yo entiendo estas cinco frases como un esfuerzo de expresar en forma concreta lo que las cuatro palabras clásicas expresan, cuando las cuatro clásicas son vistas como descripciones de la acción de ser iglesia. Pudiéramos pensar en la pregunta central de este libro. ¿En qué consiste la razón de ser de la iglesia? Una posible respuesta sería que la iglesia ocurre cuando los seguidores de Cristo exhiben las siguientes características: (1) vivir a favor del mundo; (2) identificarse con los oprimidos; (3) participar en misión; (4) dar testimonio mediante la proclamación de evangelio; (5) demostrar un anhelo profundo por el crecimiento numérico de su iglesia.

Al escribir *Sanctorum Communio*[106] Dietrich Bohoeffer, un pastor de Alemania presenta ideas concretas y específicas que guían a la iglesia local hacia su vida y misión en el mundo. Bonhoeffer examinó básicamente los cuatro atributos antiguos que estudiamos en el capítulo 4. Sin embargo, como afirma G. C. Berkouwer, las cuatro palabras del Credo Apostólico, (una, santa, universal, apostólica) atestiguadas por las tres marcas de la Reforma, nunca han constituido una lista exhaustiva de las cualidades de la naturaleza y realidad fundamental de la Iglesia.

---

[106] Dietrich Bonhoeffer. *The Communion of Saints: A Dogmatic Inquiry into the Sociology of the Church*, trans. from 3d German ed. (New York: Harper, 1964).

Berkouwer cuestiona si los nuevos indicadores sugeridos durante el Siglo XX simplemente no incluyen las implicaciones de los atributos del Credo Niceno: "Pensamos," dice Berkouwer, "en las muchas analogías y caracterizaciones de la Iglesia que se encuentran en las Escrituras, especialmente en el Nuevo Testamento…Esta variedad de figuras retóricas en sí nos impiden favorecer un lado u otro de la naturaleza de la Iglesia. Es bueno recordar esto cuando pensamos en los atributos, puesto que la vida entera de la Iglesia depende de una comprensión amplia del "credo ecclesiam," la realidad primordial de la Iglesia.[107]

Debemos mantener dos verdades muy distintas pero complementarias en una tensión dialéctica. Primero, debemos estar dispuestos a considerar nuevas maneras de percibir la naturaleza de la Iglesia en momentos específicos y en contextos históricos particulares. Segundo, debido a la continuidad del mensaje y propósito de la Iglesia a través de la historia, debemos afirmar que hay sólo una realidad bajo el mismo Señor de la Iglesia: ayer, hoy y por los siglos (Hebreos 13:8). Por lo tanto, cada nueva descripción debe ser considerada en relación a los cuatro atributos, probados en las Escrituras y reconocidos en las marcas de la Reforma de la Iglesia. Cada sugerencia nueva debe ser un medio concreto, comprobable y visible para reconocer la presencia de la única, santa, católica (universal) y apostólica comunidad de Jesucristo el día de hoy.

Entre el Pentecostés y la *Parousia*, la Iglesia es un movimiento que se convierte en una siempre nueva realidad naciente. Sus acciones dentro de una situación histórica (lo que algunos teólogos prefieren llamar "*praxis*"), así como la siempre cambiante situación del contexto en el mundo, nos manda que busquemos constantemente nuevas maneras de expresar el concepto de la Iglesia. Al reflexionar en lo que esto significa para la edad moderna, Jürgen Moltmann dice, "encontramos que las nuevas respuestas del Cristianismo a la situación cambiante del mundo son: (i) una iglesia misionera; (ii) el deseo de comunión ecuménica entre las iglesias divididas; (iii) el descubrimiento de la universalidad del Reino de Dios; y (iv) el apostolado laico."[108]

A pesar de su heterogeneidad, la Iglesia necesita cambiar continuamente su modo de expresión porque está históricamente dirigida a un mundo en constante cambio. Las nuevas ideas

---

[107] G. C. Berkouwer. *The Church*, J. Davison, trans. (Grand Rapids: Eerdmans, 1976), 24. Véase también Hans Küng. *The Church: Maintained in Truth*, E. Quinn, trans. (New York: Seabury, 1980), 359; Jürgen Moltmann. *The Church in the Power of the Holy Spirit* (New York: Harper and Row, 1977), 340; y Hendrikus Berkhof. *Christian Faith: An Introduction to the Study of the Faith*, S. Woudstra, trans. (Grand Rapids: Eerdmans, 1979), 409-10.

[108] Moltmann. *Church in Power*, 9.

deben promoverse y reforzarse en la dimensión misiológica de la naturaleza de la Iglesia según toma nueva expresión concreta en el mundo de hoy. Los nuevos conceptos para considerar tienen que ver con la vida de la Iglesia a favor del mundo, la identificación de la Iglesia con los oprimidos, la misión de la Iglesia, el testimonio de la Iglesia por medio de la proclamación, y el anhelo profundo de la Iglesia por el crecimiento numérico de la misma.

La vida de la iglesia, a favor del mundo

En su libro *Cartas y Documentos desde la Prisión*, Dietrich Bonhoeffer dice que "la Iglesia es la Iglesia sólo cuando existe para otros."[109] La Iglesia existe para la humanidad en el sentido que ella es el cuerpo espiritual de Cristo; como Jesús, es enviada al mundo a ser una sierva en amor para con el mundo. Los discípulos que salven su vida la perderán, mas aquellos que den su vida por causa del evangelio de reconciliación la hallarán (compare Juan 15:13; 20:21; Mat 10:39). Moltmann desarrolla su perspectiva de la Iglesia siguiendo el mismo hilo de ideas en su introducción a *La Iglesia en el Poder del Espíritu* (*The Church in the Power of the Spirit*), observando que en su época, una variedad de cambios y conflictos estaban creando inseguridad en la sociedad. Bonhoeffer lo expresó como sigue:

> Cuando sus tradiciones se ponen en peligro por la inseguridad, la iglesia se remonta a sus raíces. Se orienta aún más enfáticamente hacia Jesús, su historia, su presencia y su futuro. Como "la iglesia de Jesucristo" es fundamentalmente dependiente de Él y solo de Él... No creo que haya otra manera en la que la iglesia pueda proclamar el evangelio responsablemente, teológicamente hablando, o pueda celebrar la Cena del Señor, o pueda bautizar con la señal del nuevo comienzo, o pueda vivir la amistad de Jesús en el pueblo. En otras palabras; las iglesias misioneras, las iglesias confesantes y "las iglesias bajo la cruz" son iglesias de compañerismo o indudablemente lo llegarán a ser. No se pierden dentro del aislamiento social sino llegan a ofrecer una esperanza viviente en medio del pueblo.[110]

Podemos encontrar un énfasis similar sobre la existencia de la Iglesia a favor del mundo en los escritos de un número de misiólogos y teólogos a finales del siglo pasado. Podríamos mencionar a Helmut Thiecklicke,[111] John Piet,[112] Hans Küng,[113] Albert Theodore Eastman,[114] al

---

[109] Dietrich Bonhoeffer. *Letters and Papers from Prison* (New York: Macmillan, 1953), 203.
[110] Moltmann. *Church in the Power*, xiii-xvi.
[111] *The Evangelical Faith*, vol. 1, G. W. Bromiley, trans. and ed. (Grand Rapids: Eerdmans, 1974), 345, 362.
[112] *The Road Ahead: A Theology for the Church in Mission* (Grand Rapids: Eerdmans, 1970), 101.
[113] *The Church*, 485-86.
[114] *Chosen and Sent: Calling the Church to Mission* (Grand Rapids: Eerdmans, 1971), 129, 132-33.

Concilio Mundial de Iglesias,[115] y los documentos Católico-Romanos *Lumen Gentium* (1964) y *Ad Gentes Divinitus* (1965).[116] Recientemente fue elaborada una perspectiva similar en la Encíclica Papal, *Evangelii Nuntiandi*[117] (1975) y *Redemptoris Missio*[118] (1991). A pesar de la diversidad entre estos escritores, el asombroso acuerdo en cuanto a la Iglesia y su "existencia a favor del mundo" debe llamarnos la atención a una seria consideración de la naturaleza de la Iglesia. Las fuentes arriba mencionadas han enfatizado que la realidad de la Iglesia en su existir a favor del mundo no es una perspectiva opcional: es parte del ser de la Iglesia.

Esta "nueva palabra" se relaciona con los atributos tradicionales de la Iglesia: la unidad, la santidad, el apostolado y la catolicidad. En primer lugar, estar a favor del mundo es una expresión que se relaciona con el envío de la Iglesia al mundo y a su vez con el apostolado de la Iglesia. Al llamar Jesús a sus discípulos, él los envía. En Mateo 10:5-42 como en las otras formas de la Gran Comisión en los evangelios (Mat 29:19-20; Mar 16:16; Luc 24:49; Juan 20:21; Hechos 13:2-4) se enfatiza este acto de enviar a la Iglesia. El discipulado debe siempre ser un discipulado de movimiento hacia el mundo. El discípulo que no pone su vida por la proclamación del evangelio de reconciliación no es digno de ser un seguidor de Jesucristo.

En segundo lugar, el vivir a favor del mundo, expresa la calidad de ser universal. Como el alcance del reino es muy amplio y la extensión del Señorío de Cristo abarca "todo poder y autoridad" (Mateo 28:18; Efesios 1:19-23 y Colosenses 1:15-20), debemos ver la existencia de la Iglesia dentro de un ámbito universal. La Iglesia como el Cuerpo de Cristo necesita vivir a favor del mundo. Si no fuera así, la Iglesia sería una expresión incompleta del amplio señorío de Cristo, la Cabeza sobre toda la humanidad.

Uno de los teólogos del siglo XX que ha desarrollado ampliamente el tema del existir de la Iglesia a favor del mundo es Carlos Barth. En su obra *La Dogmática de la Iglesia* (*Church Dogmatics*) dedicó toda una sección al tema "La Comunidad para el Mundo." La tesis de Barth es

---

[115] *The Church for Others and the Church for the World: A Quest for Structures for Missionary Congregations* (Geneva: World Council of Churches, 1968).

[116] Estos son sólo dos de varios documentos muy importantes que surgieron del Vaticano II. Ver Austin P. Flannery, ed. *Documents of Vatican II* (Grand Rapids: Eerdmans, 1975).

[117] "*Evangelii Nuntiandi*" fue resultado del cuarto sínodo de obispos reunidos en Roma en septiembre de 1975. Ver *The Pope Speaks 21* (Primavera 1976): 4-51, y Michael Walsh y Brian Davies, eds. *Proclaiming Justice and Peace: Documents from John XXIII-John Paul II* (Mystic, Conn.: Twenty-Third, 1984), 204-42. Esta encíclica se compara favorablemente en su misión de acercamiento con, "*Redemptoris Missio*" emitida por Juan Pablo II en enero de 1991. Ver también "Origins," *CNS Documentary Service* 20.34 (31 de enero de 1991), 541-68; y Papa Francisco, *Evangelii Gaudium* (noviembre de 2013).

[118] Edimburgo: T & T Clark, 1958, 762-63.

la siguiente:

> La comunidad de Jesucristo es en sí misma una criatura y por lo tanto mundo. Así, como ésta existe para los hombres y el mundo, también existe para sí misma…Aún dentro del mundo al que pertenece, la comunidad de Jesucristo no existe en éxtasis o de manera excéntrica con referencia a sí misma, sino completamente en relación a ellos, al mundo a su alrededor. Ella salva y mantiene su propia vida al presentarse al mundo y dar de sí misma por toda criatura humana.[119]

La identificación de la iglesia con los oprimidos

Jürgan Moltmann enfatiza otra característica de la Iglesia que sirve como un lente o ventana a través de la cual podemos ver la esencia misionera de la Iglesia:

> ¿Dónde está la verdadera Iglesia? ¿En la comunión de fe manifiesta en la Palabra y sacramentos o en la latente hermandad del Juez que se oculta entre los pobres? ¿Cómo pueden entrelazarse? Si tomamos en serio las promesas de la presencia de Cristo, debemos hablar de la hermandad entre los creyentes y Cristo, entre los que son los hermanos más pequeños y Cristo. "El que les oye, a mí me escucha," "el que os visita, a mí me visita"....Si la Iglesia busca al Cristo crucificado y resucitado ¿no debería también demostrar esta doble hermandad de Cristo en sí misma? ¿No debería hacerse presente en obra, Espíritu, sacramento, compañerismo y en todo poder creativo entre el pobre, el hambriento y los cautivos?...Entonces la Iglesia, mediante su misión, estaría presente donde Cristo la espera; en medio de los abatidos, los enfermos y los cautivos. El apostolado dice lo que la Iglesia es. Con el más pequeño de los hermanos de Cristo es donde debe estar.[120]

Un eco fuerte a estas palabras se escuchó en la Asamblea del Concilio Mundial de Iglesias en Uppsala (Suecia) en Julio de 1968. Muchas voces en esa asamblea se unieron en un coro enfático bajo los temas de "humanización," "la nueva humanidad," "una nueva raza humana," "una humanidad madura" y una "renovada humanidad." No es nuestro objetivo argumentar si la acción política y social son objetivos apropiados para la misión de la Iglesia. Es interesante ver como se entrelazaron la eclesiología y la misión en Uppsala. Nos muestra una nueva perspectiva de la Iglesia que vive a favor del mundo.

En la siguiente reunión del Concilio Mundial de Iglesias en Uppsala, Suecia, en 1974, un concepto radical de lo que es misión fue presentado. Y aunque uno no esté de acuerdo con toda la perspectiva teológica de Uppsala, hay que admitir que la Iglesia tiene la misma deuda con los pobres y oprimidos y la misma responsabilidad por la condición en que se encuentra el mundo

---

[119] Ibid., 4.3.2, párrafo 72.
[120] Moltmann. *Church in the Power*, 128-29.

62

como en el pasado. En Hechos 6 las viudas se veían desatendidas por la iglesia y la iglesia trató de remediar el asunto. En Santiago 1:27 se insiste en el cuidado de los huérfanos y de las viudas como una demostración de la verdadera religión. El Nuevo Testamento enfatiza la misericordia y la compasión al pobre, basándose en sólidas exhortaciones del Antiguo Testamento como en Malaquías e Isaías. Dios expresó su desagrado con la vida anterior al exilio de los Israelitas cuando muchos de los sacrificios en el templo se usaban como excusa para evitar la ayuda al pobre, al oprimido y al necesitado.

En su fascinante artículo titulado "No tengo ni plata ni oro: ¿La iglesia del pobre o la iglesia del eico?" David Barrett enfatiza esta perspectiva con respecto a la condición económica de la misión de la Iglesia cristiana de hoy. [121] El autor reporta que en el año en que escribió el artículo, la Iglesia cristiana recibió un ingreso aproximado de $5.9 trillones (U.S.). De toda esta cantidad, sólo el 3% fue donado para labor social. La empresa Misión Mundial se financia con el 5 por ciento de esa pequeña cantidad del 3% de todas las contribuciones globales. Barrett concluye "que hasta cierto punto la distribución global de dinero, riquezas, propiedades y bienes podrían resolver la mayoría de los problemas mundiales incluyendo el hambre, la pobreza, las plagas, el desempleo, la contaminación, etc. Por esta razón, se deduce que los cristianos son culpables de la realidad desastrosa que persiste actualmente. [122]

¿El identificarse con los pobres es una opción para la Iglesia de hoy o es una parte esencial de la naturaleza de la Iglesia como el Cuerpo de Cristo en el mundo? Para aquellos que sostienen la segunda perspectiva arriba mencionada, la verdadera Iglesia no estará encerrada entre cuatro paredes donde únicamente se ve que la Palabra se predique con pureza, los sacramentos se administren correctamente y se ejercite la disciplina eclesiástica. Más bien se encontrará donde los Cristianos luchen al lado de los oprimidos por una liberación económica, política, social y humana. ¿Es la teología de la liberación una manera de señalar la esencia de la Iglesia? Es importante que luchemos para definir bíblica y teológicamente la naturaleza esencial de la Iglesia como *la identificación con el oprimido*.

La misión de la iglesia

Ya hemos mencionado la relación entre la naturaleza de la Iglesia como comunidad de fe

---

[121] *International Bulletin of Missionary Research*, 7.4 (Oct. 1983): 146-51.
[122] Ibid., 151.

enviada por su Señor y el apostolado de la Iglesia. La misión busca fortalecer las implicaciones de tal apostolado. Así como los apóstoles fueron enviados por Jesús, la Iglesia es enviada por su Señor. Al enviarla, la Iglesia se mobiliza hacia el mundo y hacia el oficio continuo del apostolado. Arnold A. Van Ruler y Johannes C. Hoekendijk entre otros, nos recuerdan el apostolado de la Iglesia, no como un tema opcional sino como un elemento esencial de la existencia de dicha Iglesia.

La teología bíblica de la Palabra-hecha-carne, Jesucristo, contiene el concepto de enviar. La encarnación fue un movimiento. Juan 1 nos enseña que Jesucristo como Verbo fue enviado al mundo como luz en las tinieblas. Aunque las tinieblas no entendieron ni aceptaron la luz, esto no invalidó la fuerza del envío y de la difusión de la luz en las tinieblas. Por medio de la obra del Espíritu Santo, el Verbo hecho carne creó un grupo apostólico de doce, luego de 120, luego de 3,000, luego de 5,000, después de 8,132. Este grupo llegó a formar una comunidad de fe muy especial a quien Jesús dice, "Vosotros sois la luz del mundo" (Mateo 5:14). La Iglesia viene a ser misión al seguir a su Señor como una comunidad apostólica que está en movimiento dinámico y constante, que proclama el evangelio del reino de luz en medio de las tinieblas.

El Concilio Vaticano II en su artículo "*Ad Gentes Divinitus*" enfatizó esta esencia de "misión" cuando menciona que la naturaleza de la Iglesia es misionera, "ya que, de acuerdo al plan del Padre, ésta tiene su origen en la misión del Hijo y del Espíritu Santo. Este plan fluye del amor de Dios Padre como una fuente de amor. Por lo tanto, la actividad misionera fluye de la misma naturaleza de la Iglesia; la misión ha de llegar a ser parte de la teología....para que la naturaleza misionera de la Iglesia sea claramente entendida."[123]

El autor del siglo XX que más ha enfatizado la naturaleza misionera de la Iglesia es Johannes Blauw, precisamente en su libro *La Naturaleza Misionera de la Iglesia*.[124] "No hay otra Iglesia," dice él, "que la Iglesia enviada al mundo y no hay otra misión que la de la Iglesia de Cristo."

---

[123] Flannery, ed. *Documents of Vatican II*, 814, 820, 857. Ver también, *Vatican II, "Ad Gentes Divinitus,"* 2, 5; y Pablo IV. *"Ecclesiae Sanctae III"* (6 Ago.1966). Es fascinante ver un gran número de misiólogos y teólogos de hoy en día que concuerdan con la opinión expresada en Vaticano II. Johannes Verkuyl, por ejemplo, menciona la tesis de Karl Barth que "si la Iglesia no cumple sus obligaciones misiológicas, no puede seguir siendo la Iglesia." (*Contemporary Missiology: An Introduction*, D. Cooper, trad. [Grand Rapids: Eerdmans, 1978], 61, citando idem, *Church Dogmatics*, 4.2,3); ver también idem, *Credo: A Presentation of the Chief Problems of Dogmatics with Reference to the Apostles' Creed*, J.S. McNab, trad. (New York: Scribners, 1936), 145. Ideas similares han sido presentadas por J.H. Bavinck, Hendrik Kraemer, Arnold A. van Ruler, y Colin W. Williams. *New Directions in Theology Today*, 6 vols. [Philadelphia: Westminster, 1968], 80).

[124] *The Missionary Nature of the Church: A Survey of the Biblical Theology of Missions* (New York: McGraw-Hill, 1962).

La importancia del término teológico 'misión,' en mi opinión, es que llama una y otra vez a la Iglesia a evaluar su naturaleza esencial como una comunidad que avanza hacia el mundo. Bajo esta perspectiva se entiende el trabajo misionero no solamente como una de sus (muchas) actividades, sino el criterio para evaluar todas sus actividades....Es en el proceso de salirse de sí misma que la Iglesia existe."[125]

Al parecer la idea de "misión" puede ser concebida como uno de los nuevos conceptos de la esencia de la Iglesia. Al percibir "misión" como tal, vemos que es necesario y razonable relacionarla con el atributo del apostolado de la Iglesia y por consiguiente, podemos observar que esta marca es también una consecuencia natural de la proclamación de la Palabra al mundo.

Pastores y misioneros han otorgado poca importancia a esta "nueva palabra." Muy a menudo "la misión" es como un sueño lleno de buenos deseos que espera nuestra atención, algún día, cuando tengamos tiempo y dinero suficiente en nuestro ministerio. Se supone con demasiada frecuencia que las iglesias nuevas del tercer mundo no están listas a comprometerse en misión por sí solas hasta que hayan alcanzado cierto nivel de madurez. Esta madurez es a menudo definida por las iglesias y las organizaciones misioneras más antiguas, generalmente que proceden del Occidente y que basan sus observaciones en valores occidentales. Por otro lado, las congregaciones norteamericanas y europeas a menudo dejan "la misión" al margen de la vida eclesial, asignando la más alta prioridad a las necesidades internas de la congregación y de la membresía. "La misión" nos llama a una autoevaluación radical. Si "la misión" es parte esencial de la naturaleza de la Iglesia como el Cuerpo de Cristo y como el Pueblo de Dios, entonces debería ser prioridad en la vida de la Iglesia.[126]

El testimonio mediante la proclamación

Hace varios años Johannes Blauw se refirió a Carlos Barth como "el primero y hasta ahora el único teólogo sistemático que cree que el testimonio es tarea del cristiano."[127] Blauw señalaba el fuerte énfasis de Barth sobre la Palabra de Dios, relacionando la revelación con la misión de la

---

[125] Ibid., 121-22 (énfasis del autor). Ver también Johannes Blauw. "The Mission of the People of God," en Charles C. West y Davis M. Paton, eds. *The Missionary Church in East and West* (London: SCM, 1959), 91-100.
[126] El movimiento del "Gospel and Culture Network" (Red de Iglesia y cultura) de los 1990s y princípios del siglo XXI produjo una literatura extensa en cuanto al "missional church" (la iglesia misional). La producción bibliográfica es demasiado extensa para incluir aqui. Ver, por ejemplo, Darrell Guder, edit. *Missional Church: A Vision for the Sending of the Church in North America.* G.R.: Eerdmans, 1998.
[127] Blauw. *Missionary Nature*, 169.

Iglesia.[128] Barth lo dijo de la siguiente manera:

> La comunidad es el compañerismo que de una manera provisional forma el medio natural e histórico del hombre Jesucristo. Su importancia está en que, a través de esa comunidad, el testimonio del Señor Jesucristo está delante de todo el mundo, llamando al mundo entero a la fe en Él. Su carácter provisional significa que va más allá de sí misma hacia la fraternidad de todos los hombres frente a los cuales es un testigo y heraldo.[129]

En este día cuando hay tanta confusión con respecto a la razón de ser de la Iglesia y su relación con el mundo, debemos entender que la proclamación del Evangelio es algo que debe ocurrir no solo dentro sino también fuera de los confines de la Iglesia, dirigida a aquellos por quienes Cristo murió. Esto lo enfatiza Lesslie Newbigin, al relacionar la obra del Espíritu Santo en la conversión con la existencia de la Iglesia. El dice que "es el Espíritu quien convierte, no la Iglesia." Por eso es que pregunta: "¿Dónde entonces se encuentra la Iglesia en todo esto?" Su respuesta es que "la Iglesia entra a escena en el momento cuando se le pregunta sobre su fe, cuando confiesa el señorío de Jesús ante el abrumante poder de aquello que lo niega. Llega al grado de llevar las marcas de la Cruz, de alcanzar hasta las consecuencias de 'marturia.'"[130]

La Iglesia intenta restaurar la dirección hacia fuera y hacia arriba. El testimonio por medio de la proclamación se lleva a cabo mas profundamente en el mundo, donde la Iglesia testifica de Jesucristo. Esta perspectiva corrige el uso tan interiorizado que la Reforma le dio a la predicación, los sacramentos y la disciplina -- como si fueran algo hecho solamente en el seno de la Iglesia, para los miembros de la Iglesia, manifestando la presencia de Cristo por medio de las "marcas" únicamente dentro de la Iglesia, entendiendo las "marcas" solamente en forma introspectiva. Mientras que la perspectiva de la Reforma sobre las "marcas" fue esencialmente dirigida a lo interno, el testimonio por medio de la proclamación orienta a la Iglesia hacia el exterior, hacia el mundo. Así el testimonio por medio de la proclamación transforma a la Iglesia y la dirige de adentro hacia afuera, exteriorizando su vida para que su esencia llegue a formar un puente entre Dios y la humanidad. En esta perspectiva la Iglesia se compara con los esclavos en la parábola de los convidados a la boda (Mat 22:1-4). La Iglesia es obediente cuando se encuentra en las calles principales y los caminos mas transitados, invitando a todos a la fiesta escatológica de las bodas

---

[128] Blauw se refería principalmente a *Church Dogmatics*, 4.2.

[129] *Church Dogmatics*, 2.2.

[130] J. E. Lesslie Newbigin. "Context and Conversion," *International Review of Mission*, 68.271 (Julio, 1979): 307.

del Cordero. Es allí donde se encuentra la Iglesia de Jesucristo, una Iglesia conocida y probada por su testimonio de proclamación.

El anhelo profundo de la iglesia por su crecimiento numérico

Como hemos visto, en el siglo XX tanto Protestantes como Católico-Romanos han sentido la necesidad de definir, pensar, y moldear de nuevo su eclesiología. Como resultado, algunos sugirieron que se asignara un nuevo y dinámico significado misionero a los cuatro atributos tradicionales de la Iglesia. Este nuevo significado debe cubrir los cuatro conceptos con una nueva forma de evaluar la vida de la Iglesia, así como fue la intención original de los atributos. Otros se dieron cuenta de que había la necesidad de hacer una reflexión profunda y misionera sobre la situación de la Iglesia en el mundo. Estas ideas nuevas constituyen una evaluación moderna de los cuatro atributos y las tres marcas de la Reforma. Las "nuevas palabras" sugeridas como producto de esta reflexión constituyeron una forma de evaluar la orientación de la Iglesia hacia su centro en Jesucristo y analizar su distancia o proximidad al Centro.

En este proceso de evaluación debemos añadir un concepto más. En *El Crecimiento de la Verdadera Iglesia* (*The Growth of the True Church*)[131] demostré que el anhelo profundo por el crecimiento numérico de la Iglesia es una marca esencial de la presencia de la verdadera Iglesia. El anhelo por el crecimiento numérico se origina en varios pasajes importantes de las Escrituras: La intención universal de Dios en el Antiguo Testamento, la Iglesia como asamblea en el Nuevo Testamento, el hallazgo de la oveja, la moneda y el hijo perdidos (Lucas 15), la edificación de la Iglesia hacia la plenitud de Cristo y las figuras retóricas de crecimiento. Todos indican algo de la naturaleza de la Iglesia que anhela ardientemente la incorporación de mas personas. Hay muchas metáforas bíblicas sobre la Iglesia, las cuales sugieren este deseo sincero por el crecimiento numérico de la misma. Ya sea que se considere la Iglesia como el Pueblo de Dios, el nuevo Israel, el redil, el plantío, el edificio o el cuerpo, siempre hay una energía orgánica dentro de ella hacia el crecimiento. La Iglesia siempre ha expresado su naturaleza al "anhelar" incorporar más y más hombres y mujeres dentro de la gracia de Dios. Es un movimiento, un espíritu, un avance de la Iglesia desde el Pentecostés hasta el presente. Su vida e influencia en el mundo siempre está ampliándose, exteriorizándose y extendiéndose. Este elemento de "anhelar" se encuentra en Isaías 55:11-13; 56:8. La Palabra de Dios promete:

---

[131] Charles Van Engen. *The Growth of the True Church* (Amsterdam: Rodopi, 1981), 142.

"Así será mi palabra que sale de mi boca, no volverá a mi vacía sin haber realizado lo que deseo, y logrado [el propósito] para el cual la envié. Porque con alegría saldréis, y con paz seréis conducidos; los montes y las colinas prorrumpirán en gritos de júbilo delante de vosotros, y todos los árboles del campo batirán palmas. En lugar del espino crecerá el ciprés, y en lugar de la ortiga crecerá el mirto; y esto será para gloria del Señor, para señal eterna que nunca será borrada....Declara el Señor Dios que reúne a los dispersos de Israel: Todavía les juntare otros a los ya reunidos."

El anhelo de los cristianos por el crecimiento numérico involucra una actitud de la Iglesia, su lugar en la misión de Dios y su papel en el mundo. Es la actitud que Pablo mostró cuando dijo: "Desearía que yo mismo fuera maldecido y separado de Cristo por el bien de mis hermanos, los de mi propia raza" (Rom 9:3 NVI). Newbigin expresó: "Cualquiera que conoce a Jesucristo como su Señor y Salvador debe *desear ardientemente* que otros compartan el mismo conocimiento y debe regocijarse cuando el número de aquéllos se multiplica. Donde este deseo y este regocijo están ausentes, deberíamos preguntarnos si algo anda mal en la vida de la iglesia."[132]

En cierta forma este concepto nuevo es la manifestación concreta de los cuatro atributos del credo. La una y sola Iglesia anhela incorporar mas y mas personas y unir todo y a todos a los pies de Jesucristo (Colosenses 1). La santa Iglesia anhela ver que la santidad de Dios transforme las vidas de toda la humanidad pecaminosa. La Iglesia universal, católica, anhela esparcir su compañerismo universal de creyentes llenos de amor para incluir a todos aquellos que creerán en el Señor Jesucristo. La iglesia apostólica anhela ir y hacer discípulos de todos los pueblos, porque allí, entre todas las naciones, Cristo ha prometido estar presente.

Esta Iglesia anhelante sabe que ha sido reunida para servir y por lo tanto reúne a otros para que sirvan en el mundo junto con ella. Estos discípulos viven llenos de esperanza, orando, deseando y anhelando que aquellos que aún no pertenecen al Pueblo de Dios lleguen a experimentar el gozo de ser el Pueblo de Dios (1 Pedro 2:9-10). Este anhelo es la característica básica de la Iglesia, la cual da surgimiento a su apostolado.

Resumimos este capítulo en la figura 4. El lector recordará que en los capítulos anteriores examinamos los cuatro atributos del credo en torno a las tres marcas de la Reforma y las entendimos como dádivas y tareas, como movimientos desde el centro hacia el exterior de una

---

[132] James E. Lesslie Newbigin. *The Open Secret: Sketches for a Missionary Theology* (Grand Rapids: Eerdmans, 1978), 142.

iglesia misionera enviada al mundo. Tan pronto como comenzamos a involucrarnos en este movimiento hacia el mundo, nos enfrentamos a una perspectiva dinámica, emergente, cambiante y creciente donde la Iglesia se encuentra cara a cara con el mundo. En esta nueva esfera de la naturaleza de la Iglesia encontramos que algunas de las "palabras nuevas" expresan mejor lo que la Iglesia es, porque han demostrado lo que la Iglesia esta llegando a ser en su llamado misionero hacia el mundo. Así que la Iglesia surge desde su Centro, Jesucristo y hace que la Iglesia se expanda hacia el mundo y allí encuentre su mandato dinámico para tener una presencia misionera en el mundo.

FIGURA 4

Nuevas palabras que describen la iglesia en misión

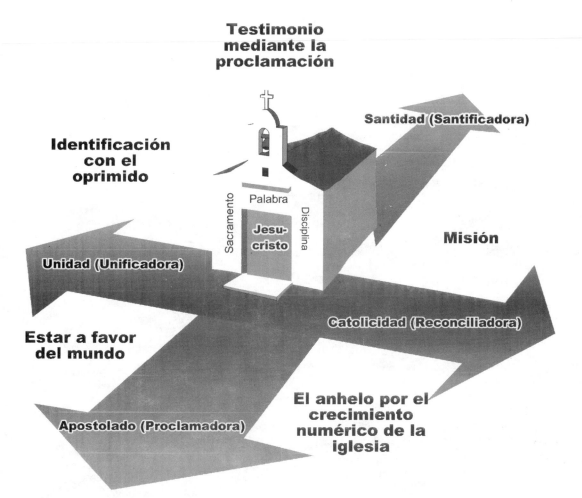

II

SEGUNDA PARTE

Una nueva visión
del pueblo misionero de Dios

CAPÍTULO 6

El propósito de la iglesia local

Durante varios años, en preparación por escribir este libro, yo me dediqué a estudiar minuciosamente los conceptos y las palabras del Nuevo Testamento que describen la misión de la iglesia. Me puse a buscar palabras que hacían referencia a la esencia, la naturaleza fundamental de la iglesia, pero que a la vez ofrecían una descripción de las actividades misionales de la iglesia en su entorno. En esta segunda parte del libro vamos a considerar 12 palabras conceptuales que apuntan a la esencia de la iglesia pero que a la vez la dirigen en misión, hacia el mundo.

En cada capítulo el lector encontrará un dibujo que contiene círculos concéntricos que van creciendo en forma más y más amplia. Con esos círculos concéntricos busca ilustrar la verdad que cada grupo de palabras significa un enfoque y un impacto más y más amplio de la iglesia misionera en su entorno.

Una ilustración. Tengo la dicha de haber viajado en todo el continente americano y pasar tiempo en nuestras hermosas y grandicimas ciudades. En casi cada ciudad mayor del continente, uno puede apreciar los anillos periféricos que rodean la ciudad. El crecimiento tan rápido de nuestras ciudades ha producido esa serie de anillos periféricos. En un momento dado, por razón de su crecimiento, la ciudad decide construir una avenida que rodea la ciudad y ayuda en cuanto a la congestión del tráfico. Pero unos años después, la ciudad ya mucho más grande pide otro anillo periférico. El primer anillo ya esta casi escondido dentro de la ciudad. Pasan los años, y los dirigentes de la ciudad ven la necesidad de construir un tercer, cuarto, o quinto anillo por motivo del crecimiento de la ciudad.

En los capítulos siguientes, tengo algo similar en mente. Cada anillo adicional significa que los conceptos y la acción misionera que surge de esos conceptos incluyen más y más del mundo que rodea la iglesia. Es decir, cuendo la iglesia vive en acción, cuando expresa esas ideas en su praxeología, lógica- y prácticamente tendrá que tomar en cuenta y buscar mayor impacto sobre su entorno. Así que las ideas de *kerygma, koinonía, diaconía, marturía, y leitourgía* pueden expresarse mayormente dentro de la iglesia, con menos referencia al entorno – y a través de la historia así ha sido. Tomando otro paso, el concepto del Reino (el reinado activo) de Dios abarca mucho más del mundo alrededor de la iglesia. Además, los conceptos bíblicos de *profeta, sacerdote, rey, sanador, libertador y sabio* necesariamente muestran una acción misionera que fluye de una consciencia amplia y un impacto mayor en el contexto del entorno.

En este capítulo estudiaremos cinco palabras bíblicas que describen la naturaleza, la esencia, de la iglesia de Cristo: *kerygma, koinonía, diaconía, marturía, y leitourgía*. Yo a veces pienso en estas cinco como la esencia que compone el eje de una reuda de bicicleta.

FIGURA 5

La misiología vista como una rueda

Pensamiento, crítica, creatividad y análisis misiológicos están conectados con el eje, para formar los rayos de la rueda.

La teología de la misión es como un eje de rueda de bicicleta, el ancla central para toda praxis de la misión.

La teología de la misión siempre debe estar afirmada en la realidad contextual, así como la rueda de la bicicleta es "donde la goma se contacta con la ruta."

Al ampliar los horizontes de la naturaleza misionera de la Iglesia, nos dirigimos hacia fuera. Comenzamos desde el Centro, Jesucristo, la Cabeza de la Iglesia, a través de las tres marcas de la Reforma, los cuatro atributos antiguos de la Iglesia y hacia nuevas palabras que nos muestren hoy en día dónde se encuentra la Iglesia como el verdadero Pueblo misionero de Dios en el mundo. Una vez involucrados en ese movimiento hacia el mundo amado por Dios, nos enfrentamos a una de las preguntas más difíciles acerca de la Iglesia: ¿Para qué existe la Iglesia en el mundo? La respuesta no puede girar en torno a lo que queremos que sea el propósito de la Iglesia ni lo que pensamos que el mundo quiere o necesita que sea la iglesia. Mas bien, el propósito principal de la Iglesia se deriva solamente de la voluntad de Jesucristo, su Cabeza; del Espíritu que le da vida; del Padre quien la adopta. Es decir, de la misión trinitaria de Dios.[133]

Cuestionar el propósito de la Iglesia es un asunto de suma importancia. Ya sea a nivel local, regional, nacional, internacional o transcultural, esta pregunta nos confronta con nuestra vida y la actividad de la Iglesia. La forma en que respondamos determinará la manera de fijar metas, definir objetivos y establecer estrategias. Edward Dayton y Ted Engstrom comentan acerca del "maravilloso poder de fijar metas."[134] Alvin Lindgren enfatiza que "las presiones contemporáneas requieren que la Iglesia defina su naturaleza."

> Definir la naturaleza y el propósito de la Iglesia son temas intensamente personales para el ministro ya que su ministerio va directamente relacionado con el concepto que tiene la Iglesia de sí misma....Estamos diciendo que el contenido del evangelio determina los medios mas adecuados para llevarlo a cabo....Que quede claro, lograr el propósito de Dios, no el propio, debe ser la única preocupación de la administración de la Iglesia....Nuestra preocupación tiene que ver con una definición de lo que la Iglesia debe ser, su naturaleza esencial y el propósito por el cual existe. No queremos una descripción de lo que es ahora, o en tal caso, lo que la Iglesia ha sido, tanto local como en el Nuevo Testamento....La Iglesia debe ser lo que Dios desea que sea. Escudriñemos las Escrituras para descubrir el propósito de Dios para la Iglesia.[135]

---

[133] Lesslie Newbigin demuestra la relación entre el propósito de la iglesia y la Trinidad en *The Open Secret: Sketches for a Missionary Theology* (Grand Rapids: Eerdmans, 1978).

[134] Edward R. Dayton y Theodore W. Engstrom. *Strategy for Leadership* (Old Tappan, N.J.: Revel, 1979), 51.

[135] Alvin J. Lindgren. *Foundations for Purposeful Church Administration* (Nashville: Abingdon, 1980), 281–33. Enfasis del autor.

Carlos Barth observa que la naturaleza esencial de la Iglesia no sólo se percibe en forma visible, sino que consiste también en la realidad de lo que llegará a ser al cumplir el propósito por el cual existe. Barth habla del propósito de la Iglesia con relación a la "doctrina de reconciliación" ya que esa doctrina nos guía hacia "la esencia de la comunidad," hacia personas reconciliadas.[136]

La Iglesia existe porque Jesucristo vive en medio de la comunidad. Como Juan A. MacKay dice: "Compartimos la perspectiva de que la Iglesia Cristiana es básicamente un compañerismo de aquellos que reconocen a Jesucristo como Señor. Creemos que la realidad esencial de la Iglesia es la comunidad y que esta comunidad es más importante para la realidad de la Iglesia que la organización o estructura, las cuales son secundarias."[137]

Esta perspectiva de la Iglesia-comunidad como Pueblo de Dios fue un cambio dramático en el pensamiento Católico-Romano expuesto en el Concilio Vaticano II. Gregory Baum señala esto en su introducción a *Las Enseñanzas del Concilio Vaticano II*[138] y en su comentario sobre *De Ecclesia*.[139] La constitución de la Iglesia del Vaticano II representa un cambio radical. Deja atrás una perspectiva de la Iglesia fuertemente institucional y adopta una visión de la Iglesia como comunidad de fe, como compañerismo, como Pueblo de Dios. Al leer los documentos del Segundo Concilio del Vaticano, descubrimos la profunda doctrina que significa este gran logro.[140]

Es importante para nosotros que examinemos el propósito de la vida de la Iglesia en el mundo, puesto que esto se deriva de la naturaleza de la Iglesia como un compañerismo de los redimidos. Aquí traemos a la memoria algunas palabras muy conocidas de la Escritura que reflejan una descripción multilateral de la razón de ser de la Iglesia. Cinco de ellas pueden ser fácilmente reconocidas por el lector: "*koinonía, kerygma, diakonía, martyria y leitourgia.*" La tesis de este

---

[136] Karl Barth. *Church Dogmatics* (Edinburgo: T & T Clark, 1958), 4.1, 650–51.

[137] John MacKay. "The Witness of the Reformed Church in the World Today," *Theology Today*, 11 (Oct. 1954): 375. Véase también Charles Van Engen. *The Growth of the True Church* (Amsterdam: Rodopi, 1981), 166; Ralph. P. Martin. *The Family and the Fellowship: New Testament Images of the Church* (Grand Rapids: Eerdmans, 1979); Paul D. Hanson. *The People Called: The Growth of Community in the Bible* (San Francisco: Harper and Row, 1986).

[138] Gregoru Baum. "Introduction" en *The Teachings of the Second Vatican Council: Complete Texts of the Constitutions, Decrees, and Declarations* (Westminster, Md.: Newman, 1966), vii–xi.

[139] Idem. "Commentary," en Edward H. Peters, ed. *De Ecclesia, The Constitution on the Church of Vatican Council II Proclaimed by Pope Paul VI on November 21, 1964* (Glen Rock, N.J.: Paulist, 1965), 18.

[140] Algunos de los trabajos subsecuentes de Baum señalan las implicaciones de esta nueva eclesiología, p.e. *The Credibility of the Church Today: A Reply to Charles Davis* (New York: Herder and Herder, 1968), capítulo 1, y *Man Becoming: God in Secular Language* (New York: Herder and Herder, 1970), capítulo 3. Baum debe ser leído en el contexto de Karl Rahner, Hans Küng, y otros teólogos del Vaticano II quienes están de acuerdo con implicaciones similares acerca del cambio del Concilio respecto a la eclesiología.

capítulo es que la Iglesia misionera surge cuando sus miembros participan progresivamente en la razón-de-ser de la Iglesia en el mundo a través de "koinonía, kerygma, diakonía, martyria y leitourgia." Por lo tanto, necesitamos dar un vistazo más de cerca a estas palabras, considerándolas desde una perspectiva bíblica. Junto a cada palabra está una declaración que podría resumir ese aspecto particular de la razón-de-ser de la Iglesia en el mundo.

koinonía: "Amáos los unos a los otros" (Juan 13:34-35; Rom 13:8; I Pedro 1:22).

kerygma: "Jesús es Señor" (Rom 10:9; I Cor 12:3).

diakonía: "A uno de estos mis hermanos más pequeños" (Mateo 25:40, 45).

martyria: "Seréis mis testigos; reconciliaos con Dios" (Isa 43:10, 12; 44:8; Hechos 1:8; II Cor 5:20)

leitourgia: "Porque la ministración (*diakonia*) de este servicio (*leitourgias*)…abunda en muchas acciones de gracias a Dios" (II Cor 9:12; ver Luc 1:23; Fil 2:17; 2:30; Heb 8:6; 9:21))

Al examinar la Iglesia Neotestamentaria debemos recordar que estamos estudiando imágenes de un compañerismo reunido en torno a la persona de Jesucristo. La Iglesia Neotestamentaria consideraba la presencia de Cristo como la suprema señal de la autenticidad de su propia existencia. Además de ser una promesa, las palabras "He aquí estoy con vosotros todos los días" (Mat 28:20) también describen la naturaleza de la comunidad de fe de aquellos que habían caminado personalmente con Jesús de Nazaret.

Koinonia: "Amáos los unos a los otros"

Unas de las palabras más sencillas, pero más profundas que describen la misión de la Iglesia es el mandamiento de Jesús: "amáos los unos a los otros." Los discípulos de Jesús no sólo entendieron que el amor "agape" era el estilo de vida del pueblo de Dios, sino que este amor era un deber dentro de la Iglesia de antaño. El amor al prójimo aparece desde el inicio del Antiguo Testamento (Levítico 19:18; Prov 20:22; 24:29). De hecho, el amor a Dios y al prójimo es el resumen del Torah (Mat 19:19; 22:39; Marcos 12:29-31; Lc 10:27; Rom 13:9; Gal 5:14; Stg 2:8).

Jesús le da a esta verdad una nueva y sorprendente dimensión más allá del Antiguo Testamento. "Un mandamiento *nuevo* os doy: Que os améis unos a otros; como yo os he amado, que también os améis unos a otros" (Juan 13:34). ¿Qué es lo "nuevo" en este mandamiento? C. K. Barrett nos dice que el mandamiento es nuevo porque "corresponde al mandamiento que regula la relación entre Jesús y el Padre (Juan 10:18; 12:49-50; 15:10); el amor entre los discípulos no sólo les edificaba, sino que les revelaba al Padre y al Hijo."[141]

Aquí encontramos el factor revolucionario que Jesús infundió en su mandamiento. Aunque había una cierta continuidad del Antiguo Testamento, este amor representaba una vida transformada, cualitativamente nueva en su exterior, de naturaleza sacrificial y que demandaba una auto-entrega de parte de un discípulo para el bienestar del otro.[142] "Sus seguidores existían para reproducir" dijo Charles H. Dodd, "en ese amor mutuo, el amor que el Padre mostró al enviar a su Hijo y el amor que el Hijo mostró al dar su propia vida."[143] Este amor no es meramente una emoción, sino más bien es "un cierto tipo de acción" que el Padre y el Hijo han expresado en su amor al mundo. Esta acción de autonegación es un imperativo para los discípulos de Jesús.

El nuevo mandamiento es encarnación. "El que me ama mis palabras guardará y mi Padre le amará y vendremos a él, y haremos morada con él" (Juan 14:23). Barrett menciona que esto es una promesa de venir a habitar ambos, el Padre y el Hijo. Es "la *parousia* el intervalo ignorado por el Cristianismo apocalíptico, entre la resurrección y la consumación que Juan se proponía explicar."[144]

Así es como la promesa "estaré con vosotros todos los días" se cumple y mediante el amor mutuo, la Iglesia del tiempo-entre-los-tiempos viene a ser profundamente el cuerpo de Cristo, la presencia concreta de Jesucristo en el mundo. Su continua presencia une el "ya" con el "todavía no" del Reino de Dios. En ese amor entre los discípulos hay *parousia*, la estancia del Señor después de su primera venida y antes de la segunda. Y es aquí donde los discípulos y todos aquellos que le siguen descubren la presencia de Jesús, aunque no lo vean; es aquí donde ellos están reunidos en "koinonía" amorosa con Jesús el Cristo; es aquí donde existe la Iglesia si la Cabeza está en medio de ella.

La nueva presencia de Jesucristo a través del compañerismo en amor (*koinonía*) entre los discípulos constituye la Iglesia. Sin la presencia de Cristo no hay Iglesia. ¿Cómo podemos palpar la existencia de la Iglesia? Solamente en el contexto del amor del discípulo por su Señor y del discípulo por otro discípulo. Lo que Pablo dice en I Corintios 13 se aplica aquí: Si la Iglesia es una sola, santa, universalmente católica y apostólica pero no tiene amor, no es nada en sí. El amor

---

[141] Charles K. Barrett. *The Gospel According to Saint John: An Introduction with Commentary and Notes on the Greek Text* (Philadelphia: Westminster, 1978), 451.

[142] Charles Van Engen, *The Growth of the True Church* (Amsterdam: Rodopi, 1981), 167.

[143] Charles H. Dodd. *The Interpretation of the Fourth Gospel* (Cambridge: Cambridge University Press, 1953), 405.

[144] Barrett. *The Gospel According to Saint John*, 466.

*agape c*onstituye la base de todo lo demás. El amor *agape* es la marca suprema de la auténtica presencia del Pueblo de Dios. Si la Iglesia no es primeramente una comunidad de amor, la Palabra y los sacramentos son sólo una vana apariencia. En este "tiempo entre los tiempos" la Iglesia debe oír la voz de su Señor una vez más:

> Un mandamiento nuevo os doy: Que os améis unos a otros; como yo os he amado, que también os améis unos a otros. En esto conocerán que sois mis discípulos, si tuvieren amor los unos con los otros (Juan 13:34-35).

De igual manera, el estar a favor del mundo, el identificarse con los oprimidos, el trabajar en la misión, el dar testimonio de la Iglesia por medio de la proclamación y el anhelo profundo de la Iglesia por el crecimiento numérico de la misma; todas estas "nuevas palabras" no tienen significado sin la marca suprema de la Iglesia, *agape*. La *koinonía* de la Iglesia como un compañerismo en amor es también el fundamento para la *"diakonía," "kerygma" "martyria" y "litourgia."* Sin embargo, la ausencia de estas tres: *"diakonía,, "kerygma" "martyria" y "litourgia"* puede significar que la Iglesia ha perdido el amor *agape* que es la base de la *koinonía* que Jesús predicó. Recordemos que *toda la gente* se dará cuenta si efectivamente los discípulos se aman los unos a los otros dentro de la Iglesia por el *agape*, el amor manifestado, exteriorizado. Si no es así, la Iglesia sufre de una enfermedad que C. Peter Wagner ha denominado "koinonitis":

> El compañerismo, por definición, significa relaciones interpersonales. Este surge cuando los creyentes se conocen, disfrutan mutuamente de esa relación y se cuidan unos a otros. Sin embargo, mientras la "koinonía" se torna en koinonitis y avanza la enfermedad, estas relaciones interpersonales vienen a ser tan absorbentes que se convierten en el centro de casi todas las actividades de la iglesia. Sus relaciones se vuelven introvertidas, olvidándose del mundo al cual la Iglesia fue enviada.[145]

La *koinonía* viene a ser koinonitis cuando se pierde el propósito por el cual el compañerismo existe. La Iglesia, entonces, pierde el enfoque del porqué del estudio bíblico, los grupos de oración, la visitación, las obras de caridad, etc. La introversión es inevitable a menos que el amor sea expresado mediante un compañerismo de servicio y auto-entrega hacia los que aún no son discípulos de Jesucristo. Las iglesias que pierden la koinonía pierden el compañerismo con Cristo. Él hace la conexión entre la promesa "Estoy con vosotros todos los días" y el mandamiento de "id y haced discípulos."

---

[145] C. Peter Wagner. *Your Church Can Be Healthy* (Nashville: Abingdon, 1979), 78.

Kerygma: Jesús es el Señor

En el Pentecostés, el Espíritu Santo produce una explosión en los discípulos e inmediatamente salen a las calles a proclamar la realidad que ha cambiado sus vidas. El compañerismo en *koinonía* involucra en sí la proclamación del Señorío de Jesús de Nazaret.

El confesar que Jesús es el Señor es probablemente uno de los primeros elementos que uniera a los discípulos de la Iglesia Neotestamentaria. Sabemos que este elemento refleja la antigua perspectiva de Israel de ser el Pueblo de Dios en el Antiguo Testamento. La palabra "Señor" se usó en la Septuaginta para nombrar a Dios: "kyrios," y en las mentes de los discípulos se asociaba con lo divino. Oscar Cullman afirma que la Iglesia del Nuevo Testamento adoptó la frase "Jesús es el Señor" como el tema central de su fe y de su identidad.[146] Aún en uno de los primeros credos cristianos se incluyó esta importantísima frase: "Jesús es el Señor."

El reconocer el Señorío de Cristo conduce a la Iglesia hacia la proclamación del evangelio. Esta declaración nos ofrece amplias implicaciones. Harry Boer, por ejemplo, relaciona la enseñanza del Señorío de Cristo en el Nuevo Testamento con el plan universal de la misión de Dios. Boer cita textos como Romanos 11:25,26, 16:25; Efesios 1:9-10, 3:3-11, 5:32; Colosenses 1:26-27; y 1 Timoteo 3:16 para mostrar que el Señorío de Cristo no es sencillamente un señorío dentro la Iglesia, ni solamente en sentido individual en cuanto a los creyentes, sino más bien es *un Señorío de proporciones cósmicas y universales*[147] (Hechos 4:25-30). El apóstol Pablo, escribiendo a los cristianos en Colosas, expresó las más amplias implicaciones de la confesión "Jesús es Señor" en la elevada cristología de Colosenses 1.

Los Evangelios comienzan a dar un énfasis mayor al *kerygma*. Juan el Bautista proclama que "el reino de los cielos se ha acercado" (Mateo 3:2). Jesús mismo declara que la razón por la que había sido enviado era para anunciar "el evangelio del reino de Dios" (Lucas 4:43). Tan pronto como el Espíritu Santo desciende en el Pentecostés, los discípulos llevan el evangelio a las calles y Pedro proclama: "A este Jesús a quien vosotros crucificasteis, Dios le ha hecho Señor y Cristo" (Hechos 2:36). El primer sermón de Pablo repite enfáticamente esta cuestión: "Sabed, pues, esto, varones hermanos: que por medio de él se os anuncia perdón de pecados, y que de todo aquello de que por la Ley de Moisés no pudisteis ser justificados, en él es justificado todo aquel que

---

[146] Oscar Cullmann. *The Earliest Christian Confessions* (Londres: SCM, 1949). Véase también Harry R. Boer, *Pentecost and Missions* (Grand Rapids: Eerdmans, 1961), 144.

[147] Harry Boer. *Pentecost and Missions*, 153–55.

cree....Porque así nos ha mandado el Señor, diciendo: 'Te he puesto para luz de los gentiles'" (Hechos 13:38-39, 47; compare Lucas 2:32, Isaías 49:6). Años mas tarde, estando en prisión en Roma, Pablo continúa proclamando el mismo mensaje: "Predicando el reino de Dios y enseñando acerca del Señor Jesucristo, abiertamente y sin impedimento (Hechos 28:31).

Rudolph Schnackenburg describe la existencia intencional de la Iglesia en el mundo como la comunión kerygmática de los discípulos que confiesan que Jesús es el Señor y la aceptan como su misión esencial. "(Los discípulos de Jesús) son escogidos por Cristo para traer al mundo y a la creación entera bajo su gobierno." Él explica que la "eclesiología cósmica" de las epístolas Paulinas arroja luz sobre esa actitud especial de la iglesia primitiva al percibir la posición de Cristo como Señor, su exaltación celestial y su establecimiento en poder soberano. El gobierno presente de Cristo en la Iglesia y en el mundo es la manera en que el reinado de Dios se lleva a cabo en el tiempo entre el cumplimiento y la consumación."[148]

La confesión "Jesús es el Señor" involucra definitivamente un movimiento centrífugo hacia el mundo como el recipiente de la proclamación kerygmática de la Iglesia. Esta reconoce que el reino reconciliador, redentor y renovador del Señor es un reino universal. Así se presenta culminantemente en la Gran Comisión de Mateo 28:18-20, "Toda potestad me es dada en el cielo y en la tierra. Por tanto, id y haced discípulos a todas las naciones."

La Iglesia de Jesucristo surge cuando sus discípulos confiesan con su boca y creen en su corazón que Jesús es Señor: Señor de la Iglesia, Señor de todos los pueblos y Señor de toda la creación (compare Colosenses 1:15-20). A través de esta confesión la Iglesia llega a ser lo que es, el compañerismo misionero de los discípulos del Señor Jesucristo.

Por lo tanto, la misión de Jesucristo es esencial para sus discípulos. Estos no pueden confesar que Jesús es el Señor sin participar en su misión, sin proclamar su Señorío sobre todos los pueblos. La implicación de esta conexión íntima e inseparable entre confesión y comisión es que el cumplimiento de la comisión es confesar que Cristo es el Señor, y por lo tanto es la marca de la Iglesia misionera (ver Filipenses 2:9-11).

Es aquí donde la adoración y la liturgia necesitan ser evaluadas desde el punto de vista de

---

[148] Rudolf Schnackenburg. *God's Rule and Kingdom*, J. Murray, trans. (New York: Herder and Herder, 1963), 316–17. Véase también Geerhardus Vos. *The Teaching of Jesus Concerning the Kingdom of God and the Church* (Grand Rapids: Eerdmans, 1958); George Ladd. *The Gospel of the Kingdom* (Grand Rapids: Eerdmans, 1959), y Herman N. Ridderbos. *The Coming of the Kingdom*, H. de Jongste, trans. (Philadelphia: Presbyterian and Reformed, 1962).

una congregación misionera. Aún la eucaristía, la Santa Cena, es para Pablo una forma de proclamar la muerte de Cristo hasta que él venga (1 Cor 11:26). La proclamación verbal del evangelio en el *kerygma* y la proclamación visual del evangelio en los sacramentos son formas de confesar, auditiva y visualmente, que Jesús es el Señor. Sin embargo, con demasiada frecuencia, la Iglesia olvida que no tiene sentido la proclamación evangelística por parte de los discípulos de Cristo si se dirige solamente a otros discípulos de Cristo dentro de los confines de la iglesia local. La predicación es kerygmática únicamente cuando se dirige intencionalmente a aquellos que aún no han aceptado a Jesús como su Señor.[149]

Así que Jesucristo, el Señor de todos los pueblos, de toda la creación, y Cabeza de la Iglesia, envía a su Pueblo hacia un encuentro radical con el mundo. Se descubre una necesidad y se crea una energía que impulsa a la Iglesia hacia una nueva realidad que brota del amor, por medio de la confesión y a través de la acción; es decir, hacia la *diakonía*.

Diakonia: "El menor de estos mis hermanos"

Así como hay compañerismo de amor entre los discípulos de Jesucristo, igualmente la Iglesia tiene compañerismo con el crucificado, según Donald McGravan lo ha señalado.[150] "El siervo (*doulos*) [no] es mas que su Señor (*kuriou autou*)" (Mat 10:24; Juan 13:16, 15:20). Por lo tanto, el discípulo que confiesa que Jesús es el Señor puede esperar cierto estilo de vida y pasar por ciertas experiencias como el siervo de su maestro. Mateo 10:18 relaciona el discipulado con el hecho de ser llevados ante gobernantes y reyes por causa de Cristo para testimonio ante ellos y ante los gentiles (*eis martyrion autois kai tois ethnesin*). Se puede comparar esto con el llamado de Saulo de Tarso en Hechos 9:15-16. También Juan 13:16 añade que no hay siervo mayor que su Señor. Jesús lavó los pies de sus discípulos, labor mas baja de las degradantes funciones de un siervo. Por consecuencia, tal actitud de servicio humilde es también requerida por parte de sus discípulos. De igual forma, Juan 15:20 muestra la relación entre el esclavo y su Señor asociada con la elección que Cristo hace de sus discípulos; la unión de amigos (*philoi*), y la persecución como resultado de esa amistad con Jesús, el Mesías crucificado.

Aquí hay tres diferentes aspectos del discipulado que completan la idea de ser siervo: El testimonio, el servicio personal del uno al otro y el sufrimiento por la causa de Cristo (compare las

---

[149] Harvie Conn. *Evangelism: Doing Justice and Preaching Grace* (Grand Rapids: Zondervan, 1982), y John R. W. Stott. *Christian Mission in Modern World* (Downers Grove, Ill.: Inter–Varsity, 1975), 48–51.
[150] Donald McGavran y Winfield C. Arn. *Back to Basics in Church Growth* (Wheaton: Tyndale, 1981), capítulo 5.

Bienaventuranzas en Mateo 5:1-16 con Lucas 6:17-26 en relación a este discipulado). El *Diccionario Teológico del Nuevo Testamento* nos dice que hay varias palabras que tienen que ver con el concepto de servicio:

δουλεβω: Servicio como esclavo
θεραπεβω: Deseo voluntario por servir
λατρεβω: Servicio por pago (principalmente por deberes religiosos en el Nuevo Testamento).

υπερετεω: Servicio al amo o al señor
διακονεω: Servicio muy personal a otro[151]

Detrás de estos términos yace el retrato hablado mediante el cual los primeros seguidores de Jesús entendieron su discipulado. Mateo sigue una línea progresiva de pensamiento: Los capítulos 24-25 unen los materiales didácticos y las parábolas relevantes para presentar una nueva visión del discipulado que Jesús comparte con sus seguidores. Es interesante que la porción más grande de su enseñanza tiene que ver con *diakonia* (Mateo 25:31-36).

El relato habla de un mayordomo rindiendo cuentas a su Señor. En su papel de siervos, Jesús no habla de que los discípulos serán juzgados sobre la base de su buena conducta, sacrificios, vida religiosa, liturgia, teología o composición cultural. Como siervos, ellos serán juzgados por lo que hicieron o no hicieron en el mundo por aquellos quienes estaban obviamente en necesidad. Ellos serán juzgados en base a su *diakonia,* como siervos del Señor quien dio su vida en rescate por muchos. Esto nos da el significado concreto del nuevo mandamiento de "amarse unos a otros" -la suprema prueba del discipulado. No es sorpresa, entonces, que se haya enfatizado tanto el ministerio de *diakonia* en la vida de la iglesia primitiva. Inmediatamente después del Pentecostés, los discípulos comienzan a hacer milagros, a sanar a los enfermos y a cuidar a los necesitados. Cuando los discípulos ya no pueden atender el servicio diaconal eficientemente, se desarrolla un nuevo modelo misionero, el diaconado.[152] Este aspecto del discipulado se propaga rápidamente. Lucas nos relata sobre Dorcas, cuyo servicio de *diakonia* fue tan valioso para los pobres en Jope, que se tuvo que llamar a Pedro para que viniese desde Lida a devolverle la vida (Hechos 9:36-42). Aparentemente los pobres no podían vivir sin la ropa que ella les proporcionaba.

Pablo presenta la *diakonia* como un ministerio multiforme. Él escribe, por ejemplo, en la

[151] Gerhard Kittel y Gerhard Friedrich, eds. *Theological Dictionary of the New Testament*, G. W. Bromiley, trans., 10 vols. (Grand Rapids: Eerdmans, 1964–76): s.v., "διακονεω, διακονια, διςκονος."
[152] Véase Ralph P. Martin. *The Family and the Fellowship*, 62.

carta a los Corintios que el Espíritu Santo reparte a los creyentes una variedad de ministerios de *diakonia*: ministerios de discipulado (1 Cor 12:5). El diácono llegó a ser un oficial de la Iglesia,[153] y el trabajo diaconal fue un ministerio significativo por medio del cual la Iglesia expresaba su discipulado al seguir a su Señor. El ministerio de *diakonia* de la Iglesia aún testifica la autenticidad de la misma y contribuye al surgimiento de la Iglesia misionera como la comunión de amor entre aquellos que confiesan, de palabra y de hecho, su fidelidad a Cristo.

Pablo enfatiza el ministerio diaconal en su segunda carta a los Corintios e inspira a su lectores a dar con liberalidad para las necesidades de los que sufren en Jerusalén. En ese caso Pablo lo llama "*ten charin kai ten koinonian tes diakonias tes eis tous hagious*"—"el privilegio de participar en este servicio (*diakonia*) para los santos" (8:4). Él claramente asocia el diaconado con el discipulado en una vida de dependencia de la bondadosa provisión de Dios (9:10-15). El apóstol combina la naturaleza de la Iglesia, como un compañerismo en amor, con la práctica del ministerio, el acto de llenar las necesidades físicas de los que sufren, compartiendo sus donativos.

Santiago enfatiza la importancia del diaconado al asociarlo con la fe Judaica antigua. "La religión pura y sin mácula delante de Dios el Padre es esta: Visitar a los huérfanos y a las viudas en sus tribulaciones, y guardarse sin mancha en el mundo" (1:27; compare esto, por ejemplo, con Deut 14:29; Job 31:16, 17, 21; Sal 146:9; Isa 1:17, 23). Aquí se oye un eco del Año de Jubileo del Antiguo Testamento (vea Lev 25:8-55), el cual Jesús incluye como un aspecto fundamental de su propia misión mesiánica cuando lee Isaías 61:1-2 en la sinagoga de Nazaret (Lucas 4:18-19, 21).

Todo esto debería estar bien establecido en nuestra teología de ministerio, pero desafortunadamente fallamos, con demasiada frecuencia, al no entender que el ministerio diaconal es la expresión necesaria e inevitable de la naturaleza esencial de la Iglesia misionera como comunión diaconal de los discípulos de Jesús. La confesión de que Jesús es el Señor está claramente unida al llamado diaconal para ver por "mis hermanos más pequeños" ya que en ellos vemos el rostro de nuestro Señor y Salvador Jesucristo. Solamente en este contexto podemos hablar del papel de la Iglesia para establecer justicia, rectitud y *shalom*. El Nuevo Testamento nos enseña que el ministerio diaconal se extiende mas allá de suplir las necesidades de la comunidad de los creyentes. La *diakonia* también llama a la Iglesia a participar en la creación de un nuevo orden mundial donde la paz, la justicia y la misericordia reinen bajo el Señorío de Jesús. La

---

[153] Kittel y Friedrich. *Theological Dictionary*, 2:89–93.

diakonia no es sencillamente algo bueno que se añade a la lista de los quehaceres de la Iglesia, ni es solamente un acto de compasión que se debe efectuar en el mundo en que vivimos. La *diakonia* fluye de la naturaleza fundamental de la Iglesia cristiana en ministrar a todos los que tienen necesidad. Cuando la Iglesia misionera cesa de involucrarse en el ministerio diaconal, parte de su naturaleza misionera se mantiene inerte.[154]

Marturia: "Me seréis testigos"

Antes de la ascensión, Jesús les dijo a sus discípulos en Hechos 1:8, "Me seréis testigos" (*kai esesthe mou martures*), comenzando en Jerusalén y esparciéndose hacia afuera geográfica- y culturalmente hasta lo último de la tierra (*eos eschatou tes ges*). Mucho se ha dicho de esta comisión divina en términos de la expansión geográfica y cultural de la Iglesia. Sin embargo, a menudo pasamos por alto el significado profundo de las palabras de Cristo: "Me seréis testigos." La existencia de la Iglesia testifica su fe en Cristo en todos aquellos lugares y culturas.

El libro de los Hechos nos provee una detallada descripción de los primeros días de la Iglesia. Está claro que el compañerismo de amor (*koinonia*), la vida comunal, la proclamación kerygmática de que Jesús es el Señor, el compartir con aquellos en necesidad a través del ministerio diaconal de amor – todo esto trae como resultado "*marturia*" - un poderoso testimonio de la naturaleza misionera de la Iglesia.[155] J. Herbert Kane indica que la naturaleza de la iglesia incluye la declaración y la demostración –verdad y poder – como componentes de la existencia de la misma y su misión en el mundo.[156] "*Martus*" tiene varios usos en las Escrituras:

1. testimonio de lo que se ha visto en un sentido legal
2. testimonio de una experiencia: lo que se ha experimentado, una confesión de fe
3. una declaración como testigos oculares de un suceso como
    testimonio evangelístico de la realidad redentora de Cristo y su significado
4. el martirio[157]

La gama de significados de "*martus*" muestra que el propósito del cuerpo de Cristo es establecer que Jesucristo está presente en el mundo en forma real, tangible, visible y efectiva. La gente que no conoce a Jesús ha de conocerle en la presencia, la proclamación y los hechos

---

[154] David B. Barrett habla de esta relación en "Silver and Gold Have I None: Church of the Poor or Church of the Rich?" en *International Bulletin for Missionary Research* 7.4 (Oct. 1983): 146–51.

[155] Van Engen. *Growth of the True Church*, 178–90.

[156] J. Herbert Kane. *The Christian World Mission* (Londres: Lutterworth, 1963), capítulo 4.

[157] Kitter y Friedrich. *Theological Dictionary*: s.v., "μαρτυς…"

persuasivos de la Iglesia. A través del compañerismo-koinonía de amor, a través de la confesión declaratoria de que Jesús es el Señor y a través de las acciones del servicio diaconal, la Iglesia misionera testifica que Jesús vive y que El es su Cabeza. El pueblo misionero de Dios debe ser una comunidad reconciliada que testifique sobre una nueva reconciliación en un mundo enajenado. En 2 Corintios 5:18-21 Pablo afirma que los miembros de la Iglesia son embajadores a través del ministerio diaconal de la reconciliación (*ten diakovian tas katallages*).

FIGURA 6

El propósito de la iglesia local

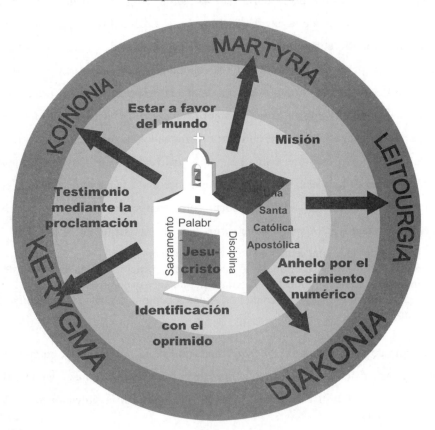

La Iglesia misionera en sí llega a ser la "justicia de Dios" en Cristo al practicar el ministerio de la reconciliación. La labor de reconciliar al mundo con Dios es el corazón del testimonio de la Iglesia, y el motivo de su misión en el mundo. Por medio de su *koinonia* en amor, la cual expresa su fe en *kerygma* y *diakonia*, la Iglesia testifica al decirle al mundo: "Reconciliaos con Dios."[158]

Hasta donde hemos llegado en nuestra reflexión, comenzamos a ver la grandeza y la extensión de la naturaleza misionera de la Iglesia. En el ámbito de la congregación local, la Iglesia misionera descubre su razón de ser en el mundo, al tener comunión de amor (*koinonia*) entre los discípulos y el Cristo crucificado, al confesar, de palabra y de hecho, que Jesús es el Señor *(kerygma)* y al testificar (*martyria*) del evento más grande de todos los tiempos - Dios con nosotros. Amado lector: ¿Es ésta la razón por la cual tu congregación, la misión de tu iglesia o de tu denominación existe en el mundo de hoy?

Leitourgia: "Porque la ministración (*diakonia*) de este servicio (*leitourgias*)... abunda en muchas acciones de gracias a Dios" (II Cor 9:12).

La quinta palabra en este renglón de conceptos acerca de la iglesia misionera es la palabra *"leitourgia,"* palabra griega de la cual sacamos la palabra liturgia en castellano. Se traduce como servicio (a los hombres y a Dios), culto, adoración, alabanza. En la Biblia la alabanza apunta hacia la gloria de Dios. Hay otra palabra, *latreia,*[159] casi sinónima que también se traduce como adoración, culto, servicio a Dios.

Por lo general, acostumbramos pensar en la alabanza y la adoración de la iglesia en términos introvertido,s dirigida a la membresía que alaba a Dios. Claro que hay mucho apoyo de esta perspectiva en la Biblia y en la historia de la iglesia. Con tiempo solemos pensar que la adoración – la *leitourgia* es propiedad de la membresía, celebrada entre la membresía, para la membresía, y aprobada por la membresía. La Biblia nos enseña que el Pueblo de Dios alaba y adora al Dios, creador del universo, Dios de Abraham, Isaac y Jacob en medio de todas las naciones. Y adoramos a Dios cuyo señorío es sobre toda la creación y todos los pueblos. Es decir, la perspectiva bíblica es misionera. La adoración es exteriorizada hacia toda la humanidad y la creación. En lugar de una adoración introvertida y dirigida únicamente al Pueblo de Dios, la Biblia nos muestra una adoración dirigida a las naciones como una invitación a las naciones a unirse con Israel para alabar a Dios. El público de esta alabanza es primeramente Dios, luego las naciones,

---

[158] Es interesante notar que *presbuteros* deriva del verbo "ser embajador" (*presbeuo*). Pablo lo usa en 2 Cor 5:20 para describir la reconciliación que se ha de llevar al mundo...no en la iglesia. ¿Qué dice esto a nuestro concepto de ministerio? ¿Cuál es el propósito de tener ancianos de acuerdo a este pasaje? Véase W. A. Visser T'Hooft. *The Pressure of Our Common Calling* (New York: Doubleday, 1959), 39.

[159] Ver Jn 16:2; Ro 9:4; 12:1; He 9:1; 9:6.

88

adoración que también incluye al Pueblo de Dios. [160]

Como un ejemplo de este hilo de pensamiento bíblico, recordamos la historia de Rahab, la mujer de Jericó. Cuando los espías entran en Jericó, después de estar Israel en el desierto por cuarenta años, Rahab confiesa su fe alabando al Dios de Abraham, Isaac y Jacob, diciendo,

> "Sé que Jehová os ha dado esta tierra; porque el temor de vosotros ha caído sobre nosotros, y todos los moradores del país ya han desmayado por causa de vosotros. Porque hemos oído que Jehová hizo (grandes obras) … Porque Jehová vuestro Dios es Dios arriba en los cielos y abajo en la tierra" (Jos 2:9-11).

Esta adoración y alabanza en la Biblia tiene como auditorio no solamente al Pueblo de Dios, sino también a todos los pueblos. *Leitourgia*, entonces, incluye la música, el arte, la arquitectura (como, por ejemplo, en el tabernáculo y en el templo) y la poesía. Y el propósito es la gloria de Dios. Los canticos de Moisés (Éxodo 15:1-18), Ana (I Samuel 2:1-10), Maria (Lu 1:46-55; y de los ancianos en Apocalipsis 4:11 nos ayudan a entender la relación estrecha entre la música, la poesía y la adoración. En toda su historia, la vida dinámica del Pueblo de Dios se ha expresado en cántico.

Con razón Pablo les escribe a los creyentes en Roma – judíos y gentiles de muchas naciones y culturas – rogándoles que presenten sus

> cuerpos en sacrificio vivo, santo, agadable a Dios, que es vuestro culto (*latreian*) racional. No os conforméis a este siglo, sino transformaos por medio de la renovación de vuestro entendimiento, para que comprobéis cual sea la buena voluntad de Dios, agadable y perfecta (Ro 12:1-2).

Nuestra adoración, nuestra alabanza, nuestro "culto" es proclamar en palabra y hecho "la buena voluntad de Dios" para con toda la humanidad. La razón es, dice Pablo el misionero, porque "A griegos y a no griegos, a sabios y a no sabios soy deudor. Así que, en cuanto a mí, pronto estoy a anunciaros el evangelio también a vosotros que estáis en Roma" (Ro 1:14-15). De la adoración fluye la participación en la misión de Dios.

En Efesios 1, Pablo elabora este mismo énfasis en el himno antiguo que en otro capítulo de este libro estudiamos más a fondo. Aquí quiero señalar el coro de ese himno, coro que se repite tres veces y que provee el armazón que une las 3 estrofas trinitarias del himno: "para la alabanza de su gloria." Pablo comienza su epístola con un himno antiguo en donde se exaltan diez

---

[160] Ver, por ejemplo, Sal 47:1; 57:6; 57:10; 86:9; 96:1-3; 97:1; 97:9; 98:1-3; 105:1; 108:3.

bendiciones que describen la misión de Dios a través de las edades. Este pensamiento se expresa en forma de una letanía de alabanza a las obras de las tres Personas de la Trinidad. ¿Qué ha hecho Dios por nosotros? Nosotros somos:

Por el Padre:	1. escogidos, 2. hechos santos, 3. predestinados, 4. adoptados
CORO:	para la alabanza de su gloria
Por el Hijo:	5. redimidos, 6. perdonados, 7. hechos conocedores del misterio, 8. unidos en Cristo, 9. herederos con él.
CORO:	para la alabanza de su gloria
Por el Espíritu:	10. sellados
CORO:	para la alabanza de su gloria

Con el lenguaje poético de este himno se describe nuestra naturaleza como pueblo misionero de Dios.

En el siglo dieciséis Gisbertus Voetius (1589-1676), uno de los primeros misiólogos protestantes, afirmó que en la misión de la iglesia hay tres objetivos: la conversión de personas a la fe en Cristo, la plantación de la iglesia y la gloria de Dios. El concepto de *leitourgia* como una característica de la naturaleza de la iglesia nos ayuda a recordar siempre que el propósito fundamental de lo que hacemos en misión ha de ser para la gloria de Dios.

Como un eco de esa afirmación, el pastor Juan Piper escribe *Let the Nations be Glad: The Supremacy of God in Missions (Que las naciones se alegren: la supremacía de Dios en las misiones)*. Dice hermano Piper,

> La tarea fundamental de la misión global sigue siendo la misma de los pasados dos mil años. El objetivo aún sigue tal como dicen las palabras de Salmo 67:4. "Alégrense y gócense las naciones." La alegría de las naciones por fe en Cristo para la gloria de Dios – esa es la meta principal de la obra misionera. Declarar su gloria – la gloria de la gracia en la muerte y resurrección salvífica de Jesus – esa es la gran tarea entre los pueblos no alcanzados del mundo. "Proclamad entre las naciones su gloria, en todos los pueblos sus maravillas" (Sal. 96:3). [161]

[161] Juan Piper. *Let the Nations be Glad: The Supremacy of God in Missions*. G.R.: Baker, 2010, 32. En 2013, el Papa Francisco enfatizó el aspecto de alegría y alabanza en la misión en su encyclica *EVANGELII GAUDIUM*.

CAPÍTULO 7

La Iglesia local y
el Reino de Dios

Como cuando cae una pequeña piedra en un recipiente de agua, la gracia de Dios se derrama sobre el mundo y produce pequeñas oleadas que se van expandiendo desde el lugar donde cayó la piedrita hacia la orilla del recipiente. Asimismo, nuestra visión de la misión de la Iglesia comienza en el centro, en Jesucristo, ligada a la Palabra de Dios, proclamada verbalmente y representada sacramentalmente. Como aquellas pequeñas olas, la fe de la única, santa, católica y apostólica comunidad de creyentes, inevitablemente se esparce hacia el exterior, hacia el mundo. Esta fe misionera se define con unas "palabras nuevas" que expresan la manera como la Iglesia se extiende en misión hacia el mundo: *koinonía, kerygma, diakonía, martyria y leitourgia.*

Con referencia al encuentro misionero entre la Iglesia y el mundo, debemos considerar primero la relación entre la comunidad del pacto y el Reino de Dios en la vida de la congregación local. Sabemos que *koinonía, kerygma, diakonía, martyria y leitourgia* derivan de una perspectiva mayor –la del Reino de Dios: el mundo creado, sostenido, gobernado y redimido por Jesucristo Rey. Así podemos entender mejor la anchura y la profundidad de la misión de la congregación al ver dicha relación entre la Iglesia y el reino de Dios en el mundo (véase figura 7). La congregación local como el pueblo misionero de Dios es una sucursal del Reino, el instrumento principal del Reino, la señal que anticipa el Reino, y el ámbito principal de la venida del Reino.

FIGURA 7

La comunidad del pacto del Rey

La comunidad del pacto en las Escrituras

La congregación misionera es la manifestación local de la comunidad del pacto del Rey. Desde el tiempo de Abraham se presenta el Pueblo de Dios como la comunidad del pacto (Gén 15). Más tarde, Israel mismo entendió que era un pueblo único, tal como se describe, por ejemplo, en Deuteronomio 10:15 (Véase Ex 19:5,6; Deut 26:18-19; I Pedro 2:9.). Podemos ver en el Antiguo Testamento que los Israelitas se dieron cuenta, de forma convincente, que ellos eran un pueblo especial por la acción directa de Dios. Ellos entendieron que el Dios creador de todo lo que existe les había escogido para ser un pueblo especial con una herencia singular, con una misión definida y una poderosa esperanza.

Israel entendió su razón de ser dentro del marco del pacto de Dios. Su relación comprendía tanto maldición como bendición, dos aspectos de la misma relación que determinaba la naturaleza de Israel como el pueblo especial de Dios. Así fue como el pueblo aceptó lo negativo (las maldiciones como juicios de Dios) junto con lo positivo (la bendición de Dios hasta la tercera y cuarta generación de los que le buscan). Estaban convencidos por sus experiencias históricas que Dios tenía una estima especial por Israel como su Pueblo. A la vez Israel estaba cada vez más consciente de que el Dios de Abraham, Isaac y Jacob no se podía ni poseer ni controlar. Él es Señor de todo y dentro del pacto le había dado a Israel un propósito especial entre las otras naciones. Estar relacionado con Dios por medio del pacto significaba, por lo tanto, ser partícipe del propósito universal de Dios. Israel no podía permanecer separado de las otras naciones porque el deseo de su Dios era bendecir a todos los pueblos a través de Israel. "En ti todas las naciones serán benditas" (Gen 12:8).

Ser pueblo de Dios significaba el compromiso de ser un instrumento a favor de todas las naciones y estar dentro de la esfera de la acción universal del señorío de Dios sobre todo el mundo.[162] Daniel T. Niles resume esta relación en cuatro principios:

1. La preocupación de Dios por la salvación de las naciones se confirma con el llamado de Abraham.
2. Israel es formado de entre las naciones y por lo tanto no es como otra nación cualquiera. Israel es una nación dentro y fuera de las naciones hacia las cuales es enviada.
3. El Dios que escogió a Israel de entre las naciones continúa siendo el Dios de todas las naciones.
4. Dada esta idea tripartita, la vida y la misión de Israel no sólo afectan su historia nacional sino también la historia del mundo.[163]

[162] Acerca del señorío universal de Cristo, véase, por ejemplo, Johannes Blauw. *The Missionary Nature of the Church: A Survey of the Biblical Theology of Mission* (Grand Rapids: Eerdmans, 1974); Richard R. De Ridder. *Discipling the Nations: The Biblical Basis for Missions* (Grand Rapids: Baker, 1975); Suzanne De Dietrich. *The Witnessing Community: The Biblical Record of God's Purpose* (Philadelphia: Westminster, 1968); y Arthur F. Glasser et al. *El Anuncio del Reino* (Eugene: Wipf & Stock, 2019).

[163] Daniel T. Niles. *Upon the Earth: The Mission of God and the Missionary Enterprise of the Churches* (New York: McGraw-Hill, 1962), 250.

94

"Tales conceptos de la vida y la misión de Israel," dice Niles, "demandaron, por un lado, que mantuviese su identidad en el mundo y por el otro que sirviese al mundo para el cual su misión fue establecida."[164]

A lo largo de su historia, Israel luchó continuamente por expresar un balance entre los aspectos particulares y los universales de su naturaleza. Israel fue un pueblo especial y con la misión de representar a todas las naciones de la tierra delante de Dios. Israel en sí no tenía ninguna importancia o mérito especial. Su singularidad no provenía de sus ancestros, ni de su historia, ni de su raza, ni de su cultura ni de su idioma. Provenía del llamado especial de Dios. Como resultado de este singular propósito de Dios, Israel se consideraba diferente a las demás naciones. Poseía un destino especial y una misión única que la separaban de todas las otras razas, culturas, tribus, familias y naciones.[165]

Jesús adoptó este concepto al llamar a los discípulos. Él les dijo que estaban en el mundo pero no eran del mundo; su lealtad, valores, metas y esperanza no eran del mundo. Ellos eran enviados al mundo, pero enviados como ovejas en medio de lobos, para ser odiados y perseguidos tal como a Él le sucedió (Mateo 10:16–25). Los discípulos de Jesús representaban al mundo y eran enviados al mundo pero estaban separados del mundo por su llamamiento al discipulado.

Pablo escogió este tema al predicar su primer sermón en Antioquía de Pisidia durante su primer viaje misionero (Hechos 13:16–41). Él vio su misión como un apostolado, derivado de la misión mesiánica de Jesús (Lucas 4:17–27), pero ahora transferida a los discípulos para ser "luz a los gentiles" (Hechos 13:47). Pedro afirma que sus lectores son "linaje escogido, real sacerdocio, nación santa, pueblo adquirido por Dios, para que anunciéis las virtudes de aquel que os llamó de las tinieblas a su luz admirable" (1 Ped 2:9).

La elección de la Iglesia sería para que los "paganos" vieran y glorificaran "a Dios en el día de la visitación, al considerar vuestras buenas obras," (1 Ped 2:12). Luz a los gentiles sacerdotes para las naciones – he aquí el llamado especial y la naturaleza esencial de las congregaciones misioneras. Ellas son el pueblo misionero de Dios cuyo propósito se deriva directamente de los propósitos de Dios para el mundo. El pueblo especial de Dios, por razón del llamado que Él les ha hecho, emerge en la historia de la humanidad como la comunidad del pacto del Rey, una sucursal

---

[164] Ibid., 251.
[165] Vea por ejemplo, Paul D. Hanson. *The People Called: Growth of Community in the Bible* (New York: Harper and Row, 1986), y J. Blauw. *Missionary Nature*.

del reino de Dios. Cualquiera que menosprecie la importancia de la congregación local en relación a la misión de Dios debe considerar cuidadosamente la naturaleza especial de la Iglesia y su propósito en el mundo porque es la comunidad del Pacto.

La comunidad del pacto en la historia de la iglesia

Esta perspectiva de la iglesia local prácticamente se perdió durante el período de la Edad Media. La eclesiología llegó a ser prisionera de la iglesia institucional, en parte debido al matrimonio que Constantino hizo entre la iglesia, la sociedad y el estado. Al final de la Edad Media, la *ecclesia docens* (iglesia docente) fue considerada superior a la *ecclesia audiens* (iglesia oyente). Solamente las órdenes misioneras se mantuvieron firmes al desafiar la afirmación de que la esencia del evangelio del Reino se encontraba únicamente en la jerarquía eclesiástica de la Iglesia Católico-Romana.

Las iglesias Ortodoxas fueron controladas por sus respectivas jerarquías al igual que las de Occidente. Sin embargo, en el Oriente, el concepto de pueblo de Dios estaba perdido bajo el pesado bagaje sacramental. Los sacramentos y la adoración ritualista definieron a la Iglesia con poca referencia a su membresía y mucho menos a su misión en el mundo.

El concepto de Pueblo de Dios fue nuevamente descubierto durante la Reforma Protestante y recibió un fuerte ímpetu de parte de la Reforma Radical de los Anabautistas. Una vez más, la esencia de la Iglesia no se ve que esté representada por la jerarquía ni por la institución sino por los miembros de una comunidad de fe. Esta fue la perspectiva que Martín Lutero mostró a la eclesiología del Siglo XVI,[166] y en esos días esta visión era revolucionaria. Aparte de la Iglesia de Oriente, cuya relación con Roma fue comprendida en forma distinta, solamente había una Iglesia en el tiempo de Lutero. Aquella Iglesia era el "arca" donde se hallaba la salvación, una Iglesia con poca tolerancia hacia aquellos que se oponían o la rechazaban. Además, la iglesia pasaba por un período de bancarrota moral y espiritual.[167] Lutero mismo se enfrentó al terrible dilema de tener que romper con la única Iglesia que él conocía. Sí, tuvo que enfrentarse a la pregunta que los Protestantes se han hecho desde entonces: "¿Dónde se encontraba la Iglesia antes de Lutero?"[168]

---

[166] Henry Kraemer enfatizó la importancia de este aspecto de la eclesiología de la Reforma para nuestros tiempos en *A Theology of the Laity* (Philadelphia: Westminster, 1958).

[167] Véase por ejemplo la descripción de Lutero en "Las Noventa y Cinco Tesis" (1517); "Apelación a la Nobleza Alemana" (1520); y "Sobre los Concilios y la Iglesia" (1539).

[168] Karl Barth señaló esto en una ponencia que dio en 1928 ante una asamblea de protestantes y católico-romanos. Vea Barth. *Theology and Church* (New York: Harper and Row, 1962), 312.

Por lo general, la respuesta Protestante ha sido que los evangélicos son la Iglesia "antigua," la continuación del pueblo de Dios. Como el sol que a veces se esconde detrás de las nubes para luego salir y resplandecer, así se suponía que la verdadera Iglesia Neotestamentaria había surgido durante la Reforma del Siglo XVI. Esta Iglesia verdadera era una comunión espiritual, llamada por Dios mediante el evangelio y reunida como una multitud (*Hauffe*), una convocatoria (*Versammlung*), una asamblea (*Sammlung*) o una congregación (*Gemeinde*). Los santos en comunión y reunidos alrededor de la Palabra formaban la Iglesia verdadera.[169]

Esa Iglesia tenía un bautismo, un evangelio, y una fe, - y se llegaba a ser parte del pueblo espiritual y cristiano únicamente mediante ese bautismo, ese evangelio y esa fe.[170] Por lo tanto, la Iglesia debería ser vista y comprendida primeramente como una comunión de personas, y en segundo lugar como Iglesia en el sentido de "*Kirche*." Lucero dice que el pueblo consiste de "creyentes santos y las ovejas que oyen la voz de su pastor."[171] Este énfasis sobre la Iglesia como el pueblo de Dios se fue exagerando con el tiempo, pero siempre en la eclesiología protestante. Casi todo grupo Protestante de los siglos XVI y XVII estaba de acuerdo en ver la Iglesia como la comunión de los santos, el Pueblo de Dios y la congregación local es la manifestación local de ese Pueblo de Dios.

En contraste, la Contra-reforma de la Iglesia Romana repudió esta perspectiva. El Concilio de Trento (1545–63) y el Concilio Vaticano I (1870) presentaron la institución y la jerarquía de la Iglesia Romana como equivalente a la Iglesia verdadera. No es sino hasta el Segundo Concilio católico-romano del Vaticano II (1962-1965) que finalmente se prestó atención a la perspectiva de la Iglesia como la comunidad de los fieles. Gregorio Baum, eclesiólogo Católico Romano, denominó esta revolución como el "principal logro" de Vaticano II: "El propósito de todo el Concilio fue la reflexión de la Iglesia sobre su propia naturaleza como la base para la reforma y la renovación de la vida católica. Al recordar por fe que la Iglesia somos nosotros...nos dimos cuenta de nuevo de la voluntad de Dios para su pueblo....La constitución de la Iglesia es el estatuto básico para la reforma de la misma en nuestro siglo."[172]

---

[169] Véase Martín Lutero. *Luther's Works* (Philadelphia: Fortress, 1955): 41.179, y 39:65-69.

[170] Véase "Apelación a la Nobleza Alemana" en Henry Bettenson, ed. *Documents of the Christian Church* (London: Oxford, 1963), 193.

[171] "Artículos de Esmalcalda" (1537) en *Luther's Works*, 39: xi.

[172] Gregory Baum, "Introduction," en Austin P. Flannery, *Documents of Vatican II* (Grand Rapids: Eerdmans 1975), 15, 25-26. Vea también Avery R. Dulles, *Models of the Church: A Critical Assessment of the Church in All*

Simultáneamente, los Protestantes se dieron cuenta que necesitaban reafirmar el mismo concepto. Las iglesias asociadas con el Consejo Mundial de Iglesias comenzaron a enfatizar las "estructuras misioneras de la congregación" y descubrieron nuevamente que estas estructuras no podrían tomar forma lejos de la membresía, el Pueblo de Dios. Al mismo tiempo, los evangélicos conservadores en Europa y en Los Estados Unidos enfatizaron el papel que jugaban las agencias para-eclesiásticas involucradas en misión. También encontraron que ese tipo de misión era la expresión principal de la vida misional de los miembros de las congregaciones.

Estas corrientes Protestantes reafirmaron lo que muchos habían dicho anteriormente. La Reforma Radical enfatizó dicha eclesiología como lo hicieron también los Pietistas Alemanes, las personas involucradas en el avivamiento de los siglos XVIII y XIX, los Pentecostales a inicios del siglo XX y los Carismáticos alrededor de la década de los 1960s. Todos estos grupos se desarrollaron alrededor de una perspectiva de la Iglesia que enfatizaba vigorosamente el papel del Pueblo de Dios como agente de la misión de Dios en el mundo. Durante esa década de 1960, al despertarse un nuevo interés en la iglesia como Pueblo de Dios, comenzó a enfatizarse la participación de los miembros en la obra misionera tanto local como global. Mientras tanto, los teólogos llegaron al consenso de que el Reino de Dios existía en ambas dimensiones: el "ya" y el "todavía no."

En el Vaticano II, la iglesia Católico-Romana dejó de igualar el Reino de Dios con sí misma.[173] En forma creciente, los Protestantes vieron que su perspectiva escatológica con respecto al Reino afectaba el concepto de la relación entre el Reino y la Iglesia. El Reino de Dios ya no se debía ver como idéntico a la Iglesia. Philip Schaff afirmó en 1950, "en muchos pasajes (de la Biblia) no se puede sustituir la una (iglesia) por el otro (el Reino de Dios) sin manifiesta equivocación."[174] El Reino de Dios, en su acción, tiempo y estado, es más profundo, más amplio

---

Its Aspects (Garden City, N.Y.: Doubleday, 1974), y Hans Küng, The Church, R. Ockenden, trans. (New York: Sheed and Ward, 1967).

[173] Hans Küng provee un recuento histórico sobre la relación de Iglesia y reino en The Church, 90-92. Leonardo Boff desarrolló las implicaciones de la eclesiología del Vaticano II respecto a este punto en Ecclesiogenesis: The Base Communities Reinvent the Church. J. Dierksmeyer, trans. (Maryknoll, N.Y.: Orbis, 1986); y idem. Church, Charism and Power: Liberation Theology and the Institutional Church, J. Dierksmeyer, trans. (Maryknoll, N.Y.: Orbis, 1986).

[174] Philip Schaff. History of the Christian Church, vol. 1 (Grand Rapids: Eerdmans, 1950), 509. Schaff menciona, por ejemplo, Mateo 6:9; Marcos 10:14; Lucas 17:21; 1 Corintios 6:10, y Romanos 15:17, donde sustituir la palabra iglesia por reino no tiene ningún sentido. Hay un acuerdo general de muchos teólogos de que iglesia y reino no coinciden. Véase por ejemplo, Herman N. Ridderbos. The Coming of the Kingdom, 347; David J. Bosch. Witness to the World: The Christian Mission in Theological Perspective (Atlanta: John Knox, 1980), 219; Johannes Blauw. The Missionary Nature of the Church, 79; y Küng. The Church, 94.

y más puro que la Iglesia. Sin embargo, el aspecto de "el ya y el todavía no" del Reino es también verdad en cuanto a la Iglesia. Herman N. Ridderbos, Jorge Eldon Ladd, Oscar Cullmann, Juan Bright y otros sostienen que el Reino, el señorío de Jesucristo ya está presente pero aún sigue incompleto; ha venido, pero aún está por venir y de igual manera la Iglesia.[175] Herman Ridderbos dice lo siguiente:

> El término "*basilea*" (Reino de Dios) es la grandiosa obra divina de la salvación y consumación en Cristo; la "*ekklesia*" (Iglesia) es el pueblo elegido y llamado por Dios que comparte la bienaventuranza del "*basilea*." El primero comprende un contenido más completo, representa una perspectiva inclusiva, señala la consumación de toda la historia que trae tanto la gracia como el juicio, tiene dimensiones cósmicas, y llena el tiempo y la eternidad. De igual modo, la "*ekklesia*" es el pueblo que ha sido colocado en este gran drama al lado de Dios en Cristo por virtud de la elección divina y el pacto….Es así como el "*basilea*" es una realidad ya presente, y la "*ekklesia*" el lugar donde los dones y los poderes de "*basilea*" son entregados y recibidos. Más adelante, la reunión de aquellos que son instrumentos de "*basilea*," son llamados a aceptar a Jesús como el Cristo, obedecer sus mandatos y realizar la labor misionera de la predicación del evangelio alrededor del mundo. Como resultado, la Iglesia está rodeada y motivada por la revelación, el progreso, y el futuro del Reino de Dios sin que sea en sí misma el "*basilea*" y mucho menos sea identificada con él.[176]

El concepto renovado de la Iglesia como el Pueblo de Dios y una nueva perspectiva de la relación de la Iglesia con el Reino se unieron en la misiología de las décadas de los 1960s y 1970s. Los misiólogos Protestantes llegaron a entender el concepto del "*missio Dei*" como "la obra de Dios mediante la cual se ofrece todo lo que Él tenía en mente para la salvación de la humanidad – el cumplimiento completo de redención de su Reino— a través de aquellos a quienes Él ha enviado.[177] Johannes Verkuyl afirma que "cada vez más la misiología está llegando a ver el Reino de Dios como el eje central alrededor del cual gira toda la misión."[178]

El Reino de Dios y la Iglesia se relacionan en la persona de Jesucristo, el Rey del Reino y la Cabeza de la Iglesia. El creyente llega a ser parte del Reino de Dios en el tiempo y en el espacio

---

[175] Véase Ridderbos. *Coming of the Kingdom*, 342-45; George Eldon Ladd. *The Presence of the Future* (Grand Rapids: Eerdmans, 1974); y Jürgen Moltmann. *The Church in the Power of the Spirit* (New York: Harper and Row, 1977), 98-196.

[176] Ridderbos. *Coming of the Kingdom*, 354-56. Véase también Ladd, *Presence of the Future*, 192-94.

[177] George Vicedom. *The Mission of God* (St. Louis: Concordia, 1965), 45; citado por Eugene Rubingh. *Sons of Tiv* (Grand Rapids: Baker, 1969), 23.

[178] Johannes Verkuyl. *Contemporary Missiology: An Introduction*, D. Cooper, trans. (Grand Rapids: Eerdmans, 1978), 203; reimpreso en *International Review of Missions*, 68.270 (Abril 1979): 168-76.

a través de la redención en Jesucristo, "la cabeza del Cuerpo, la Iglesia." Esta transferencia es realizada por el Padre quien habita en Cristo en "toda su plenitud" (Col 1:13–19). Y así la Iglesia, la misión y el Reino de Dios se edifican mutuamente. No son idénticos, mas están íntimamente entretejidos en la misión de Dios, por medio del pueblo de Dios y en el mundo que Dios ama. Por lo tanto, se debe entender que la Iglesia es la comunidad misionera de los discípulos del Rey.[179]

Esta perspectiva trae consecuencias de largo alcance en la manera en que vemos las congregaciones misioneras y estas congregaciones necesitan darse cuenta que su naturaleza y llamado no derivan de su afiliación a una denominación ni a ninguna estructura institucional. Las congregaciones misioneras existen porque son una comunidad del pacto del Rey, llamadas a ser instrumentos en las manos de Dios para bendición de las naciones. La congregación local es más que la suma de las personas que asisten a sus actividades. Cada congregación local es una sucursal del Reino de Dios.

La iglesia definida en términos del Reino de Dios

La Iglesia y el Reino en realidad no son idénticos, pero tampoco son completamente diferentes. Se ha creado, como dice Ridderbos, un "nuevo consenso" respecto a la naturaleza del Reino.[180] Dicho consenso define este Reino tanto presente, inaugurado y comenzado, como escatológico, venidero y futuro. Este Reino no se ve física e institucionalmente. Más bien es el gobierno dinámico y activo de Dios, a través de Jesucristo y por medio del Espíritu Santo. Así que el evangelio consiste en las buenas nuevas del Reino que ya vino y está por venir. Dios viene en humanidad (Emanuel) y Dios reina sobre la humanidad. Jesús habla de las señales futuras del Reino de Dios al presentar sus credenciales mesiánicas a los discípulos de Juan el Bautista. (Compárese Mateo 11:4–6, Isaías 61:1–3 y Lucas 4:18–19.) El Reino ya se ha acercado, pero todavía no se ha manifestado completamente. Aunque la Iglesia no sea lo que debería ser, es el lugar principal de la manifestación del Reino entre la ascensión y la segunda venida. El Reino se acerca y las iglesias locales son señales que dirigen la atención del mundo hacia el Rey que viene.

La iglesia es la comunidad regida por el Rey

---

[179] Este ha sido un tema consistente en los escritos de Arthur M. Glasser, especialmente evidente en sus artículos y varios capítulos completos en sus libros, resultados de su participación en conferencias y simposios. Véase Arthur F. Glasser. *El Anuncio del Reino.* (Eugene: Wipf & Stock, 2019).

[180] Ridderbos, *Coming of the Kingdom*, 342.

En todo contexto cultural, la congregación misionera necesita verse como la comunidad especial de aquellos que reconocen el señorío de Jesús como el Cristo y como su Rey. Estos discípulos de Cristo son diferentes a los demás hombres y mujeres que se encuentran dentro de la esfera más amplia del Reino de Cristo. *Ellos se mantienen apartados porque conocen la verdad del Señorío de Cristo y se sujetan al mismo.* Ellos se comprometen consciente, libre y voluntariamente a Jesús como su Señor.[181]

La iglesia es el eje principal del señorío del Rey

Oscar Cullmann ubica el señorío de Cristo en esferas, representadas en dos círculos concéntricos, estando el mismo Jesucristo en el centro. Los círculos son todos "**R**" porque cada uno representa el reinado dinámico y activo del Rey, pero cada uno representa una forma, una manera diferente en que Cristo reina.

FIGURA 8

La extensión del Reino, la iglesia y el mundo

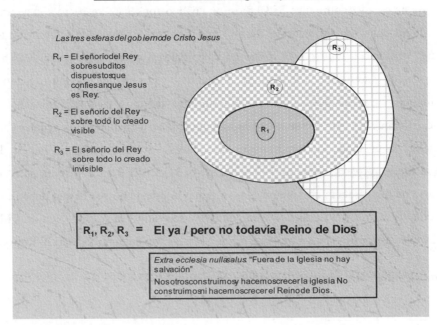

Las tres esferas del gobierno de Cristo Jesus

R_1 = El señorío del Rey sobre súbditos dispuestos que confiesan que Jesus es Rey.

R_2 = El señorío del Rey sobre todo lo creado visible

R_3 = El señorío del Rey sobre todo lo creado invisible

R_1, R_2, R_3 = El ya / pero no todavía Reino de Dios

Extra ecclesia nulla salus. "Fuera de la Iglesia no hay salvación"

Nosotros construimos y hacemos crecer la iglesia. No construimos ni hacemos crecer el Reino de Dios.

---

[181] Ver Charles Van Engen. *The Growth of the True Church,* 282-83.

El primer círculo – y el más pequeño, podría llamársele R^1, por que circunda el reinado de Cristo en la Iglesia sobre sus súbditos dispuestos, que voluntariamente confiesan que Jesús es el Señor. El segundo círculo – y el más grande, R^2, constituye el reinado de Cristo sobre todas las cosas, sobre toda la creación visible, tal como se expresa en Efesios 1 y Colosenses 1. Un tercer círculo, R^3, se puede añadir a los otros dos sugeridos por Cullmann para colocar el reinado de Cristo sobre todo lo creado que es invisible, sobre todas las fuerzas espirituales invisibles, sobre los "principados y potestades." Si representáramos la ilustración de Cullmann con la ecuación **$R^1+R^2=$Reino Total** (de Cristo), concluiríamos que **$R^1+R^2+R^3=$Reino Total de Cristo**. Aún se pudiera decir que, en esencia, el Reino de Dios se describe mejor como un señorío o una esfera de gobierno.[182] Rodolfo Schnackenburg señala que la plenitud de Dios que habita corporalmente en Cristo (Col 1:9) "pasa por medio de Él hacia los cristianos. A la vez Cristo, gobernando el cosmos, elige a la Iglesia como su esfera de operación directa y en la cual fluyen sus bendiciones divinas. Debemos, por lo tanto, concluir que el reinado de Cristo sobre todo el mundo se lleva a cabo en forma especial en la Iglesia y ahí llega a ser una realidad de gracia concreta."[183]

Veintisiete teólogos procedentes de doce países distintos se dieron cita en el local del Seminario Bíblico en Lima, Peru, del 11 al18 de diciembre de 1972, para la Segunda Consulta de la Fraternidad Teológica Latinoamerican (FTL). Como resultado de esa consulta, la FTL publicó lo que sería su primera publicación de muchas. Con el título, *El Reino de Dios y América Latina*, los ponentes y autores de los capítulos exploraron el concepto del Reino de Dios en sus implicaciones para la misión de la iglesia en y desde América Latina.[184] Desde entonces la reflexión continúa entre muchos teólogos latinoamericanos acerca del significado del Reino de Dios en cuanto a la iglesia y su misión en América Latina y el mundo.

En cualquier país o cultura en que se encuentren, las congregaciones misioneras tienen un lugar central en el reinado del Rey, porque Cristo reina en ellas de una manera especial, como Cabeza del Cuerpo que es la Iglesia. En ningún otro lugar reina Cristo de esta forma ya que sólo la Iglesia puede ser el Cuerpo de Cristo.[185] Por lo tanto, mientras cada iglesia misionera emerge,

---

[182] George Eldon Ladd desarrolla ampliamente esta imagen en *The Presence of the Future: The Eschatology of Biblical Realism*, 122ff.

[183] Rudolf Schnackenburg. *God's Rule and Kingdom*, J. Murray, trans. (New York: Herder and Herder, 1963), 313.

[184] René Padilla, edit. *El Reino de Dios y América Latina*. Buenos Aires: Casa Bautista de Publicaciones, 1972.

[185] Véase Karl Barth. *Credo: A Presentation of the Chief Problems of Dogmatics with Reference to the Apostles' Creed*, J. S. McNab, trans. (New York: Scribners, 1936), 140-41.

la esfera del R^1 se va ampliando hacia el R^2. También mediante la proclamación del Evangelio que resulta en la conversión de personas, las que han estado previamente en R^2 son pasadas a R^1 (Romanos 6:15–22; Colosenses 1:9–14). En las congregaciones misioneras sucede este cambio o traslado de personas de ser vasallos rebeldes a ser vasallos del Rey, obedientes y dispuestos. Esta conversión es el corazón de la naturaleza de la congregación local como la comunidad del pacto del Rey.

Es más, a dondequiera que la Iglesia llegue, sean nuevos lugares, nuevas culturas o esferas de la humanidad, la Iglesia encontrará que el círculo R^2 de la autoridad del Rey ya se ha establecido con anterioridad. Mientras la Iglesia proclama el evangelio del Reino, las iglesias emergen para llegar a ser lo que ya son: el cuerpo de Cristo el Señor. Así R^1 crece constantemente dentro de R^2 y aún "los muros del infierno no prevalecerán contra ella." (No podrán ser capaces de contener el avance del Reino: Mateo 16:13–20; 28:16–20). El crecimiento integral de las congregaciones misioneras es por lo tanto una señal de la venida del Reino de Dios.

La Iglesia es la señal en la que el Rey anticipa su señorío

Las congregaciones misioneras son comunidades compuestas por aquellos que viven el reinado de Dios en sus vidas y en su sociedad. Así que ellos son los "primeros frutos" de los que anticiparon el Reino de Dios en el mundo.[186] La Iglesia no es el Reino en su plenitud, sino una señal que anticipa el Reino de Dios que ya está presente y que todavía ha de venir. Como resultado, los cristianos viven en una ansiosa esperanza. En palabras de Pablo, las congregaciones misioneras saben que "las aflicciones del tiempo presente no son comparables con la gloria venidera que en nosotros ha de manifestarse. Porque el anhelo ardiente de la creación es el aguardar la manifestación de los hijos de Dios" (Rom 8:18–19). Hans Küng expresa esta perspectiva al decir,

> La iglesia en su peregrinaje no está abandonada u olvidada por Dios; no está caminando a ciegas o en las tinieblas. Aunque ella no sea el reino de Dios que está por venir, ya está bajo el reinado de Dios, el cual ha comenzado; aunque mira hacia delante, a la victoria final del reinado de Dios, puede también mirar hacia atrás, a la victoria decisiva en Jesucristo. Mientras está andando en sombra de muerte, ésta tiene la resurrección no sólo delante de ella, sino detrás en su forma decisiva en Jesús, el Kyrios resucitado…Así la Iglesia puede ser definida como el compañerismo de los aspirantes al Reino de Dios….[La Iglesia] no es la que trae ni la que lleva el reino de Dios, el cual está por venir y está a la vez presente; sino es

---

[186] Cf. Karl Barth. *Church Dogmatics*, 4.3.2.

su voz, su anunciador, su heraldo. Solamente Dios puede traer su reino; la Iglesia está entregada completamente a su servicio.[187]

Las congregaciones misioneras surgen en la medida en que practican, anuncian, ilustran, y sirven de heraldos de la venida del Reino, el cual ya está presente. Las congregaciones locales experimentan el señorío del Rey como heraldos escatológicos de Aquel que ha de venir. El "ya" se mueve gradualmente hacia el anticipado "todavía-no," mientras la Iglesia anuncia su venida.

La misión de la iglesia es esparcir el conocimiento del Rey y su señorío

En la ciudad de México en 1963, la comisión de Misión Mundial y Evangelismo del Concilio Mundial de Iglesias expresó la convicción "de que Dios, de quien es el mundo, se ha revelado en Jesucristo; y que todos los seres humanos tienen el derecho de saber esto y aquellos que lo saben están comprometidos a darlo a conocer."[188]

Como eje principal del reinado anticipado de Cristo, las congregaciones misioneras son llamadas a esparcir el conocimiento de ese reinado por todo el mundo. Esto significa que la iglesia local no puede ser un fin en sí misma, ni que la Iglesia sea la meta final de la misión. Las iglesias locales son, mejor dicho, los instrumentos de algo más grande que ellas; son instrumentos del Reino de Dios. Ladd dice que "si el Reino de Dios es primeramente el señorío de Dios y en segundo lugar es la esfera espiritual de su dominio, no puede haber objeción al reconocer que la iglesia es el órgano principal del Reino al actuar en el mundo.[189]

La Iglesia no puede crear, traer o edificar el Reino, sólo puede y debe ser testigo de él. Claramente vemos que el testimonio se lleva a cabo en palabra y en hecho,[190] en milagros, en señales y prodigios, en la transformación de la vida de las personas, en la presencia del Espíritu Santo y en el hecho radical de crear una nueva humanidad. El testimonio del dominio del Rey que da una congregación local forma parte del reinado de Cristo, el cual es proclamado. El Reino llega cuando el ser humano viene al conocimiento de Jesucristo. Por consiguiente, las iglesias locales edifican la Iglesia mientras predican, proclaman y viven sus vidas en fidelidad y obediencia al Rey. Las congregaciones participan de la venida del reino cuando viven su vida como comunidades del

---

[187] Hans Küng. *The Church, Maintained in Truth*, 95-96.
[188] Citado en Charles W. Ranson. "Mexico City, 1963," *International Review of Missions*, 53 (1964): 140.
[189] Ladd. *Presence of the Future*, 269. (Para respaldo complementario de este tema véase Van Engen. *Growth*, de página 287 en adelante.)
[190] Véase Harvie Conn. *Evangelism: Doing Justice and Preaching Grace* (Grand Rapids: Zondervan, 1982).

pacto, como discípulos del Rey, como sucursales del Reino de Dios. Mientras aumentan las cifras de aquellos que conocen y reconocen el señorío del Rey, la Iglesia viene a ser el instrumento que anticipa el "ya-pero-todavía-no" del Reino de Dios.

La Iglesia no puede traer el Reino –sólo el Rey puede hacer eso. Lo que la Iglesia puede hacer es proclamar, congregar y crecer en la expectativa del día cuando todos los pueblos se postrarán de rodillas y confesarán con sus labios que Jesús es el Señor (Filipenses 2:10). Las figuras retóricas que provee el Nuevo Testamento acerca de esta verdad se hallan en las parábolas del crecimiento del Reino, de las diez vírgenes y las lámparas de aceite, de la fiesta de bodas, y en la enseñanza de Jesús acerca del día de juicio en Mateo 24 y 25.

El desarrollo integral de la Iglesia misionera va unido al cumplimiento del Reino por medio de la esfera principal del señorío de Cristo – las iglesias misioneras locales encarnadas en un tiempo, un lugar y una cultura particular. La Iglesia, no el Reino, es la Nueva Jerusalén (Apoc 21); la Iglesia, no el Reino, está compuesta de aquellos que han lavado sus ropas en la sangre del Cordero (Apoc 7:14), y a quienes Cristo presentará sin arruga y sin mancha (Efesios 5:27; Judas 24). Así, en este tiempo entre los tiempos, nos concentramos en la Iglesia porque entendemos que cuando edificamos congregaciones misioneras estamos participando ya en nuestra meta final, la venida del Reino (compare Colosenses 1:13–20).

El Reino definido en términos de la iglesia

En contraste, si restringimos nuestra perspectiva del Reino sólo a lo que vemos en la Iglesia, cometemos una injusticia contra la esfera total de este reinado. Como Herman Bavinck señala, el Reino de Dios no puede ser definido solamente como la reunión de los súbditos del Rey, sino que es la totalidad de bienes y bendiciones espirituales en Cristo Jesús, el Rey. [191]

Nadie, ni por testimonio ni por misión, puede expresar el significado total del Reino. Ningún mensaje puede contener todo lo que es el reinado de Cristo por sobre todas las cosas. La Iglesia nunca logra alcanzar por sí misma la totalidad del Reino. Ninguna "señal de los tiempos" puede encasillar la venida del Reino. Ninguna "palabra nueva" que vimos en Capítulo 5 es suficiente para describir el Reino. La Iglesia nunca podrá anticipar algo más allá del Reino, porque el Reino es mayor de lo que se ha experimentado en la Iglesia. Además, la vida espiritual

---

[191] Herman Bavinck. *Our Reasonable Faith: A Survey of Christian Doctrine*, H. Zylstra, trans. (Grand Rapids: Baker, 1986), 527.

individual, la salvación, la lucha contra la opresión, el alivio a la pobreza económica, la edificación de la Iglesia en forma cualitativa y cuantitativa, la lucha contra los poderes espirituales: todas estas declaraciones, juntas o por separado, son solamente manifestaciones incompletas de la obra del Reino en el mundo. Cuando el Reino venga como una realidad todo cambiará – la creación, la raza humana, el orden social, el cielo y la tierra.

La Iglesia misionera no crece como una utopía humana, ni hacia la salvación individual, ni al compañerismo perfecto, ni a la identificación espiritual del ser humano con los valores de justicia, verdad, gozo, paz, y amor. La Iglesia señala algo de mayor importancia –el reinado y el dominio del Rey sobre todo el cosmos. La Iglesia enfatiza tanto el principio ("en el principio era el Verbo" Juan 1:1) como el fin ("y no vi en ella templo; porque el Señor Dios Todopoderoso es el templo de ella y el Cordero" Apocalípsis 21:22). Tan pronto como la Iglesia surge, se mueve hacia Cristo como "el Alfa y la Omega" (Apocalípsis 1:8) hacia aquel que es el Rey y la Cabeza de la Iglesia.

Por lo tanto, se puede decir que todo lo escrito en tratar de describir lo que es la Iglesia es insuficiente para señalar la realidad profunda de la Iglesia como tal. Ésta clama por algo más fundamental, más perfecto y extenso que sí misma. Al describir los atributos, las "nuevas palabras" y el propósito de la Iglesia en el mundo, sólo podemos descubrir los criterios que determinan cuánto se aproxima la iglesia a señalar en forma provisional el verdadero Reino que representa. Estas características son también mandatos que desafían a las congregaciones misioneras a que crezcan hacia el Reino de Dios. El Reino es más inclusivo, más extenso, más perfecto y completo que la Iglesia, así que la Iglesia viene a ser sierva del Reino.

Es precisamente en este servicio que la Iglesia viene a ser especialmente significativa.[192] Como siervas del Reino, las congregaciones misioneras son comunidades de mediación que proveen un puente para cruzar el abismo entre el Reino y el mundo. Las iglesias misioneras tienen una función especial al guiar al mundo hacia "las absolutas demandas del Reino, a la obediencia total, a la prioridad total, a la abnegación total (de la humanidad)."[193] La comunidad del Rey, entonces, debe demostrarle al mundo todos los valores del Reino de Dios. Debemos recordar que

---

[192] Cf. Avery R. Dulles. *Models of the Church: A Critical Assessment of the Church in All Its Aspects* (New York: Doubleday, 1974), 128.

[193] De Ridder. *Discipling*, 139.

el Reino de Dios se ha acercado, pero aún no ha llegado. En el misterio de este tiempo-entre-los-tiempos, la Iglesia es, de manera especial, el instrumento del Reino de Dios en el mundo.

La relación de iglesia, Reino y mundo

Mientras las iglesias misioneras buscan manifestar el Reino de Dios, continuamente se enfrentan al mundo. El Reino es más amplio que la Iglesia en términos de espacio, tiempo, ámbito espiritual e influencia. Así que, al participar la Iglesia en este movimiento centrífugo, un movimiento generado por su propia naturaleza misionera, la Iglesia se ve enviada a la humanidad que Dios ama y por la cual Cristo dio su vida.

A mitad de la década de los 1960s, J. C. Hoekendijk y el Concilio Mundial de Iglesias[194] enfatizaron que en cualquier debate acerca de Dios, Iglesia y Reino, el mundo debe colocarse en primer lugar. "El mundo debe establecer la agenda," se dijo. Sin embargo, el mismo Hoekendijk y otros demostraron un pesimismo extremo en cuanto a la Iglesia e intentaron establecer un eclipse total entre ésta y el Reino. Al cambiar el orden bíblico de la misión de Dios (Dios-Iglesia-mundo) con un nuevo orden (Dios-mundo-Iglesia), ellos menospreciaron la participación de la Iglesia en la misión de Dios. En la perspectiva de ellos, lo que Dios estaba haciendo en el mundo era lo importante. Como resultado, muchos de la generación posterior a la Segunda Guerra Mundial en los Estados Unidos de Norteamérica optaron por la "Gran Sociedad" del presidente Lyndon Johnson, siguiendo programas de reforma social y por el activismo político. Años más tarde se descubre que al dar la espalda a la Iglesia, a la espiritualidad, a una fe compartida, a un discipulado dentro del Pueblo de Dios se produjo un activismo vacío, con poco propósito y mínimo impacto. Al optar sólamente por el mundo e ignorar la Iglesia, se perdió la verdadera participación en el reino de Dios. Sólo cuando se entienda la relación misional de la Iglesia con el Reino, se podrá comenzar a comprender la relación misional de la Iglesia hacia el mundo, dentro de la esfera y el tiempo del Reino de Dios.

---

[194] La perspectiva de Hoekendijk fue de mucha influencia en los estudios de las estructuras misioneras de la congregación, publicada en *The Church for Others and the Church for the World: A Quest for Missionary Structures of Congregations* (Geneva: World Council of Churches, 1968).

Las líneas básicas de la relación entre la Iglesia, el reino y el mundo fueron elaboradas por Herman Ridderbos.[195] Y es él quien ofreció una nueva forma de ver la estrecha relación entre Iglesia y mundo.[196] Primero, la Iglesia es llamada a la libertad cristiana –a aceptar la posición de cada individuo en la sociedad como la "cuna de las libertades humanas y los derechos políticos." Segundo, la vida de servicio de la Iglesia al Reino de Dios significa servicio al mundo. Así es como Pablo comienza su sección ética de la Epístola a los Romanos (capítulos 12–16) con el concepto de "culto racional." Es un acto de adoración que presenta nuestros cuerpos a la acción misional, a través del ejercicio de nuestros dones, al ministrar en el mundo (12:1). La congregación local no se separa del mundo sino más bien ejerce su libertad de ser la sierva del Rey en el mundo.

En la práctica, las congregaciones misioneras viven su vida espiritual no sólo como Iglesia, sino como el pueblo de Dios en el mundo, como una fuerza que existe para transformar la sociedad hacia una mayor semejanza al Reino de Dios. Cabe recordar que las iglesias locales poseen una cierta responsabilidad institucional en sus respectivos contextos, por lo que la labor de transformar la iglesia institucional solamente en un movimiento cultural o político borra por completo la diferencia entre Iglesia y mundo. Por consiguiente, la Iglesia ha de predicar el evangelio completo del Reino, un evangelio que tiene implicaciones políticas y sociales que conducen hacia una mejor sociedad. Las implicaciones del Reino de Dios para el mundo no pueden ser restringidas entre categorías espirituales individualistas y categorías estrictamente de liberación socioeconómica. El evangelio del Reino tiene que ver con todos los aspectos de la vida en forma integral, y que trata de poner toda la vida bajo el señorío de Jesucristo.

Los objetivos de una misiología de transformación deben entenderse como provisionales. Como dice Ridderbos, "hay una poderosa presencia de Cristo y su Reino en el mundo presente, pero es la presencia y el poder del Espíritu lo que cuenta ahora. Esto no es todavía el Reino en toda su gloria celestial...Por lo que el Espíritu mismo aún espera y ora con la Iglesia: 'Ven, Señor Jesús.'"[197]

---

[195] El pensamiento de H. Ridderbos sobre la relación Iglesia, Reino y mundo para nuestros tiempos se encuentra en un documento leído en la Segunda Conferencia de Instituciones para la Educación Cristiana Avanzada, dictado en Grand Rapids, estado de Michigan en los Estados Unidos.

[196] Esto fue publicado en forma de panfleto por *Instituut vir die Beffordering van Calvinisme*, Potchefstroom, South Africa, Sept. 1979.

[197] Ibid., 15.

El carácter provisorio de la presencia del Reino en este mundo debería persuadir a las iglesias locales a tener una continua autoevaluación; rechazar tanto el *status-quo* del presente como cualquiera utopía mundana del futuro. Las congregaciones locales reconocen que están en el mundo porque han sido enviadas por el Señor, el Rey tanto del mundo como de la Iglesia. También reconocemos que la presencia de Cristo en el mundo ocurre principalmente por medio de ellas y que su presencia es provisoria. El servicio al Reino de Dios en el mundo es tarea de la Iglesia por ser el Cuerpo de Cristo y dialogar acerca de la Iglesia y el Reino es dirigirse hacia el mundo. Este diálogo tiene implicaciones importantes para las congregaciones misioneras como sigue.

En primer lugar, la relación entre sí de Iglesia-reino-mundo sirve para demostrar el alcance de la perspectiva de la Iglesia autóctona. Enrique Venn y Rufino Anderson la definen como "la fórmula de los tres-autos": autosostenida, auto-propagada y auto-gobernada.[198] Venn y Anderson no pretenden incluir en este concepto el contenido total de la teología de la Iglesia, sino sólo su misión transcultural. Por ejemplo, las iglesias de los países del este y del sur del globo terrestre y los esfuerzos de congregaciones Norteamericanas para sembrar iglesias han seguido dicha fórmula como una meta imprescindible al establecer iglesias locales.

Esta fórmula de los tres "autos" se convirtió en un ideal eclesiástico, aunque desde la perspectiva del modelo de Iglesia-reino-mundo se aprecian algunos errores ya que es limitada, superficial y auto-céntrica. Como comunidades del pacto del Rey y como representaciones provisionales del Reino, las congregaciones locales abarcan mucho más que dinero, administración y el número de convertidos. Igualmente, como señal provisoria del Reino de Dios, ellas son mucho más que la contextualización cultural del evangelio autóctono. Como se puede ver, estos elementos son importantes, pero son sólo una parte del panorama total del gobierno del Rey en el mundo, especialmente entre sus congregaciones misioneras.

Segundo, como veremos en el capítulo 12, la relación Iglesia-Reino-mundo nos ayuda a descubrir nuevas estructuras administrativas misionales. Por ejemplo, debido a la relación entre sistemas sociológicos (véase capítulo 9), la administración eclesial no puede seguir una agenda

---

[198] La "fórmula de los tres *autos*" respaldada por Henry Venn y Rufus Anderson al final del siglo XIX, estableció que las agencias misioneras deberían dedicarse a desarrollar iglesias nacionales recién fundadas en el Tercer Mundo hasta que llegasen a ser auto-sostenidas, auto-propagadas y auto-gobernadas. En ese momento la labor de la agencia misionera quedaría concluida. Irónicamente, esta fórmula nunca fue aplicada a las iglesias madres o sus estructuras denominacionales ni en Inglaterra ni en los Estados Unidos. Desafortunadamente, la fórmula ha creado predominantemente iglesias introvertidas y centradas en sí mismas, en Africa, Asia y América Latina –características que apenas hasta ahora están comenzando a cambiar.

introvertida que satisfaga solamente sus propias necesidades. Si deseamos crear iglesias misioneras que propiamente reflejen el Reino de Dios, ellas deben tener un sistema administrativo que se dirija hacia afuera, hacia el mundo, en camino hacia la venida del Reino de Dios.

Tercero, en *Christianity in Culture*, Carlos Kraft habla de la relación entre la Iglesia y su cultura.

> Es crucial que las nuevas generaciones culturales experimenten el proceso de producir, en sus propias formas culturales, una iglesia apropiada como vehículo para la transmisión de la gracia de Dios. Una iglesia contemporánea, así como una traducción contemporánea, debe impresionar a los observadores como una producción original de la cultura contemporánea, no como un objeto importado de otra parte, ajeno a dicha cultura...La prioridad debe ser la de comunicar, a la cultura receptora, un contenido que es equivalente a lo que ya ha sido comunicado a la cultura original...Como en la traducción, así debe ser la transculturización de la iglesia.[199]

Este tipo de planteamiento, aparte de la importante y apropiada antropología que representa, es una aplicación práctica de la relación dinámica entre la Iglesia, el Reino de Dios y el mundo. La Iglesia viene a ser una señal del Reino en medio de una cultura específica. Aceptando el hecho de que el mundo ha caído y que ninguna cultura es digna de ser enteramente preservada, debemos también enfatizar el pasaje de la Biblia: "porque de tal manera amó Dios al mundo que ha dado a su hijo unigénito" (Juan 3:16). No fue por la Iglesia que Cristo dio su vida, sino por el mundo y no fue al Reino que Cristo fue enviado como el cordero sacrificial, sino al mundo. Por lo tanto, en el comienzo de un nuevo siglo, vemos que la Iglesia alrededor del globo terrestre incluye en su seno millares de diferentes culturas. Es necesario encontrar nuevas formas de contextualizar la congregación local donde quiera que se encuentre; es necesario que llamemos a la Iglesia a ser plenamente la comunidad del pacto del Rey.

---

[199] Charles H. Kraft. *Christianity in Culture,* 318-26.

CAPÍTULO 8

El papel de la iglesia local en el mundo

Hemos tomado ya, varios pasos que se dirigen desde la naturaleza misionera de la iglesia como "una, santa, universal y apostólica," por medio de nuevas palabras, luego los conceptos misiológicos de la iglesia llamada a ser instrumento de *kerygma, kononia, diakonia, marturia y leitourgia,* hasta llegar a la nueva realidad del reinado de Jesús el Cristo. Estas características de una iglesia misionera nos impulsan a tomar un quinto paso misionero hacia el mundo amado por Dios. Dada la razón de ser de la iglesia misionera tal como la hemos visto hasta ahora, las preguntas surge, ¿Que deben las congregaciones misioneras estar haciendo en el mundo? ¿Qué es el papel de la iglesia local en misión en el mundo?

Cuando las congregaciones misioneras comienzan a verse como sucursales del Reino de Dios, a menudo comienzan a examinar su función en el mundo más de cerca. Ese interés les impulsa a estudiar los pasajes bíblicos que hablan de la misión de Jesús, su obra de revelación, su reconciliación y su señorío sobre el mundo. La misión de Jesús define la misión de sus seguidores. "Como me envió el Padres, así también yo os envío. La misión de Jesús es la misión de sus discípulos. Y la misión de los discípulos consiste en hacer y vivir la misión de Jesús. Esta verdad nos hace pensar en los pasajes que tradicionalmente la iglesia ha reconocido como presentándolos oficios de Jesucristo como Profeta, Sacerdote y Rey. En este capítulo se añadirán tres conceptos más del ministerio de Jesús como Sabio, Sanador y Libertador porque es lo que Jesús hizo. De esta forma, la iglesia local en el mundo se involucra en un apostolado guiado y moldeado por la misión de Jesús.

El Apostolado Transferido

Uno de los pasajes importantes que describen la misión de Jesús se encuentra en Lucas 4:14–21. Al inicio de su ministerio según este pasaje, Jesús declara su misión en el mundo usando ideas conocidas tales como las de Isaías 61:1-3. Lucas sitúa estas palabras en un contexto de la época, mostrando cómo Jesús eligió anunciar su misión mesiánica en su propio pueblo y país, ahí donde un profeta no recibía honra (Lucas 4:24).

Los capítulos 10 y 11 de Mateo nos proporcionan una perspectiva similar sobre el papel de Jesús en el mundo. Él envía a los doce discípulos en su primera obra misionera y manifiesta la respuesta a la pregunta de Juan el Bautista de que si era el Mesías. Jesús le responde a Juan con un resumen de su papel misiológico en el mundo: "Id, y haced saber a Juan las cosas que oís y veis. Los ciegos ven, los cojos andan, los leprosos son limpiados, los sordos oyen, los muertos son resucitados, y a los pobres es anunciado el evangelio; y bienaventurado es el que no halle tropiezo en mí" (Mateo 11:4–6; comparar con Lucas 7:18–35).

En este capítulo estudiaremos la obra y el papel misiológico de Jesucristo como patrón a seguir para la misión de la Iglesia en el mundo. Jesús les dijo a sus discípulos, "Como me envió el Padre, así también yo os envío" (Juan 20:21; comparar con Juan 12:20). La Iglesia pone en práctica su comisión como el Cuerpo de Cristo al vivir el papel que Jesús le ha asignado en el mundo. Un resumen de los dones del Espíritu en la Iglesia, por ejemplo, nos impresiona porque estos dones son ministerios que se han de llevar a cabo en el mundo. Así la Iglesia cumple una misión similar a la de Jesús mientras esos mismos dones toman forma en el mundo a través de ella. En realidad, cuando Jesús se despidió de sus discípulos, Él mismo transfirió claramente este aspecto de su presencia terrenal a ellos quienes continuarían su ministerio en el mundo. Jesús dijo, "El que en mí cree, las obras que yo hago, él las hará también; y aun mayores hará, porque yo voy al Padre. Y todo lo que pidiereis al Padre en mi nombre, lo haré, para que el Padre sea glorificado en el Hijo. Si algo pidiereis en mi nombre, yo lo haré" (Juan 14:12–15; comparar con Juan 1:50–51).

Los apóstoles aceptaron esa transferencia después del Pentecostés. En su primer sermón, Pedro hace referencia a las profecías de Joel 2:28–32 y habla de "las señales y maravillas," que sucedían en ese momento durante el derramamiento del Espíritu Santo, tal como Jesús las había hecho antes del Pentecostés (Hechos 2:22–33). Los discípulos proclamaron esta verdad en palabra y la demostraron en hechos, llevando a cabo la misma clase de obras que Jesús había realizado. El cojo caminó, los muertos fueron resucitados y el evangelio fue predicado a los pobres.

En Hechos 13:2-3, 46-47 Pablo declara que el apostolado transferido era la base de su propia misión. Pablo consideraba completamente apropiado el hecho de aplicar, a su persona y a sus compañeros, el lenguaje que hasta entonces se había reservado solamente para la misión del Mesías. "Porque así nos ha mandado el Señor, diciendo: Te he puesto para luz de los gentiles, a fin de que seas para salvación hasta lo último de la tierra" (Hechos 13:47; ver Isaías 49:6; Lucas 2:32 y Hechos 26:23). En Romanos 15:15-19 Pablo nuevamente enfatiza esta misión transferida, hablando de la gracia de Dios, la cual le había hecho ministro para los gentiles. Pablo se presenta como uno de aquellos que continuarían el ministerio de Jesús ya que su ministerio fue fundado, establecido y definido por el ministerio previo del Señor Jesucristo. Más tarde Pedro enfatiza una visión misional semejante con relación al papel de la Iglesia en el mundo (1 Pedro 2:4–12).

Profeta, Sacerdote y Rey

La Iglesia se percibe a sí misma como la continuación del ministerio de Cristo en el mundo y lo entiende basándose en los tres oficios de Cristo.[200] Lloyd M. Perry y Norman Shawchuck conectan directamente los oficios de Cristo con el ministerio de la Iglesia de esta manera:

> En el Antiguo Testamento sobresalen tres tipos de ministerio: el de profeta, el de sacerdote y el de rey. Cada uno de estos ministerios, aunque muy diferentes, está dirigido a otras personas. El sacerdote ministraba las necesidades privadas y espirituales. El profeta llenaba las necesidades públicas, sociales y religiosas. El rey veía por las necesidades de organización y política. Este último se encargaba de administrar sabia y efectivamente los recursos humanos puestos bajo su cuidado por Dios...En el Nuevo Testamento, Dios estableció estos tres ministerios en

---

[200] Para una descripción detallada del "munus triplex," los oficios tripartitos de Cristo, véase Karl Barth (*Church Dogmatics*, 4.3.1ff.), y Hendrikus Berkhof (*Christian Faith*, 294-95). La idea comienza desde Eusebio de Cesarea, quien la basó en Lucas 4:18. Juan Calvino elaboró el concepto (*Institutes of the Christian Religion*, 494-503), y aparece en el catecismo de Heidelberg (preguntas 31, 32). Emil Brunner dice: "No es un accidente que sea la teología reformada la que, en su doctrina de los "oficios" de Cristo, re-enfatizara este interés bíblico original sobre la historia de salvación... La obra de Jesús es el cumplimiento del Antiguo Pacto...El hecho de que los teólogos reformados hablan de un "oficio" tripartito u obra de Cristo, se debe al hecho de que bajo el Antiguo Pacto existían tres figuras teocráticas: el Profeta, el Sacerdote y el Rey. Todo lo que estos tres representaban fue cumplido en Jesús, puesto que todos se unen para formar una unidad completa en su persona....Sólo Jesús el Mesías, cuyo reinado es de una clase totalmente diferente al de la dinastía davídica, y cuyo sacerdocio es totalmente diferente al del sacerdocio de Jerusalén, y más aún, quien no fue un profeta al estilo del Antiguo Testamento, es quien puede eliminar estas tensiones y contradicciones (entre los tres oficios). Jesucristo reúne estos tres oficios en su propia persona. En su palabra él es tanto reconciliador como rey; en su soberanía, él es tanto revelador como cordero inmolado; en su sacerdocio, él es aquel que proclama el nombre de Dios y el que proclama la gloria y la Soberanía de Dios" (*The Christian Doctrine of Creation and Redemption*. Philadelphia. Westminster, 1952, 272-74). Véase también John F. Jansen. *Calvin's "Doctrine of the Work of Christ"* (Greenwood, S.C.: Attic, 1956); Wolfhart Pannenberg. *Jesus, God, and Man*, L. L. Wilkins and D. A. Priebe, trans. (Philadelphia: Westminster, 1977), y G. C. Berkouwer. *Studies in Dogmatics*, 14 vols. (Grand Rapids: Eerdmans, 1952), vol. 9: *The Work of Christ*.

Cristo. Él llegó a ser profeta, sacerdote y rey. Cristo acepta estos tres ministerios como uno y provee la continuidad de estos tres-en-uno al llamar a los pastores. Él les entrega el cargo de ministrar en cualquier iglesia local a la cual hayan sido llamados...Los pastores que enseñan al pueblo a seguir el ejemplo de Cristo deben hacerlo de la misma manera, no sólo en su papel profético y sacerdotal, sino en el de administradores y líderes.

Cada iglesia local es escogida por Dios, en forma particular, para ser Su cuerpo en su lugar respectivo. Este cuerpo está activo y a cada miembro se le ha asignado un ministerio específico que hacer. Para que se puedan llevar a cabo muchos de estos ministerios, la iglesia debe organizarse para entrar en acción. Deben orar para que el Espíritu de Dios llene a cada ministro y unja cada ministerio. Sólo así será revitalizada la iglesia del siglo veintiuno. [201]

Las congregaciones misioneras ministran a través de estos mismos tres oficios, establecidos por Dios en Cristo para hacer su labor en el mundo (Ver Figura 8 -- donde he añadido tres palabras más: sabio, sanador y libertador.)

---

[201] Lloyd M. Perry y Norman Shawchuck. *Revitalizing the Twentieth Century Church* (Chicago: Moody, 1982), 143.

114

FIGURA 9

El papel de la iglesia en el mundo

Carlos Barth explica cómo la labor tripartita de Cristo forma el patrón a seguir por la Iglesia en el mundo. Barth enfatiza que la Iglesia, "por el hecho de ser la comunidad de Jesucristo, tiene que existir activamente para el mundo…En el servicio a Dios y el servicio a los hombres, Jesucristo opera en su oficio y obra profética." Barth continúa diciendo que la comunidad de los creyentes debe guiarse por medio del ministerio de Cristo: "La Iglesia es constantemente orientada por el ministerio de Jesús y es por esa conjunción básica y reconocible que su servicio a Dios y al hombre se distinguen de toda otra verdad o servicio imaginado.[202]

Barth define este testimonio como "declaración, exposición y dirección". En otras palabras, "La proclamación, la explicación y la aplicación del evangelio son como la Palabra de Dios confiada a la Iglesia."[203] Barth trata el tema del ministerio de la Iglesia en relación a la obra de Cristo como Señor, quien se humilló como siervo para ejecutar la obra expiatoria (oficio sacerdotal); como Hombre Real, en quien la humanidad es exaltada y admitida a la comunión con Dios (oficio real); como Dios-Hombre, el Mediador que da la garantía de la reconciliación (oficio profético).[204]

Colin Williams también llama la atención a este contenido tripartito del ministerio de la Iglesia en el mundo. Él enfatiza que en Marcos 10:45, Jesús interpreta su ministerio en términos de la figura que Isaías presenta como el Mesías Sufriente. El ministerio de la Iglesia es una extensión del ministerio de Jesús en relación a estos tres oficios. "Se puede observar," dice Williams, "que estos tres oficios están relacionados muy de cerca a las marcas de la iglesia en la tradición Reformada. La iglesia es [según los Reformadores], donde la Palabra es verdaderamente predicada (profeta), los sacramentos debidamente administrados (sacerdote) y su vida de piedad correctamente mantenida (rey)."[205]

Debido a que la Iglesia es: la comunidad de los discípulos de Jesús, la comunidad de servicio y la comunidad de ministerio, ella es por lo tanto el Pueblo profético-sacerdotal-real enviado al mundo por Cristo.[206] Geoffrey Wainwright señala que los cristianos son identificados en Apocalipsis 1:6 y 5:10 como reyes y sacerdotes; en 1 Pedro 2:9 como una comunidad sacerdotal; y en Hechos 2 como una comunidad profética. Así que la Iglesia es todo esto por ser el Cuerpo de

---

[202] Karl Barth, *Church Dogmatics*, 4.3.2.
[203] Ibid.
[204] Ibid.
[205] Colin W. Williams, *The Church*.
[206] Edmund Schlink, *The Coming Christ and the Coming Church* (Philadelphia: Fortress, 1968), capítulo 2.

Cristo. "Jesús es el profeta escatológico y aún más, es la Palabra encarnada. Jesús es el sumo sacerdote que se ofreció a sí mismo y aseguró una redención eterna para la humanidad. Siendo el reino divino en persona,...Jesús 'reinó desde un arbol' y Dios el Padre le ha exaltado y le ha otorgado el supremo nombre de Señor (Filipenses 2). El bautismo es el sacramento de entrada para participar de la dignidad profética, sacerdotal y real de Cristo."[207]

Las implicaciones misiológicas de la labor tripartita de la Iglesia en el mundo son emocionantes y sorprendentes. Su papel profético incluye el hacer un llamado hacia la justicia, hacia la paz *(shalom)*, hacia la rectitud y hacia la reconciliación entre los humanos y sus estructuras sociales. Su papel sacerdotal debe, de la misma manera, involucrar su presencia sacramental y su llamado a la reconciliación del ser humano con Dios (2 Corintios 5). Su papel de rey la llama a tomar muy en serio su contribución en edificar la nación, en traer armonía a lo caótico, en llamar al gobierno a que cuide de sus habitantes y en organizarse para la proclamación del evangelio de libertad y gracia en Jesucristo. El historiador cristiano Kenneth Scott Latourette señala, en su gran obra sobre la historia de la misión de la Iglesia, que hay un impacto recíproco entre las congregaciones locales y su medio ambiente.

La manera en que una congregación ejerce su papel misiológico depende del contexto en que se desarrolla. Tal contextualización involucra más que la forma del mensaje del evangelio y más que la elección de ciertas actividades a realizar. Involucra la forma, el estilo, la manera de ser y de organizar la congregación local en relación a su medio ambiente. En otras palabras, la congregación misionera procura ejercer su ministerio como profeta, sacerdote y rey en forma completamente contextualizada a su cultura y su labor debe demostrarse con liderazgo. Alvin J. Lindgren y Norman Shawchuck aplicaron el concepto del oficio tripartito del pastor al movilizar a la congregación local hacia el ministerio en el mundo.

Profético: Desafiar a la iglesia al amor y a la justicia; desafiando, incomodando y advirtiendo; lo cual es visto claramente en la actividad de la predicación.
Sacerdotal: Desafiar a la iglesia a su estado espiritual supremo; consolando, animando, aceptando y perdonando; esta labor es claramente visible en las actividades pastoral-sacramentales (la administración de los sacramentos, la consejería y tareas ministeriales similares).
Real/ Administración: Desafiar a la iglesia a un sabio y efectivo uso de los recursos que Dios ha dado a la Iglesia; esto es visto claramente en las actividades de

---

[207] Geoffrey Wainwright. *The Ecumenical Moment: Crisis and Opportunity for the Church* (Grand Rapids, Eerdmans, 1983), 103-4.

organización (administración, planificación y actividades de entrenamiento).[208]

Sabio, Sanador y Libertador

Junto con los tres oficios tradicionales de Cristo, vistos como modelos del papel de la Iglesia en el mundo, se pueden añadir otros dos aspectos a su ministerio. Al estudiar de nuevo la declaración que Cristo ofrece de su misión en el mundo, como lo relatan Lucas 4:16–20, Lucas 6, Mateo 12 e Isaías 42, se ve un cuadro de su ministerio que incluye tres funciones mas: la de "sabio," la de "sanador" y la de "libertador." Estos tres conceptos adicionales se pudieran incluir como aspectos de los tres oficios tradicionales, pero si los vemos desde el punto de vista del ministerio praxeológico, con vista a la acción misionera de la iglesia en el mundo, parecen tener validez en sí mismos. De igual forma parecen haber sido transferidos a los discípulos de Jesús como características fundamentales de su papel misionero en el mundo.

La dimensión sanadora fue un elemento fuerte en el ministerio de Jesús y prominente en la Iglesia primitiva. Hoy en día, también es una de las funciones importantes que la Iglesia ejerce en el mundo.[209] Sea sanidad del cuerpo, de la mente, de problemas psicológicos o de enfermedades espirituales, la Iglesia cumple su función sanadora como parte integral de una comunidad reconciliada y redimida que implora a la humanidad, "Reconciliaos con Dios" (2 Cor 5:20). La idea de liberación se ha enfatizado mucho en los últimos años, especialmente con relación a varios tipos de la teología de la liberación. Sin embargo, la actividad liberadora de Cristo en cuanto a la paga del pecado, de las consecuencias del pecado, de la opresión del maligno, del castigo de la ley y de las relaciones humanas quebrantadas – esta clase de liberación fue una de las características mas notorias de su ministerio. Por lo tanto, la liberación espiritual, emocional, personal, política, económica y social son parte esencial del papel de la Iglesia como pueblo liberado por Dios que está presente en el mundo y que sirve a un mundo esclavizado por el pecado.

De cualquier modo, que interpretemos el contenido exacto de estas palabras adicionales, todo sirve para indicar algo básico acerca de la naturaleza misionera de la Iglesia. Sean estos los atributos de la Iglesia, las "nuevas palabras", los ministerios de la Iglesia como *koinonia, kerygma, diakonia, martyria y leitourgia* o la relación de la Iglesia con el Reino de Dios: todos ellos deberán

---

[208] Alvin J. Lindgren y Norman Shawchuck. *Management for Your Church: How to Realize Your Church Potential Through a Systems Approach* (Nashville: Abingdon, 1977), capítulo 13.

[209] J. E. Lesslie Newbigin. *The Good Shepherd* (Grand Rapids: Eerdmans, 1977), capítulo 13.

finalmente traducirse en el quehacer de la Iglesia en el mundo. Claro que esto es un asunto contextual, afectado por la cultura interna de la congregación misionera así como por la cultura que la rodea y en medio de la cual ministra. Cabe aclarar que la dificultad de la contextualización crítica de los ministerios de la Iglesia en el mundo no debe menospreciar la importancia de tales ministerios. La Iglesia no puede ser plenamente el cuerpo de Cristo y el Pueblo de Dios a menos que ministre en el mundo. La Iglesia debe ofrecer una expresión concreta de su naturaleza por medio de los ministerios descritos en los tres oficios y en las palabras sanador y libertador.

Las actividades de profeta, sacerdote, rey, sabio, sanador y libertador son extremadamente importantes. Estas actividades dan, a las congregaciones locales y a sus líderes, una visión de las metas y los objetivos de la Iglesia que manifiestan lo que la Iglesia es en lo que la Iglesia hace en el mundo. En otras palabras, ellas conducen a las congregaciones misioneras hacia el mundo por medio de sus ministerios, y la Iglesia llega a ser de hecho y de acción lo que es en fe y en confesión. Por medio de sus ministerios en el mundo la Iglesia encuentra su naturaleza esencial. Esto explica las palabras de Jesús señalando que "en cuanto no lo hicisteis a uno de estos más pequeños, tampoco a mí me lo hicisteis" (Mateo 25:45). Al ministrar en el mundo, la Iglesia descubre su carácter de embajador, testigo y representante de su Señor. Se puede ver que el mundo necesita de la Iglesia así como la Iglesia necesita del mundo.

La Iglesia misionera alcanza su más profunda esencia viviendo su papel misionero en el mundo. La Iglesia es una comunión de santos enviada al mundo y como tal se ocupa de su salvación con temor y temblor, en medio de una generación perversa, pero que le permite brillar como luminaria (Filipenses 2:12–15).

Aunque hay poco espacio para desarrollar este último tema, hay otra manera de ver el rol misionero de las congregaciones en el mundo. Así como el dejar caer una pequeña piedra causa su efecto en las olas de un estanque de agua, el pueblo de Dios cae en la piscina del mundo y comienza el desarrollo de una nueva ola con nuevas perspectivas. Este concepto describe los ministerios de las congregaciones misioneras en el mundo. Fácilmente se podría desarrollar una tipología de relaciones entre la comunidad del Rey y el mundo hacia el que Cristo la envía. En la Biblia vemos muchas metáforas e ilustraciones de las maneras en que el Pueblo de Dios ha de relacionarse con su entorno, como son pacto, familia, peregrinos, extranjeros, testigos, proveedores y embajadores. Como vimos en la carta de Pablo a los Efesios, la Biblia nos ofrece una riqueza de figuras retóricas que muestran las formas en que el Pueblo Misionero de Dios puede impactar en su contexto. Estas metáforas nos colocan en la frontera que separa la Iglesia del mundo. Nos animan a investigar la manera en que la Iglesia puede abrir sus brazos para aquellos por quienes Jesús murió. En términos de impacto misiológico, necesitamos dar más reflexión a estas figuras.

En la Tercera Parte se examinará la organización y estructura necesarias para intencionalmente edificar congregaciones misioneras como las que se han visualizado en las primeras dos partes de este libro. Como se puede ver en la figura 9, aspectos del armazón organizacional funcionan como si fueran rayos de una rueda, dando expresión concreta a las características de una iglesia misionera.

FIGURA 10

La relación de la iglesia con el mundo

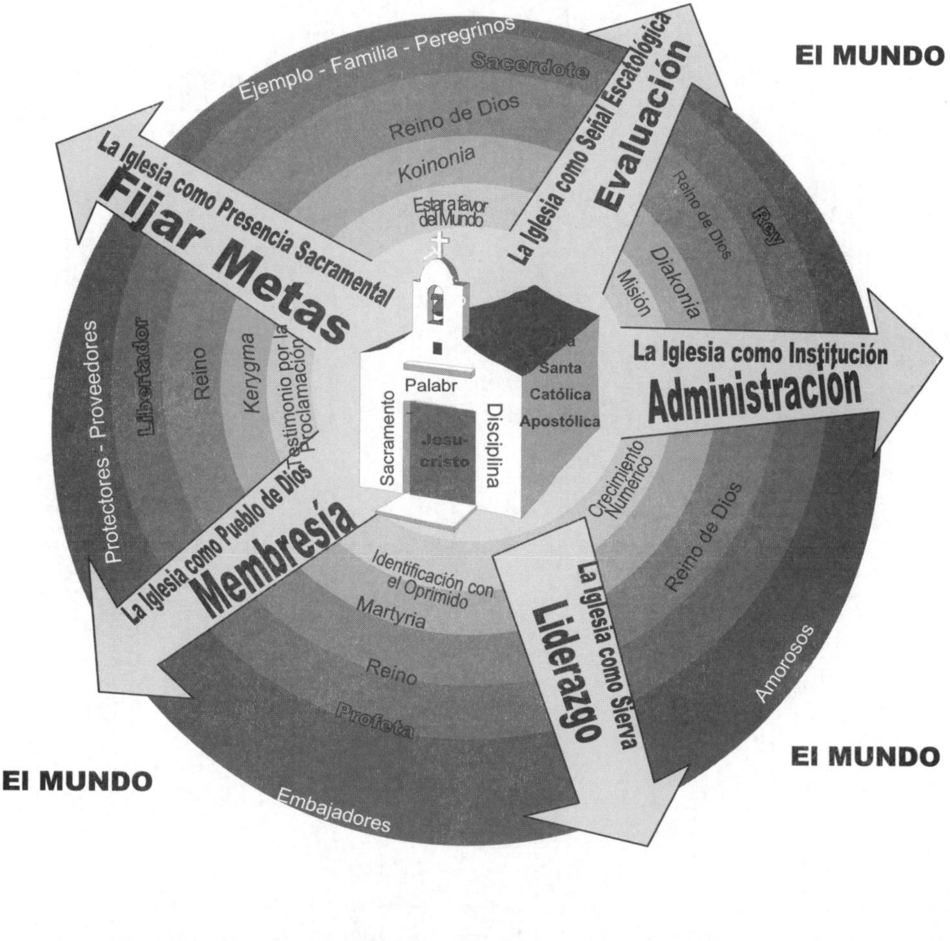

TERCERA PARTE

Siendo formados como pueblo misionero de Dios

CAPÍTULO 9

Fijando metas misioneras
en la iglesia local

Todo miembro de la Iglesia tiene una labor estratégica que cumplir para crear una congregación misionera. Ya hemos visto cómo la esfera de acción de la iglesia se va expandiendo de acuerdo a la presencia del Reino de Dios en el mundo y ella misma es impulsada por el Espíritu Santo hacia el mundo. Ahora nos toca explorar el proceso por medio del cual la iglesia obtiene la nueva visión de su misión en su contexto. La Iglesia llega a ser misionera por medio de la presencia poderosa del Espíritu Santo que la crea, sostiene, dirige e impulsa hacia el mundo en el cual se encuentra y hacia el cual Dios la ha enviado.

Haciendo Puente

Cuando el Pueblo de Dios establece metas con visión, fe y compromiso, esas metas se convierten en declaraciones de fe y de propósito que movilizan a la Iglesia a llegar a ser lo que confiesa creer. Fijar metas une las perspectivas de la Iglesia "desde abajo" y "desde arriba" y expresan la visión, el deseo y el propósito de ser una iglesia misionera. Establecer metas une la confesión con la acción. Al fijar metas, la Iglesia reconoce ser el Pueblo de Dios escogido, reunido, sustentado y enviado por Dios y debe tomar forma concreta, como seres humanos, unidos en un amor práctico, en una fe mancomunada y en una esperanza compartida.

Fijar metas en una iglesia misionera produce una perspectiva encarnada como se ve, por ejemplo, en el Sermón del Monte (Mateo 5–7). En este pasaje, Jesús describe el papel especial, el llamado, el sacrificio y el estilo de vida de los discípulos. También Jesús les recuerda a sus oyentes que el discipulado se vive en medio de un ambiente cultural, social y político. Para ilustrarlo Jesús combina las ideas de "sal" y "luz" (Mateo 5:13–16). Para dar resultado, ambos elementos deben ser esparcido. La "luz" no puede mantenerse debajo de una canasta, sino debe colocarse en un candelero para que alumbre a su alrededor. La "sal" en el tiempo de Jesús se usaba tanto para la purificación como para la preservación. En esa ocasión, Jesús habla de la Iglesia como una comunión de discípulos que viene a ser la sal de la tierra. Según el ejemplo, la sal debe ser esparcida o rociada sobre la comida para purificarla y preservarla. La sal en sí desaparece pero no debe perder su sabor, su salinidad, aún cuando ha sido completamente absorbida en la comida. Su valor surge al ser esparcida a través del mundo y una vez que se dispersa, cada granito de sal debe mantener su calidad particular para transformar su ambiente.

Esta analogía señala ciertas ideas prácticas en cuanto al ministerio de cada miembro de la Iglesia en el mundo. En esta perspectiva se entiende que los cristianos son diferentes al resto del mundo en su lealtad y compromiso con Jesucristo. Sin embargo, la imagen de "sal" nos hace recordar que un objetivo importante de los creyentes debe ser esparcirse o dispersarse a través del mundo. Por lo tanto, no podrán ser sal de la tierra a menos que sean el pueblo misionero de Dios. Estableciendo metas es como se difunde la singular "salinidad" de los santos a través de la vida de las congregaciones misioneras. Específicamente, si su objetivo es ser sal de la tierra, las congregaciones moldearán sus vidas comunales para poder dar purificación y preservación al mundo amado por Dios; el Señor Jesús prometió que sus discípulos serían sus testigos en Jerusalén, Judea, Samaria y hasta lo último de la tierra (Hechos 1:8). Cada aspecto de la vida congregacional debe ser evaluado sobre esta base. ¿Acaso se mantiene a la membresía dentro del "salero," como un compañerismo introvertido, egocéntrico, sin crecimiento, que niega la razón por la cual existe la congregación? ¿O acaso se equipa a los miembros para dispersarse de su contexto? Si la comunión de los discípulos de Cristo viene a ser igual a la del mundo, la calidad especial del Pueblo de Dios como sal de la tierra pierde su salinidad y no sirve para nada sino para ser pisoteada. Entonces, la misma existencia de esta comunión especial de santos depende de su vida dirigida hacia el mundo perdido.

Al aceptar ese objetivo, la congregación establece prioridades, fija metas, crea planes y lleva a cabo acciones por las que existe en el mundo. Existe para transformar ese mundo pero es diferente al mundo. Los líderes de la congregación necesitan evaluarla continuamente para ver si los miembros están surgiendo como iglesia misionera cuya naturaleza es ser un testimonio al mundo. Fijar metas es reconocer que el don de la naturaleza de la Iglesia es también su tarea. Lo que la Iglesia confiesa por fe y esperanza constituye también su tarea y fuente de acción.[210] Las

---

[210] Robert Worley. *A Gathering of Strangers: Understanding the Life of Your Church* (Philadelphia: Westminster, 1976), 68.

congregaciones misioneras viven comprometidas a su medio ambiente, creando cuidadosamente aquellas perspectivas, actitudes, prioridades, metas, planes y actividades, que produzcan una fuerte interacción con su contexto para su purificación y preservación en verdad, justicia, igualdad, fe, esperanza y amor.

Hasta aquí el modelo dialéctico de la eclesiología moderna une las perspectivas "desde arriba" y "desde abajo" para que la iglesia local sea edificada. Se comienza con el énfasis eclesiológico de Dietrich Bonhoeffer sobre la "comunión de los santos" y luego Karl Barth desarrolla la idea de que la Iglesia crece por su propia naturaleza inherente mediante el esfuerzo de los Cristianos por edificarla. Barth explica esta realidad dialéctica de la Iglesia de la siguiente manera:

> Para interpretar el concepto "edificación" debemos darle al vocablo comunión el sentido más estricto de la palabra latina *communio* y de la palabra griega *koinonia*. La comunión es la acción en la que se involucran muchas personas (*comunio*), en un movimiento en común, para lograr la unión y en base a una unión pre-existente (*unio*). Esto se lleva a cabo por el poder y la operación del Espíritu Santo y la correspondiente acción de aquellos que están reunidos y avivados por Él....El secreto de la comunión de los santos está en que son capaces de hacer esta expansión e involucrarse en ella. También es verdad que la planeación, el discurso, la fe, el amor, la decisión y la acción van de acuerdo con la voluntad divina. Esto no quiere decir que el crecimiento de la comunidad se haga en secreto. Por el contrario, la comunidad como comunión de los santos crece como la semilla que se transforma en planta, como un retoño que cambia a árbol o como un embrión humano que se vuelve un niño y luego un hombre. Es la idea de la acción humana aunada a la divina que la edifica. Podemos arriesgarnos a decir que la comunidad crece por Su poder soberano y así se edifica a sí misma. [211]

A la medida en que los miembros obedecen el propósito, el llamado y el mandato de Cristo, en forma natural ellos se unen para edificar la inherente dinámica de la misión de la Iglesia. Es imprescindible establecer metas y objetivos ya que, por su naturaleza, la Iglesia o comunidad de los santos dará cuentas; lo que ha sido dado como un don se percibe en realidad como una tarea.[212]

En la figura 9, en páginas anteriores, se ha modificado los círculos concéntricos para mostrar que las palabras sobre la naturaleza de la Iglesia son conceptos que impulsan a la iglesia

---

[211] Karl Barth. *Church Dogmatics* 4.2.

[212] G. C. Berkouwer (*Studies in Dogmatics: The Church* (Grand Rapids: Eerdmans, 1976)) y Hans Küng (*The Church* (Londres: Search, 1971)) se encuentran entre los promotores iniciales de esta perspectiva. Avery R. Dulles, Gregory Baum, Howard A. Snyder, Gene A. Getz, John R. W. Stott, y Hendrikus Berkhof han seguido sus pasos.

local hacia afuera, hacia el mundo. De la misma manera, el establecer metas, involucrar a los miembros, movilizar a los líderes, y ejercer una administración efectiva, capacitan a la comunión de los santos hacia esa misión. En *Congregations Alive* (*Congregaciónes Vivas*) Donald Smith enfatiza la planificación, el liderazgo y la administración para la creación de congregaciones que ejercen un ministerio efectivo.[213]

El proceso que enfatiza Smith une los conceptos de Iglesia y misión de tal forma que las iglesias van convirtiéndose en congregaciones misioneras. En dicho proceso la Iglesia, como organismo y como organización, participa en la actividad misionera que es dirigida por el Espíritu Santo y observa como surge esa inherente naturaleza misionera.[214] Los expertos en administración enfatizan la interacción entre la naturaleza de la Iglesia y su lugar en el mundo, principalmente con respecto a la interacción de sistemas y subsistemas dentro y fuera de la Iglesia.

Respondiendo al sistema

A fines de la década de los 1970s, un grupo de profesionales sugirieron la idea de sistemas interrelacionados para entender mejor la administración de la iglesia local. Este punto de vista toma la congregación como un sistema, compuesto de varios subsistemas. También se puede ver la congregación como un subsistema, parte de un sistema mayor que incluye todos los subsistemas del contexto en que se encuentra. Todas las partes juntas forman un todo y cada subsistema se relaciona con los demás, tanto dentro de la congregación como en relación a los subsistemas de su contexto social y cultural.

Tal variedad de elementos puede hallarse aún en congregaciones pequeñas. Toda congregación local cuenta con líderes, varios grupos ministeriales, estructuras organizacionales, canales de comunicación, conexiones educativas y redes de relaciones interpersonales e interfamiliares. Estos son unos cuantos ejemplos de los muchos subsistemas que componen el sistema más amplio que es la congregación. A través del tiempo, el impacto entre unos y otros

---

[213] Philadelphia: Westminster, 1981, 154. En Jackson W. Carroll, Carl Dudley, y William McKinney, eds. *Handbook for Congregational Studies* (Nashville: Abingdon, 1986) se bosqueja un proceso muy útil para la planificación congregacional y la construcción de metas.

[214] Abraham Kuyper reflexionó profundamente en el hecho de que la Iglesia es simultáneamente organismo y organización – y que es en el entretejido íntimo de ambos que el ser completo de la Iglesia ocurre. Véase Abraham Kuyper. *Tractaat van de Reformatie der Kerken* (Amsterdam: Hoveker, 1884): G. C. Berkouwer. *The Church* (Grand Rapids: Eerdmans, 1976): Henry Zwaantra. "Abraham Kupyer's Conception of the Church," en *Calvin Theological Journal*, 9 (April-Nov. 1974): 159-64; George Peters. *A Theology of Church Growth* (Grand Rapids: Zondervan, 1981), 134 y subsiguientes, y Roland Allen. *The Spontaneous Expansion of the Church and the Causes that Hinder It* (Grand Rapids: Eerdmans, 1962), Capítulo 7.

subsistemas puede ser productivo o contraproducente. Las iglesias, como las familias, pueden ser sistemas funcionales o disfuncionales. Dos analistas que popularizaron la teoría de sistema en relación con la congregación son Lyle E. Schaller[215] y Kennon L. Callahan.[216]

Alvin Lindgren y Norman Shawchuck también compartieron esta forma de ver la congregación.[217] La perspectiva de ver una congregación local como un sistema o como un subsistema de un sistema mayor contextual se puede apreciar en la figura 10. Normalmente hay dos tipos de limitantes que circunscriben una congregación local de su entorno. Unos son límites físicos en cuanto a edificios, vecindarios o ubicación; otros son límites que incluyen la forma en que la congregación se percibe en relación con su contexto y la forma en que la gente, fuera de la iglesia, percibe la congregación. Estos límites marcan las áreas en las que los subsistemas internos de la congregación operan. La suma de todas estas complejas interacciones determinará el impacto que una congregación pueda tener en su contexto. Fijar metas sirve para orientar los subsistemas y así tener mayor impacto en la congregación y en la sociedad que la rodea.[218] Lindgren y Shawchuck han demostrado que, aunque otras teorías organizacionales (la tradicional, el líder carismático, las relaciones humanas y la clásica) son viables, hay algunas ventajas claras en percibir la congregación como un subsistema dentro de una realidad compuesta de numerosos subsistemas interrelacionados. Algunas ventajas que se pudiera enumerar son los siguientes.

1. La perspectiva de sistema ofrece herramientas de diagnóstico para identificar problemas y ayudar a entender las dinámicas que impulsan a una iglesia a actuar en la forma en que se comporta.

2. La forma de sistema incrementa grandemente la efectividad de cualquier proceso de planificación al identificar todos los aspectos de la iglesia y su medio ambiente que puedan obstaculizar el plan.

---

[215] Estoy pensando especialmente en el libro de Schaller, *Looking in the Mirror: Self-Appraisal in the Local Church* (Nashville: Abingdon, 1984), en el cual describe la manera en que un sistema congragacional es afectado por el tamaño de su membresía. Schaller muestra como las congregaciones operan de forma diferente si son pequeñas como un gato, un poco más grande como un pastor escocés, más grande aún como un jardín, mayores que una hacienda, o tan grande como una nación.

[216] Véase su libro *Twelve Keys to an Effective Church* (New York: Harper and Row, 1983) y su trabajo más reciente *Effective Church Leadership: Building on the Twelve Keys* (San Francisco, Harper and Row, 1990).

[217] Alvin J. Lindgren y Norman Shawchuck. *Management for Your Church: How to Realize Your Church Potential Through a Systems Approach* (Nashville: Abingdon, 1977), 25.

[218] Carl George del Instituto Charles E. Fuller desarrolló un análisis de sistemas de "mega-iglesias" (iglesias cuya membresía es superior a mil personas) y de "meta-iglesias" (cuya membresía es superior a diez mil personas) para ayudar a los pastores en el liderazgo de este nuevo tipo de congregaciones.

128

FIGURA 11

La interacción de sistemas entre la iglesia y el mundo

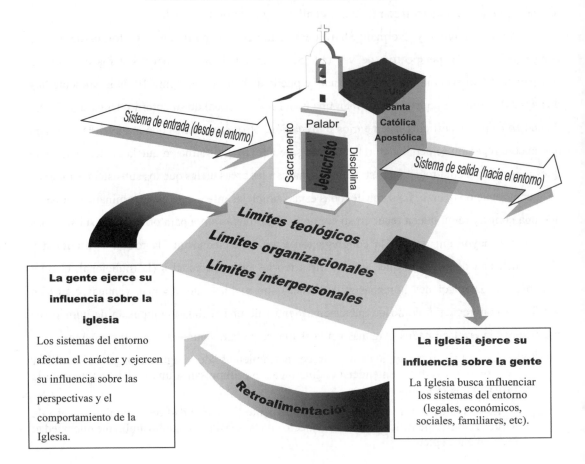

Adaptado de Alvin J. Lindgren y Norman Shawchuck. *Management for Your Church: How to Realize Your Church's Potential Through a Systems Approach* (Nashville: Abingdon, 1977), 34.

3. La idea de sistema ofrece una perspectiva integral, una perspectiva *gestalt* de la iglesia entera que muy a menudo se pasa por alto porque cada persona está envuelta en un subsistema particular dentro de la iglesia misma.

4. La estructura de sistema capacita al líder o grupo de líderes a prever con más exactitud los efectos y las implicaciones de una línea de acción alternativa.

5. La perspectiva de sistema requiere que la iglesia se vea a sí misma en relación con otros sistemas en su entorno. Tal perspectiva ayuda a que la iglesia no se convierta en una congregación introvertida concentrada solamente en sí misma.

6. La teoría de sistema insiste en una conducta flexible por parte de sus líderes. Esta flexibilidad depende de las condiciones que operan en el contexto, así como también de las metas y características de la iglesia misma.

La perspectiva de sistemas se basa en la obra de Lindgren y Shawchuck en *Let My People Go: Empowering the Laity for Ministry* (Deja Ir a Mi Pueblo: Capacitando al Laicado para el Ministerio). Ellos introducen su idea de esta manera:[219]

> Una gran preocupación tanto del clero como del laicado debe ser el descubrir cómo el laicado puede ser llamado y equipado. Esto es con el fin de mejorar la habilidad de la iglesia para presentar el evangelio a una sociedad compleja y tratar de ayudar en las áreas y preocupaciones mas apremiantes. Las necesidades de la sociedad de hoy son tales que sólo el trabajo de personas laicas junto con el clero y formando un buen equipo pueden afectar las estructuras sociales y los estilos de vida personales. Si la iglesia desea tener un testimonio y un impacto fuerte en la comunidad que la rodea es esencial que los laicos se involucren en todas las áreas de la vida de la iglesia.[220]

Como puede verse en la figura 9, lo importante de la estructura de sistema es que toma muy en cuenta la interrelación de la congregación con su entorno. Carlos Kraft describe una perspectiva similar con referencia al concepto de "equivalencia dinámica eclesial." Él enfatiza que la Iglesia es y debe participar en una interrelación dinámica con su contexto. En otras palabras, el sistema cultural afecta y es afectado por la Iglesia que se encuentra dentro de él.[221]

En su análisis sobre el motivo por el cual las iglesias de los Estados Unidos han disminuido en membresía, Carl Dudley encuentra que las iglesias no pudieron entender las razones internas y los cambios culturales externos en las décadas de los 1960s y 1970s. Al observar la obra de Dean M. Kelley in *Why Conservative Churches Are Growing*[222] (*Por qué Crecen las Iglesias Conservadoras*) y la de Dean R. Hoge y David Roozen, *Understanding Church Growth and*

---

[219] Nashville: Abingdon, 1980, 10.

[220] Véase también a Arthur Adams. *Effective Leadership for Today's Church* (Philadelphia: Westminster, 1978), 78-82.

[221] Charles H. Kraft. *Christianity in Culture: A Study in Dynamic Biblical Theologizing in Cross-Cultural Perspective* (Maryknoll, N.Y.: Orbis, 1979), 315 y subsiguientes.

[222] Dean M. Kelley. *Why Conservative Churches are Growing: A Study in the Sociology of Religion*. 2nd ed. (New York: Harper and Row, 1977).

Decline[223] (*Comprendiendo el Crecimiento y Decaimiento de la Iglesia*), Dudley ofrece algunas ideas en cuanto a la interrelación del medio ambiente y la Iglesia.[224] También personas como David Moberg, Peter Berger, Charles Glock y Robert Bellah nos han ayudado a entender la importancia de la perspectiva de sistemas al analizar una congregación. Por este medio se estudia las iglesias y el mundo, pero no aisladamente sino considerando una interacción dinámica y fructífera entre estos dos elementos.[225]

Lyle Schaller señala una interrelación creativa que afecta el desarrollo de la iglesia. El dice que es extremadamente importante entender a quién sirve la iglesia respondiendo a la pregunta "¿Quién es el cliente?"[226]

Desde la perspectiva de sistemas, la misión viene a ser un aspecto integral del desarrollo de la eclesiología dinámica. El pueblo de Dios concentra su atención en la misión al interrelacionarse con su entorno, el mundo. Esto es precisamente lo que David Roozen, William McKinney y Jackson W. Carrol hallaron empíricamente al estudiar doce diferentes congregaciones en Hartford, Connecticut. La interacción de cada una de estas congregaciones con su contexto citadino hace que surjan cuatro importantes "orientaciones de misión": activista, ciudadano, santuario y evangelista.[227] Aquí las prioridades, las metas y los planes afectan más la naturaleza de la Iglesia que lo que el pastor o la gente desee. Cuando el establecimiento de metas es proactivo y misiológico, la congregación misionera estudiará cuidadosamente su entorno contextual como parte de un sistema compuesto de subsistemas: un contexto único, impactante y relevante.

La Figura 11 que ya vimos muestra cómo ocurre la interacción misional. Podríamos ilustrar esto imaginándonos de una semana en la vida de una congregación. Un sábado o domingo el

---

[223] Dean R. Hoge y David Roozen. *Understanding Church Growth and Decline* (New York: Pilgrim, 1979). Véase también Benton Johnson. "Is There Hope for Liberal Protestantism?" en Dorothy Bass, Benton Johnson y Wade Clark Roof, eds. *Mainstream Protestantism in the Twentieth Century: Its Problems and Prospects* (Louisville: Committee on Theological Education, Presbyterian Church, USA, 1986), 13-26.

[224] Carl S. Dudley. *Where Have All Our People Gone? New Choices for Old Churches* (New York: Pilgrim, 1979).

[225] Véase por ejemplo David Roozen, William McKinney, y Jackson W. Carroll. *Varieties of Religious Presence: Mission in Public Life* (New York: Pilgrim, 1984); David Moberg. *The Church as a Social institution: The Sociology of American Religion* (Grand Rapids: Baker, 1984); Robert Bellah, et al. *Habits of the Heart* (New York: Harper and Row, 1985); Wade Clark Roof y William McKinney. *American Mainline Religion: Its Changing Shape and Future* (New Brunswick: Rutgers, 1987); Peter Berger. *The Sacred Canopy* (Garden City, N.Y.: Doubleday, 1967), y Peter Berger, Brigitte Berger, y Hansfried Kellner. *The Homeless Mind: Modernization and Consciousness* (New York: Random House, 1973).

[226] Lyle E. Schaller. *Growing Plans* (Nashville: Abingdon, 1983), capítulo 4. Algunas de las interacciones sistemáticas de congregaciones con su medio ambiente son también desarrolladas por Schaller en *It's a Different World* (Nashville: Abingdon, 1987).

[227] Roozen, McKinney, y Carroll. *Varieties of Religious Presence*, 247-65.

Pueblo de Dios se reúne para la adoración y todos los subsistemas internos operan a lo máximo. Los conceptos teológicos, la visión misional, la perspectiva y auto-evaluación de la congregación se forman por medio de la educación, la adoración, la música, la predicación, la liturgia y los sacramentos. Asimismo, los asuntos organizacionales se presentan por medio de los líderes y las relaciones interpersonales se intensifican al presentarse ante Dios todo el pueblo creyente reunido. un sistema compuesto de subsistemas: un contexto único, impactante y relevante.

Pero nos preguntamos: ¿Dónde está la congregación el lunes por la mañana? Cada lunes por la mañana esta misma congregación se esparce por todo su entorno. Por medio de sus miembros, la congregación entra en todos los diferentes subsistemas de ese contexto. Allí se involucran en su misión, enviados por Cristo a través de sus vocaciones, para ejercer una influencia positiva y transformadora en ese medio ambiente. Si la membresía se parece demasiado a su medio ambiente el impacto es mínimo. Si los miembros son demasiados extraños o diferentes en contraste con la cultura de su contexto, la influencia puede ser rechazada por el pueblo que los rodea.

Hay una interacción entre el pueblo de Dios y el mundo. La Iglesia es enviada para influenciar los subsistemas de su cultura, pero esos subsistemas del entorno también ejercen una gran influencia en la congregación. La suma de estas influencias se manifiesta al reunirse nuevamente la congregación el siguiente sábado o domingo. Consciente o inconscientemente los miembros experimentan la "influencia" de los subsistemas del medio ambiente en la vida de la congregación. Si la iglesia ha influido en el medio ambiente de una manera positiva, dicha influencia dará como resultado que el número de miembros de la congregación aumente. De igual forma, una multitud de preocupaciones y asuntos importantes del medio ambiente invaden la congregación cuando ésta se reúna.

Estos asuntos pueden impactar la vida de la congregación, especialmente en cuanto a la adoración dominical. Si sucede, los miembros se retiran sintiendo que la experiencia tiene relevancia en su vida diaria, y creyendo que su misión está en ese entorno. Si no sucede, la congregación llega a considerarse irrelevante en la vida cotidiana de sus miembros de lunes a sábado.

Obviamente, la naturaleza transformadora de la congregación es más que una preocupación teórica. Por medio de todos los diferentes subsistemas de la congregación, el Pueblo de Dios conserva su salinidad, la "sal de la tierra" y contribuye misionalmente a la transformación del mundo, hacia el cual Cristo ha sido enviado y por el cual murió. Estando "en el mundo" pero "no siendo del mundo" (Juan 17:11–16), la Iglesia continuamente interactúa con el mundo para que el mundo crea que Jesús es el Cristo (Juan 17:21). La forma correcta de establecer una relación misional de la iglesia con su contexto es a través de metas.

Establecer prioridades

Muchos misiólogos han escrito sobre la importancia de establecer prioridades al hablar de la misión de la Iglesia. Donald McGravan, por ejemplo, fija el iglecrecimiento y la "cosecha" de almas como las dos metas prioritarias. Sin embargo, él no fue el primero en mencionar esto. Gisbertus Voetius ya hablaba de una meta tripartita: la conversión de los no creyentes, la fundación de nuevas iglesias o glorificación y la manifestación de la gracia divina. [228] Johannes Verkuyl bosquejó varias prioridades que, siguiéndolas a largo plazo, dan como resultado que la Iglesia logre llegar al mundo. El menciona las siguientes áreas de prioridad misional en la vida de la Iglesia:

1. La compasión por salvar las almas de individuos que aún no creen en Jesucristo
2. La plantación de iglesias (*Plantatio ecclesiae*)
3. La fórmula de los tres "auto" (auto-sostén, auto-expansión y auto-gobierno) de Enrique Venn y Rufino Anderson
4. El crecimiento numérico de la iglesia
5. La creación de una sociedad Cristiana
6. La obra del evangelio social
7. El mejoramiento de las macroestructuras
8. El establecimiento del reino de Dios [229]

Es importante notar que las prioridades de la vida y la misión de la Iglesia deben ir de acuerdo con la naturaleza de la congregación y con el aspecto cultural de la misma. Deben ser también adecuadas a los patrones de interrelación entre la congregación y su medio ambiente. Dean Gilliland lo denomina la "contextualidad de la Iglesia."[230]

Cabe aclarar que las prioridades seleccionadas para la vida y ministerio de una Iglesia están en constante cambio. Cualquier prioridad debe establecerse en relación con la naturaleza de su medio ambiente y al contexto cultural. A la vez, estas prioridades deben evaluarse, cambiar o

---

[228] J. H. Bavinck. *An Introduction to the Science of Missions* (Philadelphia: Presbyterian and Reformed, 1960), 155.

[229] Johannes Verkuyl. *Contemporary Missiology* (Grand Rapids: Eerdmans, 1978), 176-97. Véase también a David Watson. *I Believe in the Church* (Londres: Hodder and Stoughton, 1978), 301, y Harvey Conn. *Evangelism: Doing Justice and Preaching Grace* (Grand Rapids: Zondervan, 1982).

[230] Dean Gilliland, *Pauline Theology and Mission Practice* (Grand Rapids: Baker, 1983), 209.

modificar de acuerdo con las variaciones que operan en la cultura y en la comunidad de los creyentes. Las actividades misioneras de alta prioridad durante el primer o segundo año en algún contexto dado, probablemente no serán tan importantes tres o cuatro años más tarde.

Hay que tomar en cuenta que el proceso de reajuste no significa caer en la relatividad o subjetividad de la misión y el ministerio de una congregación. Debemos establecer prioridades que son sólo aspectos naturales y misionales de la única, santa, universal (católica) y apostólica comunidad de Jesucristo, la Palabra encarnada. Necesitamos saber lo que la Iglesia es y dónde vive, para poder ver lo que la Iglesia debe llegar a ser a través de su ministerio en el mundo. James Anderson y Ezra E. Jones dicen que, en el liderazgo pastoral, se necesita "gente entrenada que pueda guiar a la congregación a reflexionar acerca de su vida, su compromiso de fe, su relación con la comunidad y el cuidado de sus propios miembros. También es necesario ayudar a los miembros a escoger las actividades apropiadas y crear los medios por los cuales pueden actuar."[231]

Fijar metas

La Iglesia misionera actualiza su ministerio en el mundo cuando traduce su naturaleza en prioridades y ellas señalan las metas misionales apropiadas e intencionales. Hay una gran cantidad de literatura sobre cómo fijar metas. Nuestro propósito es mostrar cómo el fijar metas es un paso intencional en la misión de la Iglesia; un paso por el cual la congregación misionera acepta la tarea de edificarse hasta llegar a ser en realidad lo que es por fe. Edward R. Dayton y Ted Engstrom definen una meta como "un evento futuro hacia el cual podemos medir el progreso." Ellos nos hacen comprender el "tremendo poder de las metas" para la vida de la Iglesia en el mundo.[232]

Las metas deben tener un propósito definido. Lindgren sugiere, en su libro *Foundations of Purposeful Church Administration* (*Fundamentos para una Administración Eclesiástica con Propósito*), cinco metas para la administración de una iglesia con propósito:

1. Estar seguros de que haya conocimiento de y compromiso con la fe Cristiana.
2. Coordinar todas las experiencias y actividades de la iglesia para que sus miembros se apoyen mutuamente en la misión comunal.
3. Ver que cada aspecto de la vida de la iglesia constituya una oportunidad para servir a otros.

---

[231] James D. Anderson y Ezra E. Jones. *The Management of Ministry* (New York: Harper and Row, 1978), 17-18.
[232] Edward R. Dayton y Theodore Engstrom. *Strategy for Leadership* (Old Tappan, N.J.: Fleming H. Revell, 1979), 53-54.

4. Comprender la cultura del medio ambiente que rodea la congregación y poder comunicarse efectivamente con ella.
5. Involucrar a todos los miembros de la iglesia en la obra misionera como una comunidad en ministerio.[233]

Las metas de una iglesia deben incluir y dar expresión concreta a las metas personales y colectivas de todos sus miembros. Es cierto que la Iglesia es un solo cuerpo pero está compuesto de muchos miembros. Robert Worley enfatiza la necesidad de distinguir y a la vez coordinar las metas personales, las metas colectivas y de cooperación de la congregación como una comunidad de creyentes.[234]

Los líderes de la Iglesia no deben fijar las metas de una congregación misionera por sí solos. Ya hemos visto que la naturaleza de la Iglesia muestra que todos los miembros del cuerpo, a través de sus dones, existen para ser instrumentos del ministerio en el mundo. Así que las metas de la iglesia deben surgir de la visión de los miembros, expresar la participación de ellos, y demostrar el apoyo y el llamado de cada uno que forma parte del Pueblo de Dios. El ministerio pertenece a todo el Pueblo de Dios, no sólo a unos cuantos.

Crear planes

Finalmente, la planificación en la Iglesia debe tomar en cuenta la naturaleza misionera de la misma para traducirla en ministerio concreto y actualizado. Basado en el estudio de varias congregaciones que pertenecían a la Iglesia Presbiteriana Unida de los Estados Unidos (antes de unirse a la Iglesia Presbiteriana de los Estados Unidos en 1983), Donald Smith expresó un llamamiento al ministerio para todo el pueblo de Dios:

> El ministerio es participar en la obra de Cristo en el mundo. Jesús de Nazaret, el Creador del universo hecho hombre, el Mesías, el prometido de Dios viene a ser el Siervo Sufriente. Sanó a los enfermos, abrió los ojos de los ciegos y libró a los cautivos. Por medio de su vida, muerte y resurrección, Dios reconcilió al mundo consigo mismo. Así Jesucristo es a la vez nuestro modelo de ministerio y la fuente de poder que provee la energía necesaria para nuestros ministerios. El ministerio es el trabajo de la iglesia entre sus miembros y en el mundo. Se expresa tanto en forma colectiva como individual y no es la responsabilidad exclusiva de los ministros

---

[233] Nashville: Abingdon, 1980, 84-85. Ver también Rick Warren. *Una Iglesia con Propósito*, G.R.: Editorial Vida, 1999.
[234] Worley. *Gathering of Strangers*, 22-26.

ordenados de la Palabra. En realidad, el ministerio es la obra de todo el pueblo de Dios.[235]

En su libro *Mission-Church Dynamics* (*Dinámicas de la Iglesia-Misión*), W. Harold Fuller nos ofrece un excelente debate sobre las prioridades, metas y planes de acción. El intenta vislumbrar la diferencia entre una perspectiva centrada en la iglesia y una perspectiva centrada en la misión de la Iglesia en el mundo. También muestra lo positivo y negativo de estos dos puntos de vista, observando que "realmente, no debería haber polarización entre las metas centradas-en-la-iglesia y las centradas-en-su-misión."[236]

Esta diferencia se ve muy marcada en el ministerio de una congregación misionera. La Iglesia necesita establecer prioridades en el ámbito de la interacción Iglesia-reino-mundo, seguidas por una serie de metas que se traducen en planes de acción en el mundo por parte del Pueblo de Dios. Así la Iglesia como "misión" trata de alcanzar al mundo y descubre que lo que hace en el mundo lo hace verdaderamente "a Mí," como dijo Jesús; lo hace a su Salvador y Señor Jesucristo.

La Iglesia, a través de sus miembros, debe traducir su naturaleza misionera en prioridades, su compromiso en metas misioneras y debe dar un paso más al convertir su conocimiento y fe en acción misionera en el mundo. Debe crear planes concretos de acción que sean posibles de llevar a cabo, aptos para poner en operación, fáciles de medir dentro de un tiempo apropiado, y sobre todo, empapados de oración. De este modo el Pueblo de Dios podrá llegar a ser verdaderamente la "sal de la tierra." Sin tal planificación cuidadosa e intencional, las congregaciones misioneras no podrán surgir y menos podrán llegar a ser el Pueblo misionero de Dios. Los capítulos que siguen presentan algunas dinámicas que funcionan cuando se cumplen los planes de acción misionera incluyendo toda la membresía, el liderazgo y las estructuras administrativas necesarias para que la Iglesia llegue a ser la Iglesia-en-misión.

---

[235] Donald P. Smith. *Congregations Alive* (Philadelphia: Westminster, 1981), 15-16. Véase también Donald Metz, *New Congregations* (Philadelphia: Westminster, 1967), 41-50. Ver también Kevin Harney y Bob Bouwer. *The U-Turn Church, G.R.: Baker, 2012.*

[236] W, Harold Fuller. *Mission-Church Dynamics: How to Change Bicultural Tensions into Dynamic Missionary Outreach* (South Pasadena, Calif.: William Carey Library, 1980).

CAPÍTULO 10

La membresía misionera
de la iglesia local

A mediados de la década de los 1960 Wesley Baker presentó un análisis provocativo del papel que desempeña cada miembro en la Iglesia misionera de hoy. En *The Split-Level Fellowship* (*El Compañerismo Desequilibrado*).[237] Baker le dio un nombre nuevo a un fenómeno bien conocido por los líderes de las iglesias. Este fenómeno es la perturbadora diferencia entre los pocos miembros comprometidos y los muchos miembros inactivos que demuestran muy poco compromiso con la iglesia local. Él lo denomina "el factor Beta."

> Este factor es sencillamente la realidad de que dentro del cuerpo reconocido de la iglesia existen dos tipos de personas muy diferentes o por lo menos dos grupos de motivaciones diferentes. No sería justo señalarlos como "líderes" y "seguidores" aunque algo hay de verdad en ello. Si observamos la congregación de hoy, por lo general está formada de un pequeño grupo de creyentes que acepta ingenuamente la mayoría de los puestos de liderazgo con gratitud y devoción. Alrededor de este grupo hay una gran nube de testigos, no involucrados en la vida de la iglesia, que sencillamente aprueban lo que se hace. Este segundo grupo no puede movilizarse en dirección profética "como la iglesia" a menos que luche una gran batalla interior contra la inercia. Como resultado, la congregación queda prácticamente marcada por la inmovilidad religiosa y esto es algo desalentador. Ninguna congregación local puede convertirse en una iglesia de acción debido al tremendo peso inerte que lleva a cuestas. Esto no es un problema de educación cristiana o de evangelismo, sino más bien, de definir lo que es la Iglesia. [238]

---

[237] Philadelphia: Westminster, 1965.
[238] Ibid., 34.

Después de analizar históricamente los requisitos para que una persona sea considerada miembro de una iglesia, Baker sugiere que se puede borrar el "factor Beta" por medio de un acercamiento en dos dimensiones. Primero, se deben establecer requisitos más rígidos para ser parte de la membresía; y segundo, se debe atacar la distinción entre "el clero" y "el laicado" en la liturgia, el evangelismo, el discipulado y la ética cristiana.

Aunque no estamos de acuerdo con todas las soluciones que Baker sugiere, debemos estudiar su punto de vista porque desde hace 40 años, cuando apareció su obra, no hemos podido solucionar el problema que él enfoca. Es verdad que muchas congregaciones se componen de un 10 por ciento de personas dedicadas, decididas y activas; y un 90 por ciento de miembros inactivos que se mantienen al margen y se presentan medio interesados en la vida y el ministerio de la congregación. Aunque los porcentajes pueden variar, estos patrones generales se presentan en la mayoría de las congregaciones. Es más, la situación es evidente en los seis continentes aunque las congregaciones cristianas de Europa y Norteamérica sufren del "factor Beta" con mayor frecuencia e influencia. Así que al tomar los primeros pasos para establecer una congregación misionera, el porcentaje de miembros activos y miembros inactivos es por lo general como lo visualizó Baker.

¿Cómo, entonces, puede una congregación llegar a ser verdaderamente el Pueblo Misionero de Dios? ¿Acaso el Pueblo Misionero de Dios se compone solamente del 10% de los miembros? ¿Será que nos limitamos a movilizar solamente al 10 por ciento de la membresía? ¿Somos realistas al esperar que la mayoría inactiva refleje la unidad, la santidad, la catolicidad (la universalidad) y el apostolado del Cuerpo de Cristo? ¿Es posible que el 90 por ciento esté involucrado en *koinonia*, *kerygma*, *diakonia*, *marturia y leitourgia*? ¿Debemos acaso conformarnos con que el 10 por ciento de la Iglesia ejerza el papel de sacerdote, profeta, rey, liberador y sanador en el mundo? ¡Tal vez debemos admitir que a través de todo este libro sólo hemos estado pensando en un pequeño número de personas especialmente seleccionadas! Solamente una parte de la membresía de la congregación: el personal "ordenado," los "clérigos," las "monjas y monjes," los "sacerdotes y religiosos" de la Iglesia y un mínimo número de laicos muy dedicados y activos.

La Reforma Protestante le dio gran importancia al "sacerdocio de todos los creyentes;" el hecho es que cada cristiano es llamado a la intercesión, la oración, la justificación, la santificación y al servicio. Ahora, pensando en el factor Beta, la pregunta es si el sacerdocio de todos los cristianos retiene algún significado hoy en día en el Cristianismo Protestante. Hendrik Kraemer, en su obra *Una Teología para el Laico* (*A Theology of the Laity*)[239] dice que el afirmar que unos cuantos deben participar en la misión de Cristo en el mundo es algo que no concuerda con la Biblia.

Las congregaciones pueden llegar a ser sucursales misioneras del reino de Dios sólo a través de la vida y ministerio activo de sus miembros —ese 90 por ciento que necesita ser guiado, entrenado, auxiliado y animado por el otro 10 por ciento. Las congregaciones misioneras surgirán cuando los líderes adiestren a la mayoría de los miembros para desarrollar su máximo potencial. La visión de misión debe estar al alcance de todos los miembros, que proclaman todo el evangelio, de parte de toda la Iglesia, a todo el mundo.[240]

Una perspectiva bíblica del laicado

Tanto se ha escrito sobre el laicado que nos limitaremos a mencionar su importancia con relación a las congregaciones misioneras. Es aquí donde las ideas de David Watson nos son de mucha ayuda. Él dedica más de cincuenta páginas en su libro *Creo En La Iglesia,* para hablar sobre el ministerio, la membresía y el liderazgo. Watson señala que la idea de dos clases de miembros en la iglesia no se puede justificar a través del Nuevo Testamento: "Todos los cristianos son sacerdotes y ministros, y esto es sumamente crucial si es que deseamos redescubrir los verdaderos conceptos de ministerio y liderazgo dentro de la iglesia."[241]

El vocablo "laico" debe usarse en su sentido bíblico como "el Pueblo (griego *laos*) de Dios;" con distinción en cuanto a dones, función y manera de ministrar, pero sin distinción en cuanto a la santidad, el prestigio, el poder, el compromiso o la actividad misionera de los miembros. Hoy en día se usa con frecuencia el vocablo "laico" como un concepto opuesto al de "profesional." Si lo tomamos en ese sentido, el "laico" es la persona que solamente es un aficionado, un aprendiz, alguien que trata de hacer lo que puede pero que en verdad carece de conocimiento y experiencia. En cambio, el profesional es el que sabe, es el experto, la persona dedicada a ser competente en tal o cual vocación. No existe base bíblica para esta clase de distinción en la Iglesia. El uso de la palabra "laico" en ese sentido erróneo sólo ha servido para colocar al ministro "profesional" en un pedestal, como si estuviera "más cerca de Dios," más allá de los límites de santidad y de la actividad del Espíritu. La distinción entre el laico y el clero

---

[239] Philadelphia: Westminster, 1958.

[240] Los que estaban involucrados con el movimiento Lausana en la reunión que se celebró en Manila en 1989 se reunieron bajo este tema.

[241] David Watson. *I Believe in the Church*, 1st American ed. (Grand Rapids: Eerdmans, 1979), 248-50.

comenzó en el siglo III, continuó durante la Reforma Protestante, y sigue aún vigente en las denominaciones Protestantes hoy en día. Este es uno de los principales motivos de la reducción, la secularización y la pecaminosidad de la Iglesia.

El Nuevo Testamento insiste en que todo el pueblo de Dios es la Iglesia. Todos los miembros se unen para madurar hasta llegar a la estatura de la plenitud de Cristo (Efesios 4:15). Esa plenitud no es posible si sólo el 10 por ciento o unos cuantos miembros ejercen los dones y los ministerios a los cuales han sido llamados. Esa plenitud se logrará cuando el otro 90 por ciento ejerza también su ministerio. El verdadero significado del laicado es que todos los que están en Cristo sean nuevas criaturas. Las cosas viejas (distinciones de género, profesión, raza, cultura y economía) pasaron. Las barreras de separación se han destruido (2 Cor 5:17). Todo aquel que cree en su corazón y confiesa con su boca que Jesús es el Señor es en verdad parte del *laos* de Dios. El Concilio Vaticano II enfatizó esta perspectiva de la Iglesia; una visión que ha causado gran impacto en toda la Iglesia Cristiana. [242]

Algunas implicaciones del concepto "Pueblo-de-Dios"

La perspectiva bíblica de la Iglesia como Pueblo de Dios tiene implicaciones de largo alcance para las congregaciones misioneras. Podemos enumerar varias de ellas.

La conversión

Cuando una persona llega a ser parte del Pueblo de Dios significa mucho más que sólo pasar al altar, quemar incienso o comenzar a asistir a los cultos de adoración. Lo que entendemos por conversión debe ensancharse. La conversión es el cambio total de aquellos que anteriormente "no eran pueblo" pero que llegan a ser el pueblo misionero de Dios, el activo, involucrado y servicial cuerpo de Cristo (1 Pedro 2:10). Esta es una conversión radical, un cambio total, dejando atrás el egoísmo y el egocentrismo. Se deja de servir a los gobernantes de las tinieblas y se comienza a servir en amor ágape, a ejercer el discipulado y a servir a Jesucristo. La conversión es parte de un proceso por el que todo discípulo busca ministrar en el nombre de Cristo, como su seguidor. Así que la conversión contiene en sí una comisión en la misión. En realidad se podría establecer que una conversión plena y completa en el sentido bíblico es un proceso que tiene tres

---

[242] Véase por ejemplo, Austin P. Flannery, ed. *Documents of Vatican II* (Grand Rapids: Eerdmans, 1975); y idem, ed. *Vatican II: More Postconciliar Documents* (Grand Rapids: Eerdmans, 1982).

partes: (1) la conversión a Dios en Cristo Jesús, el Salvador; (2) la conversión a la Iglesia, el Cuerpo de Cristo; y (3) la conversión a la misión de Dios en el mundo por el cual Cristo murió.[243]

La educación teológica y la alfabetización

Si creemos que la Iglesia se compone de todo el Pueblo de Dios, tenemos que tomar en serio la tarea de alfabetización y educación bíblica y teológica. En muchos países esto significa que los nuevos convertidos deben inscribirse inmediatamente en clases donde se les enseñe a leer las Escrituras, cómo hacerlo y cómo entender lo que se lee. La educación bíblica y teológica, ya sea por sistemas locales o a distancia, no debe ser el privilegio de unos cuantos en la Iglesia. En el entrenamiento teológico debe participar todo el Pueblo de Dios, a pesar de sus diferentes niveles de preparación profesional.[244]

Los programas educativos de la Iglesia deben ser el medio por el que se prepara al Pueblo de Dios para un discipulado misional y dinámico en su servicio al mundo. El entrenamiento teológico no debe tener como meta convertir a un pequeño número de laicos en ministros profesionales; la educación teológica no debe ser una investigación dentro de un campo académico misterioso al alcance de unos cuantos privilegiados. Más bien debe ser la enseñanza de los fundamentos esenciales de la fe bíblica para movilizar a todo el pueblo de Dios a vivir día a día las implicaciones misionales de un discipulado radical. La educación bíblica y teológica debe ser "de adentro hacia afuera", dirigida hacia el mundo y que se manifiesta como un discipulado comprometido al ministerio misional en el mundo de hoy. Es por esto que debemos mejorar el desarrollo de nuestros pastores, maestros, y profesores. A la vez, debemos dejarles cierto tiempo libre para que lleven a cabo la educación teológica en sus congregaciones locales, que son parte del Pueblo de Dios enviado y esparcido en todo el mundo.

Evitando el síndrome de ayudantes de "Papá Noel" (Santa Claus)

Uno de los errores más comunes en el movimiento conocido como el "ministerio compartido de la membresía" es la tendencia de preparar al 10 por ciento de los miembros,

---

[243] Véase por ejemplo, Lesslie Newbigin. *The Open Secret* (Grand Rapids: Eerdmans, 1978).
[244] Existe literatura extensa sobre el desarrollo de educación teológica formal, informal y no-formal en las iglesias alrededor del mundo. Véase por ejemplo, Ralph D. Winter. *Theological Education by Extension* (Geneva: World Council of Churches, 1983), y Ray Anderson. *The Praxis of Pentecost: Revisioning the Church's Life and Mission* (Pasadena, Calif.: Fuller Theological Seminary, 1991).

enseñándoles más que nada las técnicas del ministerio profesional en la iglesia – cómo comportarse en una visita a un enfermo, cómo hablar con la gente por teléfono, cómo dirigir estudios bíblicos, cómo enseñar en la Escuela Dominical, etc. Se toma demasiado tiempo en el entrenamiento de estos cuantos miembros disponibles con miras a convertirlos en un grupo de mini-profesionales de segunda clase que puedan servir como auxiliares de los que se suponen ser los "ministros" auténticos. Se recomienda este plan sólo para aliviar en algo la carga múltiple de los "ministros" profesionales. También es positivo cuando se prepara a unos cuantos miembros para hacer lo que tal vez al ministro, pastor o sacerdote profesional no le guste. Así, estos "ministros laicos" entonces funcionan como pequeños "duendecillos" en el taller donde se fabrican los regalos de Papá Noel (Santa Claus), corriendo a toda prisa, haciendo y componiendo los regalitos que más tarde Papá Noel (el "ministro") tiene la dicha de entregar a los miembros de la iglesia.

Muy a menudo vemos este mismo escenario en las iglesias establecidas por misioneros extranjeros. Ellos aprenden el idioma, traducen la Biblia y reúnen un grupo de convertidos. No hay suficiente tiempo ni energía para que los misioneros enseñen las verdades del Evangelio a cada nuevo que se allega. Así que, en forma ligera, entrenan a unos cuantos líderes autóctonos para que realicen la labor de discipulado que ellos mismos desearían hacer pero que no pueden efectuar por las causas antes mencionadas. Más adelante, los misioneros tal vez se mudan a otro lugar y repiten exactamente el mismo proceso. Otras veces, los misioneros se dedican a trabajos de administración, supervisión y formación de nuevos misioneros. Por otro lado, llega el día cuando la iglesia nacional se separa del liderazgo misionero para que sus líderes nacionales prominentes puedan ser las principales cabezas administrativas de la misma. Este patrón se ha fomentado en parte por la importancia que se le ha dado a la fórmula tripartita de auto-sostén, auto-expansión y auto-gobierno. Pero, sobre todo, el patrón descrito arriba se deriva de una perspectiva equivocada de la naturaleza del Pueblo de Dios y una división en su liderazgo entre el "clero" y el "laicado."

Lo que debe hacerse dentro del Pueblo de Dios es que los misioneros entrenen a aquellos primeros convertidos para el ministerio misionero de Cristo (profético, sacerdotal, rey, sabio, sanador y liberador en *koinonía, diakonía, kerygma, martyria y leitourgia*). Todo esto en su cultura y en medio de su gente. El entrenamiento debe ser de tal modo que pronto reemplacen a los misioneros en su obra. Se les ha de enseñar a servir en lugar de ser servidos y para eso los misioneros deben poner el ejemplo. Aquellos primeros convertidos deberán ser instruidos para enseñar a otros a servir. Mientras permanecen los misioneros en un lugar, ellos mismos deben tomar con entusiasmo el papel de "dar su vida en rescate por muchos," acompañados por los nuevos convertidos.

Al aplicar este patrón a la vida de los miembros de la congregación surgen los dones espirituales y comienzan a desarrollarse las habilidades del Pueblo de Dios (Efesios 4:11–13). Algunos serán llamados a ser profetas, otros evangelistas, y otros pastores y maestros para equipar al pueblo de Dios para obras de servicio. De esta manera el cuerpo de Cristo será edificado hasta que todos alcancemos la unidad de la fe en el conocimiento del Hijo de Dios, llegando a la madurez y alcanzando la medida de la plenitud de Cristo.

Esta es la Iglesia misionera donde se enseña, se entrena, se anima y se moviliza a los miembros para hallar cada uno y en conjunto su papel misionero. Los nuevos líderes crecen numérica, corporativa, espiritual y misiológicamente al ejercer su ministerio en sus respectivos contextos. Los elementos culturales reciben un nuevo significado cristiano a través del ministerio de los creyentes en el mundo que Dios ama. Los patrones de este nuevo liderazgo se definen y se fomentan en la misión y el ministerio de la Iglesia. El "aquí y ahora" de la actividad de la Iglesia se da en una nueva realidad escatológica y misional a través del servicio de los miembros a su Rey en el mundo. Basada en esta eclesiología, la Iglesia se interesa en el amplio desarrollo de todo el Pueblo de Dios incluyendo la formación de líderes.

La Iglesia misionera como el Cuerpo de Cristo

Muchos teólogos de diferentes tradiciones están de acuerdo con la necesidad de reafirmar la relación entre los dones espirituales y la vida y el ministerio de la Iglesia. Esto tiene fuertes implicaciones en cuanto a una perspectiva misionera de la Iglesia.

La Iglesia no es una dictadura

La Iglesia está compuesta de una diversidad de individuos, cada uno ejerciendo su singularidad personal y funcionando mediante sus dones espirituales muy particulares pero siendo Cristo la Cabeza. Se podría elaborar una lista de estos dones espirituales estudiando Romanos 12, 1 Corintios 12, Efesios 4 y 1 Pedro 4. Cada iglesia podría hacer su propia lista de los dones sobresalientes entre su membresía para descubrir las posibilidades que hay para el ministerio de la iglesia local; también para percibir cómo el Espíritu Santo ha capacitado su cuerpo para el ministerio. La variedad de dones nos muestra que no es posible que una sola persona pueda ejercer como "ministro," ni pueda ser el único individuo designado para llevar a cabo el "ministerio" del cuerpo de Cristo. Tampoco hay una sola persona que pueda hacer que todos los demás trabajen.

Definitivamente, los líderes deben entrenar, organizar, ayudar y servir a los que ejercen los dones del Espíritu Santo. Ellos desempeñan su papel como lo que vimos en el capítulo anterior; no deben decidir, controlar o asignar dones. Podemos decir que las técnicas que se aplican en la administración de empresas tales como la "Administración por Objetivos" y el "Desarrollo Organizacional" no van de acuerdo con la perspectiva bíblica de la iglesia porque no son parte de la esencia de la Iglesia como Cuerpo orgánico de Cristo.

La Iglesia no es una democracia ni una tribu

Al observar al Pueblo de Dios, nos llaman la atención los métodos democráticos tan comunes en el gobierno de nuestras congregaciones y denominaciones. El sistema de gobierno democrático y la toma de decisiones por mayoría de votos son en verdad efectivos, especialmente para controlar el abuso de poder y para crear igualdad entre los miembros. Sin embargo, en la Iglesia, Jesucristo reina a través de la obra del Espíritu Santo y distribuye los dones para el ministerio de acuerdo a su voluntad. Este es un modelo de organización completamente diferente al individualismo occidental. Aquí, los miembros reciben su identidad, su función, su razón de ser y su lugar en el ministerio al participar en el cuerpo mismo. La Iglesia es más que un conjunto (más que la suma) de individuos. Un brazo sin cuerpo, una mano sin brazo o un pie sin pierna no tienen razón de ser en la perspectiva orgánica de la Iglesia. Mediante la correlación íntima entre todos los miembros del cuerpo, como es la comunión de los santos, pueden ir descubriendo su propia esencia espiritual como Pueblo Misionero de Jesucristo.[245]

De igual forma, el cuerpo no es superior al individuo. Tanto en el Marxismo como en una tribu, el individuo existe por causa del grupo; esa perspectiva también debe ser eliminada de nuestro concepto de Iglesia. Como el cuerpo de Cristo, la Iglesia no está completa si le falta alguno de sus miembros y sólo funciona en forma ideal cuando la vida espiritual de cada miembro del cuerpo está activa. Pablo relata que cuando un miembro duele todo el cuerpo sufre: por lo tanto, los individuos no existen únicamente para el bienestar del organismo. Mas bien ellos son portadores individuales de los dones del Espíritu. La pérdida de alguno de ellos significa la pérdida de vitalidad para el cuerpo de Cristo.

---

[245] Robert Wuthnow señala esto en "Evangelicals, Liberals, and the Perils of Individualism," *Perspectives*, 6.5 (May 1991): 10-13. Wuthnow demuestra que la probabilidad de que individuos estén involucrados en actividades de transformación social parece correlacionarse estrechamente con su participación activa en la iglesia local, independientemente de si se consideran "liberales" o "conservadores."

La Iglesia no es un club

Una tercera afirmación relacionada con la idea de la Iglesia como Pueblo de Dios tiene que ver con su naturaleza como una asociación voluntaria. Por todo el mundo, las asociaciones y organizaciones voluntarias parecen estar formadas por individuos que comparten una misma forma de pensar. Sus intereses son de apoyo y el deseo de cooperar unos con otros. Es fácil considerar que la Iglesia sea una organización social parecida, aunque no sea verdad.

La Iglesia se presenta como un cuerpo en el que Jesucristo es su Señor y Cabeza. Cristo es el que llama a las personas a la lealtad y a la obediencia. Su Espíritu convence, convierte, transforma y capacita a los miembros para el ministerio en el mundo dentro y fuera de la Iglesia. Ellos se unen, no porque sean un grupo de individuos con una misma manera de pensar, sino porque la Cabeza de la Iglesia "en quien todas las cosas subsisten" (Colosenses 1:17), los ha unido. Ellos no eligen a Cristo. Ni tampoco se eligen unos a otros (Efesios 2:14–16). Cristo los elige y los llama, y el Espíritu Santo los atrae y los junta en la Iglesia.

En un club social los miembros escogen a aquéllos que les caen bien para asociarse con ellos, y rechazan a los que prefieren evitar. En cambio, el Espíritu de Jesucristo reúne a cada uno de los miembros, los constituye en Iglesia, los une, y les ordena y envía a su ministerio en el mundo. No nos corresponde a nosotros aceptar o rechazar a los nuevos miembros del Cuerpo. Lo que nos corresponde es demostrar al mundo que nos amamos los unos a los otros y así cumplimos la ley de Dios.

Una perspectiva bíblica del clero

Cuando la congregación se considera el Pueblo Misionero de Dios, cambia su perspectiva sobre la ordenación. Al ser confirmados como miembros del cuerpo de Cristo, los discípulos de Jesús deben reconocer que esa confirmación contiene en sí un mandato a ejercer su ministerio dentro y fuera de la iglesia. La ordenación consiste en apartar a los que deben entrenar, motivar, y movilizar a los miembros para el ministerio y la misión. Es decir, la ordenación aparta a aquellos líderes que ayudarán a los miembros en confirmar su llamado como el Pueblo Misionero de Dios. Este concepto de ordenación desafía nuestra reflexión en varios aspectos.

1. La persona que ha sido ordenada no tiene un estado social más alto, ni un papel más importante, ni una santificación superior, ni más poder que los demás miembros.
2. La persona que ha sido ordenada es asignada consciente e intencionalmente por el pueblo para recibir un mayor poder, respeto y prestigio para que capacite

y equipe a la congregación. Este papel es una dádiva del Pueblo de Dios a los líderes a causa de la misión de Dios en el mundo.

3. El éxito o fracaso del trabajo y el ministerio de la persona ordenada será juzgado en base al grado en que la Iglesia ha llegado a ser el pueblo misionero de Dios.

4. La persona que ha sido ordenada es el siervo de todos. Esta perspectiva va de acuerdo con el mandato que Jesús dio a sus discípulos. Aunque tenían un llamado especial en la Iglesia, debían saber que "el mayor entre vosotros (ha de ser) como el más joven y el que dirige como el que sirve" (Lucas 22:26). Jesús confiere un reino a sus discípulos, aunque participarían en ese reino como siervos lavando los pies de otros.

5. La persona que ha sido ordenada es designada para ejercer un ministerio especial: profético, sacerdotal, real y de sanidad en la Iglesia y a través de ella en el mundo. Moviliza a los miembros en el ejercicio de sus dones espirituales para hacer su misión en el mundo.

6. El siervo ordenado es el que constantemente trabaja para que la Iglesia tenga una interrelación dinámica con el entorno en que se encuentra para que todo el Pueblo de Dios lleve a cabo su ministerio y su misión en el mundo.

7. Las personas que han sido ordenadas son reconocidas por su labor en el Cuerpo de Cristo, a través de un llamado particular como discípulos de Cristo Jesús.

Nótese que aquí no se menciona el profesionalismo, ni el ministerio como una carrera, ni la remuneración económica de los líderes que han recibido la ordenación oficial en su denominación o iglesia. Aunque todos estos aspectos de la ordenación son importantes, no son esenciales en cuanto a la naturaleza de la Iglesia. Esas ideas no funcionan al mismo nivel de los conceptos de unidad, santidad, catolicidad y apostolado de la Iglesia. Tampoco son actividades esenciales como lo son la predicación pura de la Palabra y la correcta administración de los sacramentos. Sin embargo, la ordenación es importante. Su importancia se deriva del hecho de que estas personas, a través de su devoción personal, su fe, su esperanza, su amor y su discipulado sacrificial, son llamadas por Dios a dedicarse a preparar al Pueblo Misionero de Dios para su misión en el mundo.

Desde este punto de vista, la persona ordenada no es llamada para ministrar más que los demás miembros de la iglesia local. Mejor dicho, se designa a esta persona para capacitar a los miembros para el ministerio. A la vez, debemos entender que tales líderes no serán capaces de movilizar a su iglesia si no se les otorga autoridad sobre los miembros dispuestos a seguirles. Los ministros ordenados no son solamente empleados de la iglesia, son los líderes espirituales de la Iglesia. Se les otorga esta autoridad para poder dirigir y capacitar a la membresía a ser discípulos dedicados y siervos obedientes en la misión de Jesucristo. Esta misión no pertenece a los líderes –

es la misión de Jesucristo, aunque ellos necesitan motivar, movilizar y dirigir al Pueblo de Dios en esa misión en el mundo. Aunque no todos los líderes son ordenados, el pastor ordenado es "*primus inter pares*" (primero entre iguales).

La relación entre líderes y seguidores se puede ilustrar por medio de los tres diagramas que se encuentra en la figura 11. Cualquiera de estas estructuras afectará la forma y rapidez con que la iglesia local surge como Pueblo Misionero de Dios. Cada uno de los tres modelos incluye elementos positivos y negativos que demuestran también el impacto positivo o negativo para el surgimiento de una congregación misionera. Si comparamos esas tres estructuras con las siete observaciones sobre la ordenación hechas anteriormente, nos daremos cuenta de que cada estructura define el papel de los líderes con respecto a su membresía de una manera diferente.[246]

Cuando nuestra eclesiología se orienta misiológicamente, no importa si la ordenación se percibe en términos puramente funcionales o en términos personales del llamado de un individuo. Queda claro que la persona ordenada no podrá funcionar apropiadamente a menos que haya sido llamada y transformada por el Espíritu Santo. Cabe también repetir que la función principal de la persona ordenada será edificar el Cuerpo de Cristo para que sea el Pueblo Misionero de Dios.

---

[246] Há habido una explosión de literatura publicada por un número significativo de líderes, pastores y misiólogos al rededor del mundo, durante los pasados treinta años, en cuanto a las estructuras celulares de la congregación local. Esta bibliografia es demasiado extensa para incluir aqui.

FIGURA 12

Modelos de las estructuras eclesiales para el ministerio

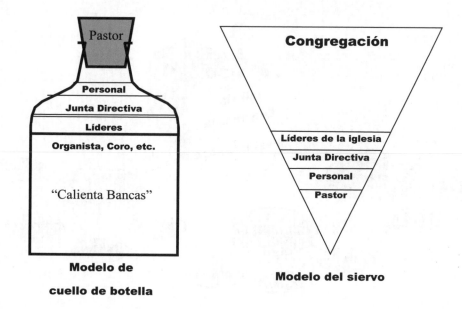

Modelo de

cuello de botella

Modelo del siervo

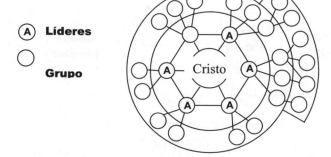

Modelo de ministerio

compartido

148

FIGURA 13

Modelos de satélite, iglesia en hogar y células familiares

Modelo Satélite

Modelo iglesia en hogar

Adaptado de David Watson, *I Believe in the Church*, 1st American ed.
(Grand Rapids: Eerdmans, 1979), 246, 293.

La figura 13 ilustra dos posibilidades. La "estructura satélite" está basada en la obra de la Iglesia Nacional Presbiteriana de México en el estado de Chiapas, donde el autor de este libro trabajó como misionero por varios años. Funciona de la siguiente manera: Una iglesia organizada, con o sin una persona ordenada, se compone de una red de pequeñas "congregaciones." Cada una de estas congregaciones tiene su propio comité ejecutivo (presidente, tesorero y predicador) que es elegido anualmente de entre los miembros. A la vez, cada congregación es madre de varias misiones pequeñas o estaciones de predicación. Estos centros evangelísticos son atendidos por los miembros de la "congregación madre." La participación de la membresía y como resultado, el crecimiento de la iglesia, son impresionantes. Respecto al discipulado y entrenamiento, cada miembro al ser enseñado también enseña a otros dentro de una estrecha red de relaciones personales. La supervisión de la obra misionera ocurre dentro de esta red donde todos los miembros se relacionan entre sí y estructuralmente rinden cuentas al cuerpo gobernante mayor y al pastor ordenado.

La estructura "satélite" es similar a la estructura "iglesia en hogar," o "iglesia celular." Esta última está ganando mucha atención y credibilidad. Paul Yonggi Cho, pastor de la Iglesia Yoido del Evangelio Completo de Seúl, Corea, por ejemplo, utilizó el modelo de "iglesia en hogar" para desarrollar una congregación de más de 500,000 miembros.[247]

El lector puede contrastar los modelos aquí presentados con las ideas que provienen del movimiento ecuménico. Podemos encontrar estos conceptos en el libro *Baptism, Eucharist and Ministry* (*Bautismo, Eucaristía y Ministerio*), que provee información sobre los debates sobre la unidad de la Iglesia (*Consultation on Church Union COCU*) en los Estados Unidos y el diálogo entre los Anglicanos y los Católico-Romanos. Estos debates parecen tener ciertas características en común: miran solamente hacia dentro, al interior de la Iglesia, en forma introvertida. Lo que importa para ellos es el mutuo reconocimiento del ministerio profesional de cada una y la aceptación de las diferencias en la práctica de los sacramentos. Las iglesias aparecen como si

---

[247] Cf. Paul Yonggi Cho. *Successful Home Cell Groups* (Plainfield, N.J.: Logos, 1981); idem. *More Than Numbers* (Waco, Tex.: Word, 1984); y Lois Barret. *Building the House Church* (Scottdale, Pa.: Herald, 1986). C. Kirk Hadaway, Stuart A. Wright, y Francis M. Dubose nos han dado lo que parece ser el mejor estudio de este tema en *Home Cell Groups and House Churches* (Nashville: Broadman, 1987). Véanse los capítulos 3 y 8 para una discusión relevante sobre este punto.

fueran islas en un mar indefinido. En otras palabras, se pasa por alto la relación de las iglesias y el mundo y la correspondiente misión del Pueblo de Dios en éste.

Al observar estos contrastes, podemos decir que los modelos "satélite" e "iglesia en hogar" representan una eclesiología dinámica, llena de propósito y dirigida hacia el mundo. Esta perspectiva misionera podría transformar los debates ecuménicos; en lugar de preguntarse si una denominación reconoce o no el clero profesional de otra, las iglesias misioneras deben preguntarse hasta qué grado el "clero" está facilitando, transformando e impulsando al Pueblo de Dios en su misión en el mundo.

Si así fuera en el lenguaje de evangelismo e iglecrecimiento, por ejemplo, esto significaría que la ordenación de un pastor sería válida en base a su interacción misionera con su entorno y al crecimiento numérico de su congregación. Esto sería algo revolucionario para las iglesias más antiguas de Europa y Norteamérica.

CAPÍTULO 11

Ver la iglesia como el Pueblo de Dios llamada al ministerio en el mundo tiene implicaciones significativas para comprender el desarrollo del liderazgo. Seguimos fielmente el punto de vista de Pedro. Después de describir a la Iglesia como "linaje escogido, real sacerdocio, nación santa, pueblo adquirido por Dios" (1 Pedro 2:9), el autor de I Pedro procede en aplicar esta descripción al gobierno, a la familia, a la vida del creyente en medio de la persecución y a la fe del individuo (1 Pedro 2–4). Sabemos que se dirigía a los seguidores de Cristo dispersos en todo el imperio Romano, bajo grande persecución y sufrimiento. En capítulo cinco el autor de I Pedro regresa al tema del liderazgo en la Iglesia.

> Ruego a los ancianos que están entre vosotros, yo anciano también con ellos, y testigo de los padecimientos de Cristo, que soy también participante de la gloria que será revelada: Apacentad la grey de Dios que está entre vosotros, cuidando de ella, no por fuerza, sino voluntariamente, no por ganancia deshonesta, sino con ánimo pronto; no como teniendo señorío sobre los que están a vuestro cuidado, sino siendo ejemplos de la grey (1 Pedro 5:1-3).

Lawrence O. Richards y Clyde Hoeldtke siguen el pensamiento de Pedro, enfatizando la naturaleza espiritual del liderazgo en la Iglesia. Ellos hicieron hincapié en que la Iglesia "es un cuerpo viviente del Cristo vivo. Ya que somos parte de un cuerpo, no de una institución, la tarea de los líderes del cuerpo debe ser especialmente distinta a las tareas administrativas de los líderes institucionales."[248]

Para crear congregaciones misioneras es extremadamente importante entender el papel de los que las dirigen. En todos los niveles de la vida congregacional, las iglesias misioneras requieren de líderes dinámicos, enérgicos, optimistas y organizados, que puedan dirigir las habilidades potenciales y los recursos de los miembros para que lleven a cabo su ministerio en el mundo.

Definiendo el liderazgo

En una ocasión, Ted W. Engstrom ofreció una definición de liderazgo: "Bueno, ¿qué es liderazgo? Cada uno sabe lo que es ¿o no? Nadie parece estar realmente seguro. Somos capaces de definir lo que los administradores hacen, pero parece que lo más cerca que podemos llegar en cuanto a una definición aceptable de lo que es liderazgo, se refiere a lo que los líderes hacen. Así que es muy difícil definir lo que son los líderes, pero sabemos que ellos dirigen."[249]

Engstrom continúa explicando que los líderes poseen por lo menos tres cualidades: (1) Ven que se haga lo que se debe hacer (son personas de hechos, no solamente palabras); (2) No son títeres pasivos y (3) Ejecutan lo que se necesita hacer.[250]

> Ser líder es una cualidad; administrar es una ciencia y un arte. El liderazgo provee visión; la administración suple perspectivas realistas. El liderazgo tiene que ver con conceptos; la gerencia se relaciona con el funcionamiento; el liderazgo ejecuta la fe; la administración tiene que ver con hechos. El liderazgo busca la eficiencia; la administración prescribe eficiencia. El liderazgo es una influencia para bien entre los recursos potenciales; la administración es la coordinación de los recursos disponibles organizados para máximos resultados. El liderazgo provee dirección; la administración se preocupa por el control. El liderazgo se ocupa de hallar la oportunidad; la administración tiene éxito al encontrarla.[251]

Desde el punto de vista de las dinámicas organizacionales, Paul Hersey, Kenneth N. Blanchard y Walter E. Natemeyer presentan una definición de liderazgo como "el proceso para influenciar las actividades de un individuo o grupo en el esfuerzo hacia el cumplimiento de una

---

[248] Lawrence O. Richard and Clyde Hoeldtke. *A Theology of Church Leadership* (Grand Rapids: Zondervan, 1980), 6.

[249] Theodore W. Engstrom. *The Making of a Christian Leader* (Grand Rapids: Zondervan, 1976), 19.

[250] Ibid., 20-23.

[251] Ibid., 22-23. Véase también Robert Schuller. *Your Church Has Real Possibilities* (Glendale, Calif.: Regal, 1974), 48-49; Richards and Hoeldtke. *Theology*, 90-92; y James D. Anderson y Ezra E. Jones. *The Management of Ministry* (New York: Harper and Row, 1978), 78-79.

meta."[252] El liderazgo de la iglesia es más difícil definir con precisión. Mucho depende de la personalidad del líder; las habilidades y talentos del mismo; los roles, las funciones, y el poder de dicho líder como lo perciben tanto sus seguidores como los demás líderes. Ninguna de las definiciones mencionadas arriba es adecuada para esta tarea. Nos interesa ver a los líderes actuando como catalizadores para movilizar al pueblo de Dios en su misión hacia el mundo. Una definición misiológica más directa podría ser algo así:

> El liderazgo es un evento colectivo a través del Pueblo de Dios avanza en su misión en el mundo al vivir la visión del llamado de Dios y su voluntad para la Iglesia. Es estimulado por un número de líderes-catalizadores y movilizados por el Espíritu Santo en respuesta a lo que Dios está haciendo dentro de la Iglesia y en su contexto de misión en el mundo.

Esta definición difiere marcadamente de las que ven el liderazgo desde una perspectiva introvertida, examinando únicamente la relación entre líderes y seguidores; tal perspectiva le quita importancia al liderazgo dentro del propósito y rol de la iglesia. Definimos liderazgo, no como estructura o dinámica interpersonal, sino principalmente como un evento misiológico. Prestamos menos atención a las relaciones internas entre líderes y seguidores y nos concentramos más en la movilización de todo el pueblo de Dios, en su misión en el mundo. Así que, el liderazgo como evento es el producto de la actividad de capacitación aunado al poder del Espíritu Santo; la capacitación catalítica de los líderes y la obra servidora de los miembros. El liderazgo surge como misión en el mundo.

El liderazgo ocurre como un evento corporativo cuando la comunidad de creyentes permite que ciertos miembros actúen como sus líderes-catalizadores. Estos los inspiran hacia un ejercicio cada vez mayor de toda una gama de dones espirituales distribuidos entre todos los miembros. Los líderes, entonces, llegan a ser los catalizadores creativos, motivadores, visionarios, entusiastas, positivos y listos para movilizar al pueblo de Dios en misión en el mundo.

Al definir liderazgo de esa manera, se requieren líderes-catalizadores que sean más que guardianes, más que consejeros, más que predicadores, más que administradores, más que

---

[252] Paul Hersey, Kenneth H. Blanchard, y Walter E. Natemeyer. "Situational Leadership, Perception, and the Impact of Power" (Escondido, Calif.: Center for Leadership Studies, 1979), 142-47; cf. Paul Hersey y Kenneth H. Blanchard. *Management of Organizational Behavior: Utilizing Human Resources* (Englewood Cliffs, N.J.: Prentice Hall, 1988), 202; J. Robert Clinton, *The Making of a Leader* (Colorado Springs: NavPress, 1988), 127.

organizadores y más que supervisores. El delegar autoridad no es suficiente para movilizar al pueblo de Dios, no es decirle al pueblo lo que debe hacer o idear programas para hacerlo. El pueblo debe percibir un modelo práctico que los estimule a desear lograr intencionalmente aquellas metas misioneras de la congregación.

La personalidad espiritual, emocional y mental de los líderes provee el corazón de la congregación misionera, su perspicacia administrativa provee la estructura del alcance misional, y los miembros proveen los dones espirituales, las manos y los pies necesarios para llevar a cabo el propósito misionero.

Identificando líderes misioneros

¿Quiénes son estos líderes-catalizadores, usados por el Espíritu para movilizar al pueblo de Dios en su misión en el mundo? Una respuesta inicial se puede hallar en el desarrollo histórico de la Iglesia. En los pasados veinte siglos hemos visto varias formas de distinguir entre los líderes y los seguidores. Veamos los siguientes ejemplos: En Hechos 1 y 2, algunos líderes fueron separados por haber sido testigos oculares que caminaron con Jesús durante su ministerio terrenal y después de la resurrección (Hechos 1:21-22). En el tiempo de Constantino, una estructura de clase creó la diferencia entre obispos, miembros y catecúmenos. El abismo entre las dos ideas se hizo más grande mientras se veia la "*ecclesia docens*" como algo cualitativamente diferente a la "*ecclesia audiens*." A fines de la Edad Media, los obispos, sacerdotes y monjes se consideraban la esencia de la Iglesia, radicalmente diferentes de los fieles. Esta diferencia ha continuado hasta el día de hoy, como James Dunn lo ha demostrado.[253]

A pesar de todo ello, otro punto de vista se abre paso a través de la historia. Desde el Pentecostés, algunos se han mantenido firmes en recordar que todos los Cristianos somos llamados al ministerio y los líderes son llamados por causa del pueblo, pero no como una clase separada. Siguiendo la línea del Pentecostés, a través de la Reforma Protestante, luego el Pentecostalismo inicial, así como el Movimiento Carismático con énfasis en la vida del Cuerpo de Cristo y el ejercicio de los dones del Espíritu, todos ellos han enfatizado que los líderes son dotados para facilitar y movilizar al Pueblo de Dios en misión. Esto no significa anarquía total, completa democracia ni uniformidad homogénea. Al observar las congregaciones locales podemos ver la

---

[253] James Dunn. "Ministry and the Ministry: The Charismatic Renewal's Challenge to Traditional Ecclesiology," en Cecil M. Robeck, Jr. ed. *Charismatic Experience in History* (Peabody, Mass.: Hendrickson, 1985), 81-101.

gran variedad de aquéllos que influyen en el pueblo de Dios en misión. La figura 12 muestra toda una gama de líderes que afectan a la congregación local.

Los padres y los abuelos son de los líderes más influyentes en una congregación. Esto es especialmente en el tercer mundo donde las ideas de edad y madurez se asocian con las de sabiduría y poder. De igual modo, los líderes de grupos de células, los maestros y los obreros juveniles pueden traer cambios sorprendentes. Asimismo, los líderes de diversas organizaciones de una congregación son potencialmente actores misioneros. Por último, cabe aclarar que los miembros electos de juntas directivas necesitan aceptar su papel de liderazgo como un servicio o ministerio en lugar de percibirlo como una oportunidad para ejercer control.[254]

---

[254] Peter Wagner habló de este tipo de organización persistente para el crecimiento, usando los conceptos de célula, congregación y celebración.

FIGURA 14

Principales líderes en una congregación

Equipo Pastoral

Personal de Apoyo

Líderes Electos – Ancianos, Diáconos

Líderes de Diversas Organizaciones

Maestros de Escuela Dominical - Ayudantes

Líderes de Grupos Celulares

Padres, Abuelos y Otros Familiares

Cada líder o grupo de líderes tendrá una influencia diferente y esa diferencia no impedirá que tengan el potencial de movilizar una parte de la congregación hacia la misión. Pastores dinámicos, enérgicos y visionarios reclutarán muchas y diferentes clases de líderes. Es la responsabilidad de estos líderes de desarrollar en sus seguidores la percepción de la presencia de Dios, y el llamado y la comisión misionera de Cristo hacia el mundo. Las congregaciones locales serán movilizadas hacia su misión cuando la visión misionera catalizadora sature todos los rincones de su vida a través de la influencia de cada tipo de líder-catalizador. Una vez que se han identificado los diferentes tipos de líderes-catalizadores, se necesita analizar cuidadosamente la manera en que ellos trabajan. La Biblia es bien clara en este aspecto. En la iglesia, los líderes guían a través de su vida de servicio y ministerio.

Reconociendo a los siervos/líderes

En el Evangelio de Lucas están grabadas las palabras de exhortación de Jesús que proveen una perspectiva muy clara de cómo los líderes deben dirigir a sus seguidores.

Los reyes de los gentiles se enseñorean de ellos; y los que tienen autoridad sobre ellos son llamados "bienhechores." Pero no es así con vosotros; antes, el mayor entre vosotros hágase como el menor, y el que dirige como el que sirve (Lucas 22:25–26, Compárese con Mateo 20:25-28.).

Lucas establece esta enseñanza dentro del contexto Eucarístico; Mateo la coloca dentro de la anticipación a la entrada triunfal. Sin embargo, tanto Lucas como Mateo comprenden la respuesta de Jesús a la lucha por el poder entre los discípulos, al debatir quienes deberían ser los dirigentes. Mientras Lucas da una respuesta gráfica al enfatizar el lavar los pies y el servir las mesas, Mateo ilustra la idea de siervo mediante los ciegos que claman "Hijo de David," y la entrada del rey montado en un pollino que recibe ramas, flores y palmas de las multitudes. Ambos tratan de definir el liderazgo apostólico como líder/siervo.

La diferencia entre los "reyes de los gentiles" y los discípulos se muestra en la figura 13. Nótese que en el concepto de jerarquía tradicional, la autoridad viene de arriba hacia abajo, las órdenes vienen del líder a los seguidores y las ideas se originan en él mismo. En esta primera gráfica el mundo se encuentra debajo de la membresía. La persona más importante es aquella que da las órdenes y los miembros son aquéllos que ejecutan dichas órdenes.

Sin embargo, Jesús invierte esta realidad. El concepto de siervo se presenta como un modelo y una ilustración de la esencia del liderazgo. El líder sirve a otros líderes para ayudarles a servir a la membresía, y así puedan ser capaces de servir al mundo. En esta segunda gráfica se coloca el mundo encima de la Iglesia. Las personas más importantes son los que están en el mundo y los miembros son llamados a servir al mundo porque ellos son servidos por su líder.

Al observar las dos primeras pirámides, comenzamos a darnos cuenta que el modelo que Jesús dejó a sus discípulos incluye ambas perspectivas. Jesús es el Rey que montó en un pollino; el Rey de los Judíos que fue colgado en una cruz, el Señor que demanda obediencia de sus

158

discípulos; el Mesías Siervo-sufriente; el Alfa y Omega que encarnan lo sacrificial y real; el que gobierna el universo por medio del sacrificio.

FIGURA 15

Tres conceptos de liderazgo

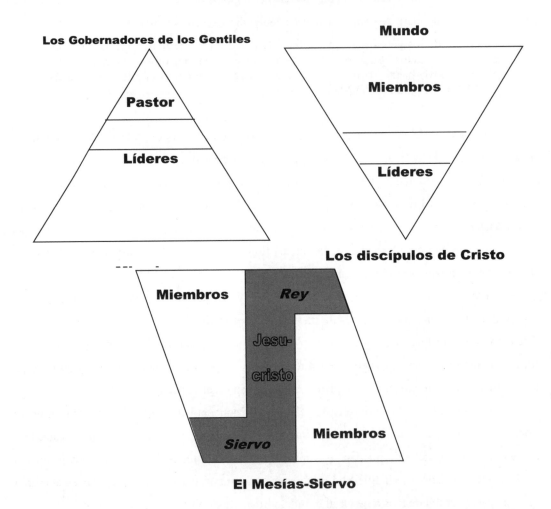

¿No es esto la esencia de lo que Pablo nos dice en Filipenses 2? Este es el Hijo de Dios quien dejó su trono para tomar forma humana de siervo y morir por la humanidad, para que en el nombre de Jesucristo se doble toda rodilla y su nombre sea exaltado sobre todo nombre. Es un sólo proceso en el cual "*diakonia*" llega a ser en sí el ministerio del rey. En la tercera gráfica Jesucristo se encuentra tanto encima de la pirámide como en la base de la misma. Él está "a la diestra" del poder e inminentemente es el "Emanuel," Dios con nosotros.[255]

Esta perspectiva del servicio real hacia otros nos ayuda a entender la naturaleza de la autoridad que los líderes/siervos ejercen en la Iglesia. Arthur Adams nos hace recordar que "la autoridad" en la iglesia se define por su Señor. Jesús deliberadamente volvió su espalda a toda idea de poder sostenida por el mundo, y propuso algo nuevo: 'servidumbre.' Siervo y esclavo eran palabras desconocidas para los líderes del primer siglo en el mundo, pero los primeros Cristianos tomaron muy en serio las enseñanzas de Jesús al respecto." [256]

Si en las últimas décadas, los pastores y misioneros pudieron haber recordado esta idea bíblica de liderazgo, hubieran podido evitar serios problemas. Hasta cierto punto, el estilo dominante y jerárquico de dirigir ha producido muchos miembros inactivos en las iglesias; despreocupados y a veces amargados porque tienen que escoger entre lo que se les ordena o no hacer nada. Desde finales de la década de los sesenta, algunas iglesias del África, Asia y América Latina han mostrado un fuerte resentimiento contra la presencia de misioneros extranjeros. En muchos casos, estas situaciones negativas han surgido debido a un liderazgo de control y poder (machismo o caciquismo) en lugar de un ministerio servicial.

"¡Misioneros, regrésense a casa!" se ha oído a menudo. Muchos líderes nacionales han demandado una "moratoria" en las relaciones iglesia-misión. Algunos han hecho un llamado a la nacionalización completa de las empresas misioneras. También se ha pedido la expulsión de los misioneros extranjeros que controlan los asuntos administrativos de las iglesias del África, Oceanía, Asia y América Latina. Muchos de estos conflictos podían haberse evitado si los misioneros hubieran recordado que estaban para servir la mesa, para lavar los pies de otros, para ayudar a los Cristianos nacionales. Ellos debieron mostrarse como siervos, como verdaderos modelos para los líderes locales. Acepto mi responsabilidad, no hemos sabido poner en práctica lo que hemos conocido por muchos años: que el líder en la Iglesia debe ser el siervo de todos porque cuando los líderes gobiernan en vez de servir, pierden su derecho a dirigir. Debemos enfatizar que

---

[255] Stephen C. Neill señala esto en *Fulfill Thy Ministry* (New York: Harper, 1952), 95-96.

[256] Arthur M. Adams, *Effective Leadership for Today's Church* (Philadelphia: Westminster, 1978), 38-39. En Marcos 10:42-45 Jesús habla acerca de los líderes que vienen "no para ser servidos sino para servir." Pablo se llama a sí mismo "esclavo" de Jesucristo, como también lo hacen otros escritores neotestamentarios. Véase Romanos 1:1; Gálatas 1:10; Filipenses 1:1; 2 Timoteo 2:24; Tito 1:1; Santiago 1:1 y 2 Pedro 1:1.

este liderazgo servicial no es pasivo ni impotente. El nuevo líder dirige, pero a través de un modelo especial de líder/siervo que capacita y prepara al que sigue su liderazgo.[257]

Nehemías es un excelente ejemplo bíblico del líder dinámico, visionario y movilizador que hemos estudiado. A continuación, se mencionan algunas de sus cualidades como líder.

1. Se identifica con los problemas y los pecados del pueblo solidarizándose y comprometiéndose con ellos (Nehemías 1:3-4).
2. Tiene visión (1:9).
3. Tiene valor (1:11; 2:4-5; 6:11).
4. Hace planes definidos (2:6–9, 12–16).
5. Demuestra confianza en sí mismo (2:17).
6. Inspira al pueblo a alcanzar la meta (2:18).
7. No se da por vencido a pesar de la oposición (2:10,19).
8. Usa los recursos de otros (3:1).
9. Delega el trabajo entre su pueblo (3:2–32).
10. Sabe cómo enfrentarse a la oposición (4:9-14; 6:5-8).
11. Inspira al pueblo desanimado (4:14-23).
12. Organiza al pueblo para cubrir cada aspecto de la obra (4:16-21).
13. Trabaja al lado de ellos (4:21-23; 5:16).
14. Demuestra un carácter fuerte y decidido cuando es necesario (5:6-8).
15. Convence al pueblo para trabajar hacia la meta (5:8-12).
16. Comunica sus ideas en una forma inspiradora (5:13).
17. Es disciplinado y se sacrifica para vivir con el pueblo y al nivel de ellos (5:14-15).
18. Es generoso con lo que tiene (5:17-18).
19. No se distrae fácilmente con tal de lograr la meta (6:3-4).
20. Alcanza la meta (6:15).
21. Organiza al pueblo para una segunda fase (7:4-5).
22. Organiza una fiesta grandiosa de acción de gracias y renueva el pacto con Dios (capítulos 8-9, 12:27-43).
23. Se mantiene firme contra el pecado y si lo hay, trata de corregirlo (capítulo 13).

Determinando los estilos apropiados de liderazgo

Una cosa es saber en teoría lo que significa liderazgo y otra muy diferente es demostrarlo en la vida, en la personalidad y en el ministerio. Aunque el propósito de este libro no es explicar cómo hacerlo, es necesario entender esta perspectiva misionera que hemos bosquejado. Necesitamos estudiar los estilos de liderazgo, el rol del pastor al edificar congregaciones misioneras y la necesidad de desarrollar y entrenar nuevos líderes en la Iglesia.

---

[257] Eddie Gibbs. *I Believe in Church Growth* (Grand Rapids: Eerdmans, 1982), 379 y subsiguientes; idem, *Followed or Pushed?* (London: MARC Europe, 1987).

Ted Engstrom habla de la manera en que los líderes llevan a cabo sus funciones y cómo la congregación los percibe. En el capítulo "Estilos de Liderazgo," Engstrom presenta cuatro estilos principales: "manos sueltas" (*laissez-faire*), participativo-democrático, benevolente-autocrático y autocrático-burocrático. A la pregunta: ¿Cuál estilo es el mejor? él responde, "los líderes son diferentes, pero también lo son sus seguidores. En otras palabras, algunas situaciones demandan un cierto estilo de líder, mientras otras demandan uno diferente....El estilo apropiado depende de la tarea de la organización, la etapa particular de desarrollo en que se encuentra y las necesidades del momento."[258]

Necesitamos estar conscientes de aplicar los mejores tipos de liderazgo para movilizar las congregaciones misioneras. Aquí, el lector necesita tener en mente que la forma de percibir el tema está fuertemente condicionada por la cultura e influenciada por el contexto. Es decir, estamos involucrados en las dinámicas de "sistemas," que afectan tanto al líder como al seguidor. Ambos necesitan examinar el propósito de la Iglesia y la situación predominante en el contexto. Basado en esto se escoge la clase de líder que se necesita en ese momento.[259]

Una excelente fuente de reflexión sobre los estilos de liderazgo se encuentra en la obra de Alvin J. Lindgren y Norman Shawchuck, *Administración para Su Iglesia* (*Management for your Church*). Como se mencionó antes, ellos consideran cinco teorías básicas para la administración de la iglesia (la tradicional, la carismática, la clásica, la de las relaciones humanas, y el modelo de sistemas). Ellos relacionan los estilos de liderazgo que van con cada teoría organizacional y señalan las diferencias entre las cinco teorías de acuerdo con la función de sus líderes.

Tradicional: (paternalista-sacerdotal): Mantiene la tradición y conserva el *status quo*.
Carismático: (profético-inspiracional): Dirige y motiva a través de la atracción personal.
Clásico: (agresivo-directivo): Dirige transmitiendo decisiones.

---

[258] Theodore W. Engstrom. *The Making of a Christian Leader*, 39-40. Otras fuentes, incluyendo a Warren Bennis y Burt Nanus. *Leaders: Strategies for Taking Charge* (Philadelphia: Harper and Row, 1985), y Hersey and Blanchard. *Management of Organizational Behavior*, proveen un entendimiento más completo de esta materia tan compleja.

[259] Charles Chaney sumarizó los cuatro tipos de líderes de Donald A. McGavran en su libro *Design for Church Growth* (Nashville: Broadman, 1977), 50. Véase también Donald McGavran and Winfield C. Arn. *How to Grow a Church* (Glendale, Calif.: Regal, 1973), 89-97, y Gibbs. *I Believe*, 361-64. J. Robert Clinton y Edgar Elliston sugieren un listado modificado de los líderes de la iglesia. Véase J. Robert Clinton. *Leadership Emergence Theory* (manuscrito sin publicar, 1989), y Edgar Elliston. *Home Grown Leaders* (manuscrito sin publicar, 1989). Hay también diferencias relacionadas al tamaño y edad de la congregación. Vea, por ejemplo, Lyle E. Schaller. *Looking in the Mirror: Self-Appraisal in the Local Church* (Nashville: Abingdon, 1984), and Martin F. Saarinen. "The Life Cycle of a Congregation" en *Action Information*, 12.3 (Mayo-Junio, 1986):9-11.

Relaciones Humanas: (sensible-no directivo): Crea una atmósfera de libertad de
expresión y participación de todos.
Modelo de Sistemas: (profesional-activador): Clarifica metas, interpreta el entorno
y observa cambios.[260]

En otras palabras, el tipo de teoría organizacional que uno escoja conduce al estilo de liderazgo más eficiente para esa situación. Debemos tener en mente que la teoría organizacional es realmente una descripción de la manera en la que un líder se relaciona con sus seguidores. La personalidad, el estilo de liderazgo y la presencia simbólica del líder influyen fuertemente en la congregación hasta llegar a ser un pueblo misionero de Dios.

La esencia o naturaleza de la iglesia, su propósito, su papel en el mundo y las metas de las congregaciones misioneras deben estar integradas a la vida, ministerio y perspectivas del líder. De esta forma, el líder es capaz de dirigir como un siervo y motivar a los miembros a emerger hacia su misión o ministerio en el mundo. Por lo tanto, es extremadamente importante que los líderes misioneros vivan en sí mismos la visión misionera que ellos esperan despertar en su congregación, su denominación o su organización misionera. El líder servicial, con su entusiasmo, su visión y su dirección, impulsa a los miembros del Cuerpo hacia su misión en el mundo.

En relación con la actividad misionera transcultural, Max Warren menciona la gran variedad de cualidades necesarias en el liderazgo personal. Él describe una serie de cuadros para mostrar cómo es un misionero en varios contextos. También, en pocas palabras refleja las diferentes etapas que experimentan los misioneros transculturales en su relación con el pueblo al que han sido llamados. Es interesante comparar las palabras de Warren con los siete pasos del desarrollo de las congregaciones misioneras que vimos en el capítulo 2. Él insiste en que los misioneros transculturales deben ser "investigadores, aprendices, oidores, enamorados del pueblo, conectados con otras organizaciones y agentes de cambio y señales del fin."[261]

Aquí tenemos una lista de cualidades que debemos fomentar en nosotros mismos y en los demás como líderes de iglesias misioneras. Hay muchas actividades dentro de la Iglesia que pueden impulsar el liderazgo. Por ejemplo, la música, la educación, las relacionales humanas, la

---

[260] Alvin J. Lindgren and Norman Shawchuck. *Management for Your Church* (Nashville: Abingdon, 1977) 26.
[261] Max Warren. *I Believe in The Great Commission* (Grand Rapids: Eerdmans, 1976), capítulo 10. Podríamos también utilizar palabras como "ejemplo," "sabiduría," "supervisión," "estudiante," y "sacrificio" para mostrar el rol del líder como un catalizador en el desarrollo de congregaciones misioneras. Vea Carlos Van Engen. "Pastors as Leaders in the Church" en *Theology News and Notes* (Junio 1989): 15-19.

liturgia, la didáctica y la homilética pueden ser usadas creativa y espontáneamente por el líder y sus seguidores para provocar una explosión hacia el ministerio de la Iglesia en el mundo. Tal vez si tuviéramos más misioneros transculturales y líderes de iglesias nacionales que fueran un ejemplo de estas cualidades, tendríamos menos paternalismo y más entendimiento entre las misiones extranjeras y las iglesias.

Ciertamente una sola persona no puede hacerlo todo. Sin embargo, es extremadamente importante que los misioneros tomen en cuenta la personalidad y los estilos de liderazgo de los que están bajo su cuidado y el medio ambiente en el cual desarrollan su ministerio. A través de un estudio cuidadoso, podemos desarrollar un tipo de liderazgo más eficiente para movilizar a la Iglesia en su misión y en su contexto.

Ahora bien, los estilos de liderazgo nunca son estáticos. La congregación, el entorno, los líderes y los seguidores están en constante cambio. Esta idea mueve a Hersey y Blanchard a exigir un "liderazgo situacional," sobre todo en el desarrollo de congregaciones misioneras con contextos transculturales y multiculturales. En tal caso, necesitamos un "liderazgo situacional" para incrementar la sensibilidad entre el líder y el seguidor. Aquí los estilos de liderazgo deben cambiar para ajustarse al desarrollo y cambios de los seguidores.[262]

Como cada situación demanda cierto estilo de liderazgo, la adaptación se hará de acuerdo al momento, al contexto y a las metas que se tratan de alcanzar. Más aún, las actividades, la preparación y la madurez de los seguidores también están en constante cambio.

Algunas organizaciones tienen dificultad para hacer cambiar a sus líderes. Los mismos líderes necesitan modificar sus estilos de liderazgo dependiendo de la tarea a realizar, los cambios en la vida de la organización, la necesidad del momento, los seguidores involucrados y los procesos necesarios para lograr las metas deseadas. Es así como Hersey y Blanchard abogan por un enfoque "situacional," que evalúa concienzudamente la relación entre el líder y el seguidor y modifica apropiadamente el estilo de liderazgo con relación a las bases de su poder (véase Figura 14).[263]

---

[262] Ver Hersey and Blanchard. *Management of Organizational Behavior*, capítulos 8, 9.
[263] Ibid., 105-26.

FIGURA 16

Interacción líder-discípulo basada en estilos típicos de liderazgo

Dictador	Supervisor	Asesor	Consejero
Mandamientos.	Enseña como realizar las tareas.	Fija metas amplias y fechas límite.	Sugiere maneras de mejorar las tareas.

Líder — **Seguidor**

Dictador	Supervisor	Asesor	Consejero
Obedece.	Aprende como realizar las tareas.	Recibe instrucciones.	Realiza las tareas. Se apropia de ellas.
La tarea es nueva para el discípulo.	El discípulo tiene algo de experiencia.	El discípulo tiene algo de confianza y habilidad comprobada	La tarea es clara y dentro de las habilidades del discípulo

Diagrama adaptado de Robert Tannenbaum y Warren H. Schmidt.

"How to Choose a Leadership Pattern" en *Harvard Business Review* (Mayo-Junio 1973).

Desarrollando nuevos líderes misioneros

Si sabemos qué tipo de líderes necesitamos en las congregaciones misioneras, ¿por qué fracasamos al prepararlos? He aquí algunas razones:

1. Hemos entrenado a nuestros laicos a ser pasivos porque consideramos el "ministerio" como una labor profesional que sólo unas cuantas personas que han sido ordenadas lo pueden hacer.
2. El pastor o misionero piensa que nadie más puede hacer la obra y por lo tanto no permite que alguien lo intente.
3. El que dirige hace del liderazgo un asunto tan complicado y tan demandante que ningún laico desea participar como voluntario.

4. No sabemos como ser líderes equipadores. Somos capaces de planear los proyectos, pero no sabemos enseñar a otros a realizarlos.
5. Enfatizamos el "Síndrome del ayudante de Papa Noel" esperando que los "laicos" hagan los trabajos desagradables dentro de la Iglesia en vez de prepararlos para el verdadero "ministerio" en el mundo.
6. No sabemos como delegar autoridad con gracia porque tenemos miedo de perder el control.
7. Si delegamos responsabilidad, no sabemos cómo apoyar a los miembros en la realización de su trabajo, menos evaluarlos a lo largo de su actividad ministerial.
8. Preparamos a los miembros para desarrollar su ministerio; sin embargo nunca terminamos de planificar, organizar o programar las actividades de tal "ministerio." (Este es un problema común en aquellas congregaciones que pasan mucho tiempo entrenando a sus miembros en el evangelismo, pero nunca estar listos para salir a las calles, las casas, los negocios o las escuelas).
9. Como pastores y misioneros tenemos temor de entrenar a otros que puedan llevar a cabo el "ministerio" mejor que nosotros. Quizá podríamos perder nuestra posición, prestigio, poder y hasta nuestro trabajo.
10. Mantenemos una perspectiva profesional de la naturaleza de la Iglesia en la cual sólo "profesionales" de tiempo completo, especializados y remunerados pueden hacer la obra dentro y fuera de la Iglesia.

Para que las iglesias misioneras surjan como ministerio del Pueblo de Dios en el mundo, el entrenamiento de líderes congregacionales de todo tipo y en todos los niveles, es imperativo. No podemos darnos el lujo de dejar que los pastores, misioneros, ejecutivos de misiones o líderes de países del tercer mundo realicen su ministerio a solas. El patrón novotestamentario es bastante claro. Cada líder de iglesia debe llevar a cabo su tarea, acompañado de otros creyentes que a la vez son equipados para llegar a ser líderes. Cuando todos los miembros del Pueblo de Dios desarrollen sus dones, surgirá el liderazgo y los ministerios de las iglesias misioneras.

Por lo tanto, el criterio para verificar la eficacia de los líderes misioneros debe ser que toda la membresía de la iglesia esté creciendo en gracia y en conocimiento de Dios hacia la "madurez,." En Cristo Jesús. Si esto ocurre, los líderes serán verdaderamente eficientes. Si el "factor Beta" continúa, los líderes no estarán dirigiendo, sino que, por el contrario, estarán descarrilando al pueblo de Dios y obstruyendo o entorpeciendo su ministerio. En las iglesias misioneras la eficiencia de los líderes no se mide por lo que ellos hacen dentro de las iglesias, sino por la forma en que el Pueblo de Dios ha sido equipado, capacitado, organizado e inspirado para participar en la misión de Dios en el mundo.

CAPÍTULO 12

La administración misionera
en la iglesia local

Nada de lo que hemos visto hasta aquí sería posible a menos de que se le incluyeran pies y manos por medio de una cuidadosa e intencional administración. Las estructuras administrativas facilitan la acción concreta de la misión congregacional en el mundo. Esta es la parte más crítica en el proceso para establecer congregaciones misioneras, aunque al parecer la más ignorada. Las veces que el autor ha platicado con pastores y misioneros, ellos se han gozado al oír sobre el pueblo misionero de Dios hasta que llegamos a este punto. Parece que cuando el autor comienza a hablar de administración, ellos fingen estar sordos o no querer escuchar. La mayoría de los misioneros y pastores desean que sus iglesias crezcan y que se proyecten en la misión. Pero no están dispuestos a pagar el precio de dedicarse a una cuidadosa, intencional y disciplinada administración llena de visión. En este capítulo deseamos crear la imagen de una administración dinámica, viviente y llena del Espíritu Santo que conduzca hacia un ministerio de equipamiento misionero.

Esta administración dinámica debe incluir por lo menos los siguientes elementos:

1. Analizar, estudiar y entender el contexto del ministerio de la congregación.
2. Dar a conocer la visión.
3. Diseñar metas que sean contextual y misiológicamente apropiadas.
4. Desarrollar planes de acción específicos, concretos, medibles y realizables.
5. Reclutar personas que puedan llevar a cabo los planes misioneros de la congregación.
6. Delegar, entrenar y equipar a todos aquellos que han decidido involucrarse en diferentes ministerios.
7. Crear maneras de fortalecer a estas personas en su labor.
8. Apoyar a la membresía en cualquier área que necesite para realizar su ministerio, animándolos en todo tiempo.

9. Hacer ver a las personas involucradas la necesidad de rendir cuentas por las responsabilidades que han aceptado.
10. Evaluar constantemente todo el proyecto de alcance misionero de la congregación, haciendo los cambios necesarios sobre la marcha.

Una vez mas necesitamos insistir en que la administración dinámica debe ser culturalmente apropiada y de acuerdo a su contexto. Por lo tanto, para muchos misioneros y pastores, el aplicar estas dinámicas de administración será un asunto de prueba, descubriendo, junto con la membresía, las estructuras que dan mejor resultado en su contexto particular. No obstante, debemos hacer algunas observaciones teológicas y misiológicas generales referentes a la administración misionera, dinámica y creativa.

La administración es una actividad espiritual.

La Biblia es relativamente silenciosa en lo que se refiere a patrones de organización y administración. Esto se debe a que las formas estructurales vienen a ser obsoletas rápidamente y sólo son medios para un fin divino. Además, la vida tiene tantas variables y eventos inesperados que la creatividad en esta área debe ser constante para adaptar los nuevos patrones.
Sin embargo, la Biblia sí habla de este tema y cuando lo hace, sus ejemplos emiten principios dinámicos y poderosos...Tanto en el Antiguo como en el Nuevo Testamento aparecen los mismos principios básicos. Esto nos ayuda a demostrar que los patrones no son absolutos, pero los principios sí.[264]

Con estas palabras Gene A. Getz comienza su tratado sobre la administración y la organización de la Iglesia. Revisó cuatro situaciones administrativas de las Escrituras: la de Moisés en Exodo 18, la de Nehemías en Nehemias 1–12, la de los apóstoles en Hechos 6 y la del Concilio de Jerusalén en Hechos 15. En cada caso se observa que había un problema que enfrentar, una solución por encontrar, y resultados que buscar. Podríamos comparar la situación que Moisés enfrentó al organizar a los descendientes de Abraham en Sinaí (Exodo 18:13-26; Deuteronomio 1:9-18) con la problemática que los discípulos enfrentaron al organizar a los nuevos creyentes en Jerusalén (Hechos 6). En la figura 15 vemos que la organización es una parte de la perspectiva de las Escrituras sobre la vida y la naturaleza del pueblo de Dios. Él estaba dirigiendo aún la manera en que los israelitas acampaban alrededor del Tabernáculo (Números 2:1-31; 10:11-28). ¿Porqué no podemos ser igual de estructurados al organizar nuestras congregaciones? ¿Porqué no nos

---

[264] Gene A. Getz. *Sharpening the Focus of the Church* (Chicago: Moody, 1974), 131.

aseguramos de que cada miembro de nuestras iglesias reciba el cuidado pastoral ofrecido por otro miembro? ¿Qué sorpresa sería si la Iglesia surgiera en forma emocionante e inesperada como resultado de la cuidadosa estructura de nuestras congregaciones?[265]

Otras figuras bíblicas que enfatizan el ministerio y la misión a través de la administración incluyen a José y a Daniel. En estos dos casos, los dones administrativos no se utilizan sólo para servir al Pueblo de Dios sino para servir entre las naciones. Como resultado, la administración como un don divino trae armonía y sabiduría aún entre aquellos que no adoran a Dios. No debemos olvidar que Pablo colocó el don de administración al lado de los dones de apóstol, profeta, maestro, los que hacen milagros, sanidades y hablan en lenguas (1 Corintios 12:27-29).

Basándose en la información bíblica de Exodo 18, Deuteronomio 1:9-18, Nehemías y Hechos 6 y 15, Getz sugiere algunos principios de administración y organización que pueden ayudar al líder en la iglesia.

Principios de Administración

1. Enfrentar la realidad de los problemas.
2. Desarrollar una perspectiva apropiada para cada problema.
3. Establecer prioridades.
4. Delegar responsabilidades a personal calificado.
5. Mantener un balance entre los factores humanos y los divinos.
6. Planear la solución a los problemas y la toma de decisiones considerando las actitudes y el sentir de todos.
7. Resolver cada problema creativamente bajo el liderazgo del Espíritu Santo.

---

[265] En 1989, el autor tuvo la oportunidad de visitar la Iglesia del Evangelio Completo en Yoido (donde el pastor es Paul Yonggi Cho) en Seúl, Corea del Sur. Aunque el liderazgo de la iglesia atribuye su crecimiento fenomenal (más de 500,000 miembros) a la obra del Espíritu Santo, su organización es impresionante. Desde los grupos celulares de diez, hasta los cientos de pastores que laboran allí, las estructuras administrativas están preparadas para el crecimiento. Carlos George del Instituto Carlos E. Fuller ha estado trabajando en modelos para la administración de mega y meta-iglesias y está desarrollando ideas revolucionarias. También Dale Galloway está desarrollando un impresionante sistema de células en los hogares en la iglesia Nueva Esperanza de Portland, Oregon.

Principios de Organización

1. Organizarse para poder aplicar principios neotestamentarios y así lograr propósitos neotestamentarios.
2. Organizarse para satisfacer las necesidades que se presenten.
3. Mantener la organización en forma simple.
4. Mantener la organización flexible.[266]

---

[266] Getz. *Sharpening*, 148-63. Véase también E. Stanley Ott, *The Vibrant Church: A People Building Plan for Congregational Health* (Ventura, Calif.: Regal, 1989), 87 y subsiguientes, y Lloyd M. Perry y Norman Shawchuck, *Revitalizing the Twentieth Century Church* (Chicago: Moody, 1982), de la pagina 47 en adelante.

FIGURA 17

La organización del pueblo de Dios de acuerdo con Éxodo y Hechos

Guiando a Israel en el Desierto	Atendiendo a las Viudas
Problema:	**Problema:**
Exodo 18:13-18 El pueblo se quejó de Moisés desde la mañana hasta la noche. Él trató de dirigirlos por sí mismo. Moisés trataba de resolver los problemas de la gente. Sirvió como juez y enseñó al pueblo las leyes de Dios. Este trabajo le causó estrés a Moisés y a todo el pueblo.	**Hechos 6:1-2** El número de los discípulos se estaba incrementando rápidamente, creando dificultad a todo el sistema comunal. Ciertos judíos helenistas no eran atendidos en el servicio diario de los alimentos. Consecuentemente los helenistas se quejaron. Los doce se involucraron en estos detalles administrativos, descuidando su responsabilidad primaria de enseñar la palabra de Dios.
Solución:	**Solución:**
Exodo 18:19-22 El suegro de Moisés, Jetro, sirvió como su consejero. Jetro recomendó a Moisés que estableciera prioridades. Su trabajo era el de mediar entre el pueblo y Dios, y enseñarle al pueblo, como un grupo homogéneo, los estatutos de Dios. Un grupo de líderes se encargarían de los problemas interpersonales diarios. Estos líderes debían ser escogidos por sus habilidades administrativas, temor de Dios, amor a la verdad, y honestidad. Sólo los problemas mayores serían tratados por Moisés. **Deuteronomio 1:9-18** Moisés comunicó su problema al pueblo. Le dio instrucciones a cada tribu para escoger un hombre sabio, experimentado y con discernimiento. Moisés entrenó en el liderazgo a los escogidos. Luego les instruyó respecto a todo lo que iban a hacer.	**Hechos 6:2-4** Los doce convocaron a una reunión del cuerpo. Informaron al pueblo que su ministerio era la oración y la enseñanza. **Hechos 6:3-6** Los apóstoles dieron instrucciones al cuerpo para seleccionar a siete líderes calificados para llenar esta necesidad. Debían ser hombres sabios, de buena reputación y llenos del Espíritu Santo. La congregación seleccionó sabiamente a líderes

	helenistas (como indican sus nombres griegos). Los apóstoles confirmaron a los escogidos mediante la oración y la imposición de manos.
Resultados:	**Resultados:**
Exodo 18:22-23 Moisés recibió ayuda y de esta manera pudo responder a las demandas de su rol de liderazgo. Las necesidades del pueblo fueron atendidas y estuvieron satisfechos.	**Hechos 6:7** Evidentemente las necesidades fueron satisfechas, porque la unidad fue restaurada. Los apóstoles pudieron cumplir con su labor primaria de manera que la palabra de Dios continuó extendiéndose. El número de creyentes se siguió incrementando.

Adaptado de Gene A. Getz. *Sharpening the Focus of the Church* (Chicago: Moody, 1974), 131-132.

Aunque los métodos y las formas de administración varíen, la necesidad de una cuidadosa administración y una precisa organización es vital. Desafortunadamente, muchos misioneros y líderes de iglesias perciben la administración y organización como un mal necesario, o en el peor de los casos, como algo que evitar a como sea posible. A pesar de todo, estas personas deben darse cuenta de cómo Moisés, Nehemías y los apóstoles determinaron que era esencial organizar y administrar. Así también los líderes de hoy deben involucrarse activa, gozosa e intencionalmente en la organización y la administración de sus congregaciones misioneras. Si rechazan esta alternativa por ejercer un control total y autocrático; si hay líderes "quemados" e interminables divisiones; si los líderes están sobrecargados de trabajo y hay miembros que se han descuidado y cojean tambaleantes como resultado de necesidades no satisfechas, entonces una administración intencional y en amor es obligada.

Especialmente en tiempos de crecimiento, intensificación de entusiasmo y participación del laicado, los líderes deben estar conscientes de la necesidad de una administración y una organización eficiente y eficaz. De no hacerse así, se pierden grandiosas oportunidades para el crecimiento, desarrollo y madurez de todo el pueblo de Dios.[267]

---

[267] Cf. David Leuke y Samuel Southard. *Pastoral Administration: Integrating Ministry and Management in the Church* (Waco, TX.: Word, 1986), 11-25.

La administración se concentra en el ministerio de la iglesia

Alvin J. Lindgren presenta una buena descripción de lo que se requiere para la administración efectiva de una iglesia, y la define como "la tarea de descubrir y clarificar las metas y los propósitos del campo al que sirve y de dirigirse en forma coherente y completa hacia su realización."[268] Lindgren ve implicaciones importantes en el concepto de administración. El administrador debe compartir con el grupo los propósitos comunes. También debe conocer suficientemente bien el campo de trabajo para determinar qué medios son necesarios para lograr los objetivos. Asimismo, debe ser capaz de trabajar con otros, comprendiendo que sus aportaciones son igualmente esenciales. Él insiste en que "la administración apropiada provee claramente los medios a través de los cuales un grupo puede cumplir su propósito."[269]

La administración es esencial porque el saber lo que se debe hacer no necesariamente guía a los líderes en hacerlo. Una visión de la naturaleza misionera de la Iglesia no garantiza automáticamente una acción apropiada. Esto sólo se lleva a cabo a través de una administración cuidadosa e intencional.

En *Management for Your Church*[270] (*Administración para tu Iglesia*), Lindgren y Norman Shawchuck dedican un capítulo a "El Pastor como Administrador." Ellos enfatizan que la administración y la organización de la Iglesia no deben variar sólo de acuerdo al medio ambiente, sino que deben también ser adaptadas de acuerdo a los cambios que se ven en la vida de la membresía.

Hay que reconocer que la Iglesia siempre ha adoptado una estructura de administración y organización derivada de su entorno secular. Sin embargo, estos autores nos advierten que las prácticas seculares no siempre caben en organizaciones religiosas. La Iglesia desempeña una misión única y las personas se unen a sus filas por razones muy particulares.

Esta singularidad de misión y membresía requiere que la Iglesia examine críticamente el diseño y los procedimientos de organización secular antes de adaptarlos a sus propósitos dentro de la iglesia local. Y si se adaptan, deben mantenerse sujetos a la misión que intentan apoyar.[271] Ellos

---

[268] Alvin J. Lindgren. *Foundations for Purposeful Church Administration* (Nashville: Abingdon, 1965), 22-25.
[269] Ibid.
[270] Nashville: Abingdon, 1977.
[271] Ibid., 135; Véase Peter Drucker. *Management: Tasks, Responsibilities, Practices* (New York: Harper and Row, 1974).

recomiendan tomar en serio las tres tareas de la administración establecidas por Peter F. Drucker.[272]

La primera tarea es aclarar el propósito específico y la misión de la institución. La segunda tarea es hacer que el trabajo sea productivo y que el trabajador alcance las metas fijadas. La tercera tarea es administrar el impacto y la responsabilidad social. Lindgren y Shawchuck señalan que "el recurso más valioso de cualquier iglesia son sus miembros. Por lo tanto, como una segunda responsabilidad el pastor, como administrador, debe ver a las personas como tales y procurar que se involucren en forma fructífera. Sí, deben involucrarse en el cumplimiento de la misión de la iglesia, así como en su propio desarrollo y logros personales."[273]

Aquí vemos una de las más claras expresiones de la tarea administrativa del líder de la Iglesia. En realidad todos los puntos tratados hasta aquí son un análisis administrativo. A través de la administración, las congregaciones misioneras reciben la visión de lo que será su vida. Por medio de la administración la perspectiva de la Iglesia que viene "desde arriba" se une con la perspectiva "desde abajo."

En la administración, cualquier organismo se consolida en una institución. Pastores y misioneros sirven mejor a la Iglesia cuando conocen exactamente los propósitos, las metas, los objetivos y las estrategias de su congregación, su denominación o su organización misionera -- y luego se organizan involucrando a los miembros de la iglesia para lograr tales propósitos. El administrador con propósito y visión intencional servirá mejor a su Iglesia al enfatizar la visión comunal e insistir en que el programa y las actividades vayan de acuerdo al propósito de la congregación.

Además, el administrador y la administradora con intención misionera guiará a la congregación a crear planes, tomar decisiones y resolver conflictos internos con el objetivo siempre de movilizar al pueblo misionero de Dios en su misión en el mundo.[274] El o la administrador/a tiene la tarea de evaluar continuamente la ejecución de todos los programas,

---

[272] Peter Drucker. *Management*, 135-40

[273] Alvin J. Lindgren y Norman Shawchuck. *Management for Your Church: How to Realize Your Church Potential Through a Systems Approach*, 135. Directrices de las operaciones diarias para hacer esto pueden ser halladas en la literatura sobre la administración de la iglesia. Se necesitan manuales apropiados contextualmente para ofrecer precisamente este tipo de ayuda a pastores en la mayoría de las situaciones de las dos terceras partes del mundo.

[274] Está fuera del alcance del presente trabajo el ofrecer directrices de las operaciones diarias para hacer esta movilización. El lector podrá consultar literatura existente sobre la administración de la iglesia.

comparándolos con el propósito y las metas de la iglesia para mantener el barco del evangelio en la dirección correcta. Estas funciones administrativas quedan ilustradas en la Figura 16.

Los líderes administrativos de una congregación son llamados a crear un ambiente para que los miembros, individual y colectivamente, puedan poner en acción su naturaleza como el pueblo de Dios llamado a su misión en el mundo.[275] James D. Anderson y Ezra E. Jones lo han declarado de la siguiente manera:

La mayor prueba de la estructura de cualquier iglesia (y por lo tanto también de su administración) es el grado en que cada individuo es capaz de unirse libremente y participar con otros cristianos como parte del grupo. Una prueba crucial de la estructura de la iglesia sería cuando un miembro nuevo no se siente como en casa porque no se ha unido libre y completamente a la congregación. El nivel de comunión de los creyentes se manifiesta al decidir entre pertenecer a un grupo pequeño y aislado o sentir que todos los grupos dentro de una congregación coexisten con cierta armonía.[276]

---

[275] James D. Anderson y Ezra Jones. *The Management of Ministry* (New York: Harper and Row, 1978), 63.
[276] Ibid., 67.

176

FIGURA 18

Compaginando los programas de la iglesia con su acción en el mundo

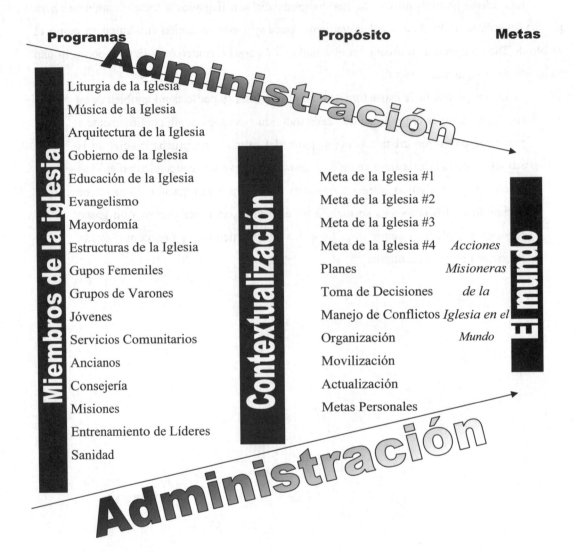

Este principio se aplica tanto a congregaciones pequeñas como grandes, aunque la estructura cambia según el tamaño.[277] También se aplica tanto a las iglesias y misiones europeas como a las norteamericanas o a las del tercer mundo. Asimismo, el principio es básico dondequiera que hombres y mujeres deseen tener un sentido de pertenencia y participación. El sentirse parte de la familia de Dios y tener una razón de ser y pertenecer les inspirará, les dirigirá y les unirá por una meta común. Podemos deducir que el crecimiento integral de la Iglesia es un proceso emergente por el cual los miembros avanzan colectivamente hacia la plenitud de la estatura de Cristo, siendo transformados para el ministerio.[278] Esta es en sí la función de una administración misionera dirigida hacia afuera y que se basa en el poder personal y colectivo de la Iglesia.

La administración busca la contextualización

El administrador de la iglesia debe preocuparse de que la vida de la congregación encaje o engrane en su respectivo contexto. Un deber administrativo de los líderes es el de evaluar constantemente la forma, estructura y estilo de vida de su congregación en relación al contexto socio-cultural que desean alcanzar. Si nos basamos en la "teoría de sistemas" el papel del administrador es claro; todas las decisiones tomadas deberán de alguna forma contribuir a que la iglesia sea más "nativa" y dinámicamente más de acuerdo a su cultura.[279]

Los buenos líderes administrativos deben examinar el impacto del entorno en la congregación, si su influencia positiva o negativa cambia al cuerpo, y si la iglesia es una influencia transformadora en su contexto. Es así como el "ciclo de retroalimentación" viene a ser una importante herramienta administrativa para medir la acción de la iglesia en el cumplimiento de su papel transformador. El factor más importante en la formación de la estructura congregacional debe ser la naturaleza de la comunidad que la rodea y la acción misionera que se busca hacer.

---

[277] Véase por ejemplo, Carl S. Dudley. *Making the Small Church Effective* (Nashville: Abingdon, 1978), capítulo 4; Thomas C. Campbell y Gary B. Reierson. *The Gift of Administration* (Philadelphia: Westminster, 1981), 127 y subsiguientes; Lyle E Schaller. *Growing Plans: Strategies to Increase Your Church's Membership* (Nashville: Abingdon, 1983), y del mismo autor, *Looking in the Mirror: Self-Appraisal in the Local Church* (Nashville: Abingdon, 1984).

[278] Orlando Costas trata extensamente el concepto de "Crecimiento Integral de la Iglesia." Él habla de expansión numérica, orgánica, conceptual y encarnacional, en *The Church and Its Mission: a Shattering Critique from the Third World* (Wheaton, Ill.: Tyndale, 1974), 90. Vea también del mismo autor, *The Integrity of Mission: The Inner Life and Outreach of the Church* (New York: Harper and Row, 1979).

[279] Una de las voces más fuertes criticando la falta de iglesias dinámicamente equivalentes ha sido la de Charles Kraft. La iglesia mundial debe abrirse a formas viables de construir este aspecto en su propia conciencia y estructuras. Vea Charles H. Kraft. *Christianity in Culture: A Study in Dynamic Biblical Theologizing in Cross-cultural Perspective* (Maryknoll, N.Y.: Orbis, 1979), 315-27.

Los líderes de la iglesia asumen que cualquier cambio en el medio ambiente puede ser adaptado mediante ajustes a la organización existente. Esto es evidentemente falso; es mas, una cantidad impresionante de ministros ordenados [y podría añadir, misioneros] se sienten culpables y deprimidos por la condición de la congregación en que trabajan. Ellos asumen que si la predicación fuese mejor, el programa sería más emocionante, la congregación sería más amigable, y como resultado, los dilemas de una comunidad y un vecindario cambiante podrían ser resueltos por la congregación existente....En su lugar, la congregación debería comprender cuán ajena está de la cultura de la comunidad en la cual se encuentra....Un ministerio efectivo reclama una estructura contextualizada.[280]

Hemos hallado que las congregaciones misioneras más efectivas son "encarnacionales," es decir que reflejan la presencia de Jesucristo y el Espíritu Santo en sus comunidades de una forma apropiada. Por lo tanto, una administración dirigida por el Espíritu Santo es un requisito indispensable, tanto en las iglesias que envían misioneros como las agencias misioneras y las congregaciones receptoras. Solamente con la ayuda del Espíritu Santo puede una iglesia balancear su tarea de (a) contextualizar el testimonio de la iglesia con la comunidad y (b) llamar a esa comunidad al arrepentimiento y a seguir las inmutables demandas de las Escrituras. No hay sólo una estrategia para definir cómo el evangelio debe ser dirigido a las personas. La tremenda variedad de medios culturales demanda que cada congregación aplique su esencia y su propósito en el desarrollo de sus miembros, líderes y estructuras administrativas.

La administración nos ayuda a evitar la manipulación.

Otra razón por la que la administración es esencial en las iglesias misioneras, es que ayuda a evitar la manipulación que tanto ha afectado sus esfuerzos misioneros.[281] Hace algunos años Maxie Dunnman, un ministro metodista, junto con Gary Herbertson y el psicólogo Everett Shostrom, autor de *Man, the Manipulator* (*El Hombre, El Manipulador*), trabajaron conjuntamente con el fin de proveer algunas sugerencias para prevenir la manipulación en la administración. Ellos dicen que casi todos, consciente o inconscientemente, contribuyen a la "enfermedad de la manipulación" en la sociedad. Estos autores definen al manipulador como "una persona que explota, usa o controla a sí mismo y a otros como 'cosas', y lo hacen en forma destructiva."[282] La

---

[280] Citado en Kraft. *Christianity in Culture*, 54-56.

[281] Juan Isais demostró efectivamente este problema en *The Other Side of the Coin*, E. F. Isais, trans. (Grand Rapids: Eerdmans, 1966).

[282] Maxie D. Dunnam, Gary J. Herbertson, and Everett L. Shostrom, *The Manipulator and the Church* (Nashville: Abingdon, 1968), 83.

otra alternativa para un manipulador es llegar a ser un "actualizador" quien (1) integra el liderazgo y la empatía; (2) integra el respeto y el aprecio; (3) integra la afirmación y el cuidado e (4) integra la expresión y la guía.[283]

Debido a la preocupación de ser vistos como manipuladores, las iglesias norteamericanas desarrollaron formas pasivas de liderazgo "facilitador" durante las décadas de 1960 y 1970. Este no es el tipo de facilitador/catalizador que vemos en el capítulo 11. El estilo de liderazgo en esos años no impartió dirección ni visión. Era tan sumiso y pasivo que no dirigía en nada. Fue predominantemente reactivo, esperando que los miembros de la iglesia decidieran lo que deseaban hacer. De este modo, se unían a ellos pasivamente para animarlos en su visión. Cabe decir que este estilo de liderazgo fue un desastre porque no evitó la manipulación. En realidad esa mentalidad "facilitadora" fue bastante manipuladora, cayendo la responsabilidad de liderazgo totalmente sobre los miembros, mientras los pastores abdicaron a su papel de líderes.[284]

Las congregaciones misioneras deben impulsar un ambiente de tipo "actualizador" personal e interpersonal que dirija tanto a los líderes como a los miembros hacia una fe, una esperanza y un amor externalizados. Esto es lo que Cristo ofrece a la Iglesia para ser bendición al mundo. El líder "actualizador" puede ser instrumento para edificar iglesias misioneras, capacitando con libertad al pueblo de Dios para el ministerio. Lyle E. Schaller y Charles A. Tidwell describen algunos de los factores que motivan a la Iglesia hacia la participación y la actualización en la misión. Ellos hacen una distinción entre los factores motivadores y los factores desmotivadores (manipuladores) de las relaciones humanas en la Iglesia. Los factores motivadores impulsan el trabajo porque el individuo siente el privilegio de participar, siente que alguien necesita de su labor. Hay un ambiente de cooperación y de apoyo y la información se comparte libremente con todos los demás. La desmotivación ocurre cuando un líder utiliza a los miembros para su propio beneficio, carece de integridad, hay falta de respeto y hay demasiadas responsabilidades delegadas entre muy pocas personas.[285]

Es de la vital importancia una administración "actualizadora" para la vida y el ministerio de las congregaciones misioneras. La administración actualizadora está basada en las Escrituras.

[283] Ibid., 83-87.
[284] C. Pedro Wagner ha subrayado este asunto en varios de sus libros, pero lo establece de forma particularmente fuerte en *Leading Your Church to Growth: The Secret of Pastor-People Partnership in Dynamic Church Growth* (Ventura, Calif.: Regal, 1984)
[285] Lyle E. Schaller y Charles A. Tidwell. *Creative Church Administration* (Nashville: Abingdon, 1975), 66-81.

Se concentra en el propósito por el cual la Iglesia existe y nos ayuda a evitar la manipulación. Esta administración creativa edifica infraestructuras organizacionales que proveen oportunidades para el servicio. Muchos autores han escrito sobre este aspecto de la administración. El lector puede consultar la literatura citada al final de este capítulo.

A pesar de todo lo que se ha dicho, ¿Porqué en la iglesia y otras organizaciones para-eclesiásticas somos tan lentos para crear estructuras que animen al Pueblo de Dios a hacer su ministerio? Hay muchos institutos bíblicos y seminarios en el tercer mundo, por ejemplo, pero pocos de ellos enseñan a los líderes cómo organizar, cómo establecer juntas directivas, cómo desarrollar estrategias y cómo edificar estructuras organizacionales.

Al plantar nuevas iglesias y denominaciones nos vemos muchas veces preocupados por los aspectos personales, educativos, espirituales y litúrgicos. No parece que seamos capaces de enseñarles la administración contextualizada, la contabilidad, la mayordomía, la organización y la edificación de las estructuras de la iglesia. En Europa y Norteamérica tenemos cientos de miles de miembros muy calificados para servir en las juntas directivas de las iglesias, pero casi nunca se les enseña sobre la singularidad de la Iglesia, el propósito de la misma, la manera de edificar sus estructuras y cómo hacer para que los mejores recursos humanos, tiempo, talento y dinero surjan a la superficie. No importa que sean iglesias antiguas o nuevas, parece que permitimos que la tradición eclesiástica determine su administración en lugar de ser administradores creativos que edifiquen iglesias que emerjan en formas nuevas y sorprendentes. Esta es una de las herramientas necesarias, demandantes y críticas de la actividad eclesiástica creativa. Debe haber un pensamiento renovado y convincente entre ejecutivos de iglesias, ejecutivos de agencias misioneras, misioneros y pastores locales.

Necesitamos explorar juntos, por medio de la edificación de estructuras nuevas y efectivas, lo que significa llegar a ser en realidad lo que la Iglesia proclama ser en fe y esperanza. Con los campos blancos para la siega, oremos al Señor de la mies que nos dé líderes administrativos que puedan dirigir a los obreros de una forma eficiente, dinámica y fructífera. En la iglesia de hoy hay una urgente necesidad de personas que tengan el don de la administración. Mientras entrenamos a plantadores de nuevas iglesias y a pastores, debemos dedicar mayor atención al entrenamiento de administradores con compasión y visión para convertir esas congregaciones misioneras, denominaciones y agencias misioneras en ministerios efectivos.

La administración facilita la evaluación.

Muchas personas insisten en encontrar formas para evaluar la vida y la práctica de la iglesia. Unas enfatizan las implicaciones sociales del evangelio. Otras acentúan la tarea evangelística. Otras como, por ejemplo, Donald McGravan y Pedro Wagner exhortan a medir la efectividad de la Iglesia por el número de personas que se incorporan a la iglesia local.

La Iglesia emergente debe saber que la base de su evaluación se encuentra en la naturaleza de la Iglesia al ser contextualizada en medio de una cultura particular. La evaluación de congregaciones misioneras debería incluir una comparación entre lo que mostramos y lo que confesamos. La evaluación de las metas, estrategias, liderazgo, membresía y administración deberán conducir a una pregunta: ¿Qué tan cerca estamos de ser la comunidad de la Palabra y de los sacramentos, la una, santa, católica (universal) y apostólica Iglesia que se congrega alrededor de Jesucristo? Lo maravilloso es que entre más cerca nos hallamos a esta realidad, más nos encontramos listos para movilizarnos hacia el exterior, para dar nuestras vidas por el evangelio. Porque Jesús no vino para condenar al mundo, sino para que el mundo sea salvo por él (Juan 3:17).

Las congregaciones misioneras sólo pueden evaluarse en base a lo que son: el Cuerpo de Cristo. No es posible esperar que la Iglesia sea algo diferente a lo que en realidad es. O sea que los pastores y misioneros no pueden crear nada mas de lo que ya está en la grey de Dios. Si así fuera, ellos crearían instituciones humanas, sus propios pequeños reinos, mas no la Iglesia de Jesucristo. Los que levantan iglesias misioneras no pueden hacer nada más que estimular la transformación de la semilla ya plantada para que llegue a ser el árbol que ha sido prometido. La evaluación obliga al pastor y al misionero a observar una vez más la esencia de la Iglesia, porque es allí donde se encuentra el criterio de la misma. Para esto, ellos deben involucrarse continua y progresivamente en todos los asuntos tratados en este libro, buscando siempre llegar a ser lo que ya somos por naturaleza.

Cabe mencionar que hay una dimensión adicional en la evaluación. Las iglesias misioneras deben evaluar su vida y eficiencia como una realidad escatológica emergente. No debe haber temor de fracasar porque la evaluación debe medir el progreso que apunta hacia la transformación, en lugar de lo ya alcanzado. Esto es proseguir a la meta, al premio del supremo llamamiento de Dios en Cristo Jesús (Filipenses 3:12-14). En las iglesias misioneras que emergen siempre hay esperanza, escatología, un deseo de llegar a ser completamente lo que somos por naturaleza. Es así como en nuestros procesos de evaluación permitimos a nuestro futuro entrar en nuestro presente para que el contenido de la evaluación no tenga que ver solamente con nuestra proximidad en el presente sino también con nuestro movimiento hacia el futuro.

Esta perspectiva escatológica de la naturaleza misionera de la Iglesia tiene que ver con nuestra definición de éxito. Sociólogos como Donald Maxam y otros nos han ayudado a ver la importancia de analizar esta definición para constatar particularmente el impacto que tiene el éxito sobre los ministerios urbanos. Nuevamente hacemos uso de una perspectiva de "sistemas," que toma en cuenta la naturaleza de la Iglesia, el movimiento misional de la Iglesia hacia afuera y las características peculiares de su contexto. Debemos permitir que todos estos elementos contribuyan en la definición de éxito. O lo que es lo mismo, las bases sobre las cuales evaluamos nuestras intenciones, estructuras y actividades.

Alvin Lindgren ofrece las siguientes preguntas evaluativos que, aunque son aplicadas a la evaluación de una actividad específica en la congregación, podrían ser dirigidas al ministerio total de llevar el evangelio completo al mundo entero:

1. ¿Cuáles son las metas hacia donde supuestamente se mueve la actividad?
2. ¿Van estas metas en armonía con la naturaleza y misión de la Iglesia?
3. ¿Realmente contribuirá esa actividad a alcanzar las metas?
4. ¿No está la actividad en conflicto con cualquier otro proyecto igualmente válido de la congregación?
5. ¿Hay suficiente personal y recursos disponibles para llevar a cabo la actividad? ¿No será una carga para la congregación?
6. ¿Podrán todas las técnicas usadas ser examinadas a la luz del evangelio?
7. ¿Hay algún peligro de que esta actividad, como medio hacia un fin, llegara a ser un fin en sí mismo, y así obscurecer la verdadera meta con su propio "éxito"?
8. ¿Hay otras metas básicas que necesitan atención previa?[286]

La evaluación es indispensable en una congregación misionera. Si tenemos la esperanza de edificar iglesias misioneras en el mundo, no debemos cansarnos de medir lo que hacemos en relación a lo que confesamos. Todo el pueblo de Dios debería participar en este proceso de evaluación como parte de su continua obediencia a Cristo Jesús. A través de este constante movimiento de reflexión sobre la esencia, las metas, los miembros, la administración y la

---

[286] Véase Lindgren. *Foundations*, 30-31; Lyle E. Schaller. *Hey! That's Our Church!* (Nashville: Abingdon, 1975), capítulo 8; David Watson. *I Believe in Evangelism*, 1st American ed. (Grand Rapids: Eerdmans, 1977), y Gene A. Getz. *The Measure of a Church* (Glendale, Calif.: Regal, 1975).

evaluación es que experimentamos la manera en que Jesucristo edifica su Iglesia contra la cual las puertas del infierno mismo no podrán prevalecer.

Amado lector, ¿Recuerdas mi pequeño arbolito en el jardín de mi casa en Tapachula? ¡Nunca me imaginé que llegaría a ser un árbol tan enorme! El misterio del crecimiento es todavía una de las cualidades inherentes de la Iglesia. Jesús comparó este misterio con la parábola del grano de mostaza. Los tres Evangelios Sinópticos mencionan esta parábola (Mateo 13:31–32; Marcos 4:31–32; Lucas 13:21); Mateo y Lucas la unen a la parábola de la levadura (Mateo 13:33; Lucas 13:21). El mensaje parece ser claro: hay algo que es inherentemente maravilloso, misterioso y creativo en la naturaleza del reino revelado a la Iglesia.

Mi esposa cultiva rosas al frente de nuestra casa y nos gozamos al ver cómo los pequeños botones van abriendo, desde que comienzan a surgir hasta que revientan en flores completas, muchas veces de la noche a la mañana. De igual modo, usted y yo edificamos la Iglesia. Algunos de nosotros plantamos, otros regamos y Dios da el crecimiento a través del florecimiento misterioso de la vital esencia misionera que emerge, por la operación de su Espíritu, en medio del pueblo de Dios. Escuchemos nuevamente la manera en que Jesús explica la dinámica de interrelación de nuestro edificar y la energía dinámica del Espíritu causando el surgimiento de iglesias misioneras.

> Entonces decía: ¿A qué es semejante el reino de Dios, y con qué lo compararé? Es semejante a un grano de mostaza que un hombre tomó y echó en su huerto; y creció y se hizo árbol, y las aves del cielo anidaron en sus ramas. Y volvió a decir: ¿A qué compararé el reino Dios? Es semejante a la levadura que una mujer tomó y escondió en tres medidas de harina hasta que todo quedó fermentado (Lucas 13:18–21).

Nuestro compromiso con la administración dinámica y visionaria será fertilizar, regar, arreglar y podar aquellos árboles y aquellas rosas. Las congregaciones misioneras surgirán sólo cuando las desarrollemos activamente, cubiertas de oración e intencionalmente estructuradas administrativamente para impulsar al pueblo de Dios hacia afuera, a la misión de Jesucristo en el mundo.

Adenda

¿Por qué multiplicar iglesias saludables? [287]

La motivación bíblica para la multiplicación de iglesias saludables reside en la misión amorosa y compasiva del Dios trino (missio Dei), quien desea que todos los hombres y mujeres sean discípulos de Jesucristo, miembros activamente involucrados en una iglesia local, y agentes comprometidos de la transformación de su realidad. Como tales, estas congregaciones son testigos del reino de Dios que viene para el honor y la gloria de Dios.

Introducción

Hace unos años, una iglesia grande en Monterrey, México, me invitó a dar una serie de charlas sobre la naturaleza de Dios. Hacia el final de la serie, una mujer de edad, vestida muy sencillamente se acercó a mí.

"Señor, señor," me dijo, "Tengo una pregunta para hacerle."

"Sí, por supuesto," respondí. "¿Cuál es su pregunta? ¿Tiene que ver con algo de la presentación que no estuvo claro?"

A juzgar por su manera de hablar, me pareció que esta mujer no era miembro de ninguna iglesia evangélica y no estaba acostumbrada al modo cómo los evangélicos mexicanos se refieren

---

[287] Este capítulo fue originalmente publicado en español como, "¿Por qué sembrar iglesias saludables? Bases bíblicas y misiológicas," en John Wagenveld, *Sembremos iglesias saludables: un acercamiento bíblico y práctico al estudio de la multiplicación de las iglesias*. Miami: FLET 2005, 43-94. Traducción al inglés: Gary Teja y John Wagenveld, eds., *Planting Healthy Churches*, Sauk Village, IL: Multiplication Network Ministries 2015, 23-60. Reproducido como "¿Por qué multiplicar iglesias saludables?"en Charles Van Engen. *Teología de la Misión Transformadora*. Eugene, OR, 2020, 333-362. Usado con permiso.

He añadido esta adenda o apéndice a la segunda edición de este libro, como un ejemplo de las implicaciones y pautas a seguir, al entender que la iglesia local, en su razón de ser, existe para participar en la misión de Dios. Toda iglesia local saludable y viviente debe involucrarse en multiplicar iglesias saludables.

unos a otros como "hermano" o "hermana." También me pareció que no tenía mucho conocimiento bíblico.

"No señor, no es eso," comentó la mujer, "no hubo nada malo en lo que acaba de enseñar. En realidad, usted habló muy bien, con claridad, y nos enseñó lo que usted piensa que la Biblia dice acerca de Dios. Todo eso estuvo muy bien."

"Pero, señor," continuó la mujer, "allí está mi problema. Hace unos años, aquí en Monterrey, todos éramos católicos romanos. Todos creíamos lo que la Iglesia Católica nos enseñaba y estábamos todos de acuerdo. Pero ahora no es para nada así. ¡Hay tantas iglesias diferentes, tantos predicadores diferentes en la radio y tantos centros religiosos! Y todos tienen opiniones distintas – todos enseñan y dicen cosas diferentes acerca de Dios. Y ese es mi problema. Yo me pregunto: De todas estas personas que hablan acerca de Dios, de todas estas opiniones que oímos, ¿cuál es la verdadera?"

Esta mujer en Monterrey dio en el clavo. Su pregunta fue directa y profunda. Este es un problema importante que estamos enfrentando en todas partes del mundo. Hay miles de opiniones con respecto a Dios. ¿Cuál será la verdad? ¿Cómo podemos estar seguros? ¿Sobre qué fundamentos vamos a construir nuestra teología y nuestra misiología hoy? Esta situación impacta más con respecto al tópico de multiplicar las iglesias, especialmente en Latinoamérica.

En el prefacio del libro de David Martin, *Tongues of Fire: The Explosion of Protestantism in Latin America*, Peter Berger, un sociólogo de la religión muy conocido, comentó sobre la situación en América Latina en el día de hoy.

> Este libro trata uno de los desarrollos más extraordinarios en el mundo de hoy – la rápida extensión del protestantismo evangélico en vastas áreas de sociedades sub-desarrolladas, notablemente en América Latina. . . . Si uno mira la escena religiosa de hoy con una perspectiva internacional, hay dos movimientos verdaderamente globales de una vitalidad enorme. Uno es el islamismo conservador, el otro el protestantismo conservador. . . . El impacto potencial del (crecimiento del protestantismo conservador) puede ser realmente muy poderoso. . . . El crecimiento del protestantismo evangélico en América Latina . . . es el caso más dramático (Martin 1990, vii).

En el siglo veintiuno, en América Latina, es esencial que nuestro pensamiento sobre la multiplicación de iglesias nuevas provenga de motivos claros. Hoy somos confrontados por una realidad complicada y casi contradictoria con respecto a este tópico. La religiosidad de la gente latinoamericana es una moneda de dos caras. Por un lado, el 90 por ciento de la población en

América Latina se considera "cristiana" de alguna manera. No obstante, dentro de esta gran mayoría, hay una diferencia radical entre la religión de la gente y la de las iglesias oficiales y formales. Un pequeño porcentaje de la población asiste regularmente a la iglesia y la secularización y el nominalismo crecen todos los días. Y aunque hay una marcada diferencia de un país a otro, de todos modos, en casi todas las repúblicas hay entre la gente un sentimiento general de desilusión con la iglesia institucional.

Hay otro lado de esta moneda. En este nuevo siglo en Latinoamérica, encontramos una atmósfera de profundo hambre espiritual, en la cual todos están abiertos a cualquier tema religioso, abiertos a probar casi cualquier cosa religiosa y a creer todo. Vivimos en un tiempo de cambios fenomenales con respecto a la lealtad religiosa. Nos enfrentamos a cambios tan grandes y profundos que, en comparación, la Reforma del siglo dieciséis en Europa parece palidecer, aun cuando esos reformadores como Lutero, Calvino, Zwinglio, Bucer y otros permanecen prominentes en nuestras mentes. Como Peter Berger lo mencionó anteriormente, estamos navegando un tiempo de gran revolución religiosa en la creación de nuevas formas religiosas, de nuevas estructuras de iglesia y de nuevas expresiones espirituales.

Las dos caras de esta realidad religiosa contribuyen a la creación de una atmósfera de competencia y de sospecha, lo cual tiene un profundo impacto sobre la multiplicación de nuevas iglesias. En un lugar donde ha habido sólo una iglesia reconocida por siglos, una iglesia que todavía domina la realidad religiosa de muchas repúblicas, ¿qué significa multiplicar nuevas iglesias? En una atmósfera de cambio religioso tan radical y de competir por nuevos seguidores, es de una importancia muy grande examinar nuestros motivos. ¿Cuáles son nuestros motivos para multiplicar nuevas iglesias saludables?

Este capítulo se concentra primordialmente en el contexto latinoamericano. Tiene que ver con las bases y los valores bíblicos que nos motivan a usar nuestro tiempo y nuestra energía en multiplicar nuevas iglesias saludables, a buscar maneras creativas para hacerlo y a pagar el precio necesario. No sólo queremos que nuestras acciones glorifiquen a Dios, sino también nuestros motivos. La razón que está detrás de la multiplicación de iglesias es tan importante como los métodos usados para multiplicarlas. Esto es especialmente cierto en la atmósfera religiosa que encontramos hoy en Latinoamérica. Al final, como veremos, la tarea de multiplicar las iglesias no es nuestra, sino de Dios. Es por esta razón por lo que nuestros motivos deben dar gloria a nuestro Dios.

Sabiendo esto, es quizás importante examinarnos y resaltar algunos de nuestros motivos, que podrían no estar en línea con el corazón de Dios. A los efectos de ahorrar espacio, estos motivos se presentan en forma de lista. El lector está invitado a reflexionar sobre los motivos siguientes, que no sean consistentes con el amor de Cristo. ¿Por qué multiplicar iglesias saludables?

• No para extender el pequeño reino, dominio o influencia de nuestra denominación, organización misionera, iglesia o pastor. En todos estos casos, sólo estamos estableciendo nuevas sucursales de una corporación religiosa y no multiplicando la Iglesia de Jesucristo.

• No porque todas las otras iglesias en nuestra ciudad o nación no son verdaderas iglesias de Cristo. En este caso, nos vemos forzados a probar que sólo nosotros tenemos la verdad y todos los demás están equivocados delante de Dios. Esta clase de pensamiento significa que nuestra motivación negativa se enfoca en otras iglesias en lugar de señalar positivamente a Cristo, la Cabeza de la Iglesia. Al contrario, Jesús nos invita a examinar la viga en nuestro propio ojo, antes de tratar de remover la astilla del ojo ajeno (Mt 7.3-5).

• No porque queremos imponer a la fuerza una forma de religiosidad sobre toda la gente. Este tipo de "multiplicación" de iglesias ya ha sido probado en América Latina en la era colonial, con resultados desastrosos. Por el contrario, la Biblia nos llama a extender una invitación abierta, amorosa y amable a todos los que, por el poder el Espíritu Santo, confiesan su fe en Jesucristo y, con base en su fe, llegan a ser miembros de la Iglesia de Cristo.

• NO porque estamos en competencia por más conversos con respecto a otras iglesias, como si multiplicar iglesias fuera un campeonato de fútbol. Si nuestra motivación es la competencia, lo que estaríamos haciendo es "reciclar a los santos" o "robar ovejas." Esta no es la misión de Dios.

• No porque queremos manipular al pueblo de Dios de tal manera que nos sigan para que podamos ganar mucho dinero y prestigio en nuestra comunidad y nación.

• No porque multiplicar iglesias nos ofrece orgullo o reconocimiento, haciéndonos grandes y famosos. Aunque sabemos que algunos líderes tienen inclinaciones psicológicas en esta dirección, es imperativo que reconozcamos esta predisposición y que cada uno "ofrezca su cuerpo como sacrificio vivo, santo y agradable a Dios," de modo que nuestras acciones para multiplicar iglesias nuevas y saludables puedan ser nuestra verdadera "adoración espiritual," nuestra ofrenda a Dios (Ro 12.1).

Si rechazamos estos motivos que no honran ni a nuestro salvador Jesucristo ni al Espíritu Santo, entonces debemos enfocarnos en encontrar motivos verdaderos y bíblicos que nos guíen para multiplicar iglesias nuevas y saludables. Las motivaciones bíblicas para multiplicar iglesias nuevas y saludables deben estar basadas sobre una misiología trinitaria (ver Ajith Fernando 2000). Y debido a esto, sugiero que la Biblia nos presenta, por lo menos, las siguientes cinco razones por las que deberíamos multiplicar nuevas iglesias:

- Porque Dios el Padre busca y encuentra a los perdidos;
- Porque el amor de Cristo nos obliga;
- Porque el Espíritu Santo ha sido enviado a todos los seres humanos (toda carne);
- Porque la congregación local es el lugar primario del reino de Dios, el gobierno del Rey;
- Porque multiplicar iglesias es para la alabanza de la gloria de Dios.

En este capítulo sólo hay lugar suficiente para presentar el fundamento bíblico en forma de bosquejo muy amplio. Se presenta aquí con la esperanza de que este repaso desafíe al lector a estudiar su Biblia de manera nueva, permitiendo que ésta responda la pregunta: ¿Por qué Dios quiere que multipliquemos iglesias nuevas y saludables alrededor del mundo de hoy? La primera razón se encuentra en la naturaleza y en la voluntad de Dios.

Porque Dios el Padre busca y encuentra a los perdidos

El primer fundamento bíblico para multiplicar iglesias nuevas y saludables es el más básico de todos. Surge de la naturaleza de Dios. Todo esfuerzo dentro de la misión, incluyendo la multiplicación de nuevas iglesias, viene y fluye de la voluntad de Dios (missio Dei), quien amó al mundo de tal manera "que dio a su Hijo unigénito, para que todo el que crea en él no se pierda, sino que tenga vida eterna" (Jn 3.16).

Hendrikus Berkhof afirmó que el atributo más básico de Dios es que es un Dios que se nos revela (Ver H. Berkhof 1979, 41-65). En 1 Juan 4.8, leemos que Dios es ágape, un amor que se entrega a sí mismo. Dios es siempre el que inicia la búsqueda para alcanzar a los seres humanos, procurando atraerlos y recibirlos dentro de una relación de pacto. "Yo seré su Dios, ustedes serán mi pueblo y yo moraré entre ustedes" es la afirmación bíblica fundamental de la voluntad de Dios (Ver Van Engen 1996, 71-89).

El Dios de la Biblia no es ni el que se mueve de modo inmovible, ni la causa original del Iluminismo europeo de los siglos quince, dieciséis y diecisiete. El Dios de la Biblia no es el dios de los deístas, un dios que supuestamente puso en su lugar "las leyes de la naturaleza" y luego se replegó para permitir que "la naturaleza" gobierne el mundo. El Dios de la Biblia no es meramente el Dios de los "omnis" (omnipresente, omnisciente, omnipotente, etc.) como por ejemplo, es descripto en la Confesión de Westminster, aunque estas características estén incluidas en las de Dios. El Dios de la Biblia no es sólo la creación de nuestra propia experiencia subjetiva, como Schliermacher lo presentó. Tampoco es Dios sólo parte de las categorías de la mente, tal como lo expresó Emmanuel Kant. El Dios de la Biblia no es ni un Dios inmanente, ni un producto de visiones culturales del mundo y de la vida, ni el producto de un hambre psicológica de significado. Y tampoco es el objeto puro de la búsqueda religiosa humana.

Por el contrario, el Dios de la Biblia es amoroso, compasivo, lento para la ira, benevolente, lleno de misericordia, que desea constantemente siempre compartir su gracia y amor con los seres humanos y entrar en pacto con ellos. La Biblia nos presenta a un Dios que está activamente involucrado en la creación, que revela su ser a la humanidad, que responde incluso emocionalmente al rechazo humano del amor de Dios, y que – en Jesucristo—preserva y sostiene la creación de Dios, como Pablo lo dice en su cristología de Colosenses 1. Lo que sigue es un bosquejo de los textos bíblicos que hablan de la naturaleza misionera del Dios de la Biblia.

A. Dios creó a los seres humanos y cuida de ellos, incluso a pesar de que la humanidad rechaza a Dios

- Todos los seres humanos comparten el mismo origen al ser creados por el Dios del universo (Gn 1-3; Job 38-42; Is 41-46; Jonás; Jn. 1; Hch 17.16-31; Ro 1; Sal 64.9; 65; 66.1, 4. 8; 67.3-5; 2 P 3.8-13; Ap 21.1). Como tales, todas las personas tienen en común a sus ancestros Adán y Eva (Gn 1-5).
- Toda la humanidad es juzgada en el diluvio. Noé y su familia son los ancestros de todas las personas y Dios estableció un pacto con toda la gente, como lo evidencia el arco iris (Gn 6.10).
- La lista de las naciones presenta la idea de que todas las personas son descendientes de la misma raza (Gn 10.5, 6, 20, 31, 32).
- La torre de Babel afirma que todos los seres humanos tienen ancestros en común, en términos de lenguaje (Gn 11.1-9). Aquí vemos diferentes grupos de personas dentro del amor universal de Dios, un concepto que se reafirma en la genealogía de Sem y de Taré.
- Dios es el Rey de toda la tierra, el creador, el gobernante, el "rey de gloria" (2 S 15.10; 2 R 9.13; Is 52.7; Sal 32; 47.8; ver. Por ejemplo, Jer 17.12 y la cristología de Ef 1; Col 1; Fil 2; Ap 4.9, 10; 5.1, 7, 13; 6.16; 7.10, 15; 19.4).

El Dios de la Biblia siempre da el primer paso. Inicia la búsqueda e invita a la humanidad a una nueva relación con Dios mediante la reconciliación. Este Dios ha creado y continúa creando seres humanos, con la intención de que ellos estén en comunión constante con Dios. Con las propias manos de Dios, el Dios de la creación formó a los seres humanos a partir del barro. Después de soplar vida en el bloque de arcilla (Gn 2.7), Dios lo tomó y de manera amorosa, gozosa y cuidadosa formó a la humanidad a imagen de Dios – imago Dei (Gn 2.20-25). Este es el Dios de la Biblia quien, después que Adán y Eva pecaron contra Dios y se escondieron de la presencia de Dios, gritó en angustia "¿Dónde estás?" Y este Dios de la Biblia es el Dios que salvó a Noé y a su familia y prometió nunca más destruir a toda la gente (Gn 6-9).

Como hijos de este Dios creador y sostenedor, también debemos aprender a cuidar de la creación sobre la cual nos ha sido dado dominio. Debemos hacer el esfuerzo de valorar la vida humana y de salvaguardarla. Con respecto a la multiplicación de iglesias saludables, esta primera verdad sugiere que trabajemos para que todos los seres humanos puedan llegar a conocer a su Creador. Invitamos a todos los seres humanos, mediante la fe en Jesucristo, a unirse a nosotros en la alabanza y la glorificación de nuestro Creador. De esta manera, los miembros de nuestras congregaciones pueden participar en la obra de Dios de cuidar la creación y la vida de cada ser humano, transformando así la realidad en la cual viven (ver Bakke 2000 y Padilla y Yamamori, eds., 2003).

B. Dios es un Dios de amor y misericordia

Una u otra vez, la Biblia afirma que Dios es amoroso y misericordioso. Este Dios trino de la Biblia, como ha sido mencionado anteriormente, es amor (agape), quien revela la persona de Dios al pueblo de Dios. Moisés se encontró en la presencia de Dios después de salir de Egipto. Acerca de ese encuentro, la Biblia dice lo siguiente: "Pasando [el Señor] delante de él, proclamó: 'El Señor, el Señor, Dios clemente y compasivo, lento para la ira y grande en amor y fidelidad, que mantiene su amor hasta mil generaciones después, y que perdona la iniquidad, la rebelión y el pecado; pero que no deja sin castigo al culpable, sino que castiga la maldad de los padres en los hijos y en los nietos'" (Éx 34.6-7). Esta descripción del ser de Dios se repite en innumerables ocasiones en la Biblia. Ver, por ejemplo, Éx 22.27; Nm 14.18; Dt 5.9-10; 7.9-10; 2 Cr 30.9; Neh 9.17; Sal 51.1; 86.5, 15; 103.8; 112.4; 116.5; 145.8; Jl 2.13; Jon 4.2; Mi 7.18; Stg 5.11.

El Dios de la Biblia es el Dios de amor del que hablan los Salmos. Hay una multitud de Salmos que hablan del amor, la misericordia y el cuidado de Dios. Por ejemplo, el Salmo 23 dice: "El Señor es mi pastor, nada me falta."

En Isaías 6, se encuentra el llamado del profeta Isaías. Él está en el templo y se encuentra con el Dios misionero, el Dios de Abraham, de Isaac y de Jacob. En este encuentro, con la presencia de Dios intervienen los cinco sentidos de Isaías: vio al Dios excelso y sublime; oyó a los serafines que alababan a Dios; sintió que el edificio se estremeció; olió el humo que llenó el templo; y probó la brasa del perdón de Dios, con la cual el serafín le tocó los labios. La importancia primordial de este encuentro no se limita a la relación entre Isaías y su Dios. Además, hay un elemento misionero. El Dios de amor y misericordia dice: "¿A quién enviaré? ¿Quién irá por nosotros?" (Is 6.8). La vocación de Isaías está centrada en este deseo misionero de Dios de enviarlo como su mensajero a Israel y a todas las naciones. Llegará el momento en que Isaías declarará lo siguiente acerca de Israel y de la venida del Mesías. Esas palabras serán usadas mucho más tarde por Jesús de Nazaret, en el Evangelio de Juan, con respecto a su misión.

> "Sí," dice Dios, el Señor, el que creó y desplegó los cielos. . . . "Yo, el Señor, te he llamado en justicia; te he tomado de la mano. Yo te formé, yo te construí como pacto para el pueblo, como luz para las naciones, para abrir los ojos de los ciegos, para librar de la cárcel a los presos, y del calabozo a los que habitan en tinieblas" (Is 42.5-7, comparar con Is 49.6; 61.1-3; Lc 2.32; 4.18-19).

Las profecías mesiánicas y misionales en Isaías forman parte del trasfondo de las palabras de María, la madre de Jesús. El énfasis principal del Magníficat de María en Lucas 1.46-55 es la naturaleza amorosa y misericordiosa de Dios hacia Israel y hacia todas las otras naciones.

Jesús remarca que este amor es también un atributo de su Padre celestial, quien debido a su amor, procura estar en relación con su pueblo. Jesús le dijo a Nicodemo el fariseo, un miembro del Sanedrín (un consejo de 70 personas que gobernaban al pueblo de Israel en el tiempo de Jesús) y un líder de los judíos: "Porque tanto amó Dios al mundo, que dio a su Hijo unigénito, para que todo el que cree en él no se pierda, sino que tenga vida eterna." En su enseñanza, Jesús volvió a enfatizar la naturaleza amorosa de Dios. Otro ejemplo de esto está en la parábola de los labradores en Lucas 20.9-17. Dios, representado como el dueño del viñedo, trata constantemente de entrar en relación con sus trabajadores (comparar con Isaías 5). Además, en la parábola del gran banquete, Dios, caracterizado como el anfitrión del evento, envía a su siervo: "Sal de prisa por las plazas y los callejones del pueblo, y trae acá a los pobres, a los inválidos, a los cojos y a los ciegos. . . . Ve por los caminos y las veredas, y oblígalos a entrar para que se llene mi casa" (Lc 14.15-24; Mt 22.1-10). En el capítulo 15 de su libro, Lucas combina tres parábolas que nos muestran cómo este Dios ama, busca y encuentra al perdido. Este Dios, como pastor, busca y encuentra a su oveja perdida. Es como una mujer que busca y encuentra su moneda perdida. También es como un padre que espera ansiosamente el día en que su hijo perdido vuelva al hogar. Al encontrar al perdido, el Dios de la Biblia da una fiesta con sus ángeles y celebra con gozo que el perdido ha sido encontrado. Con respecto a este punto, el lector debería notar que en estas parábolas la idea de estar "perdidos" tiene que ver con un quiebre en una relación estrecha con Dios: con el pastor que vela por sus ovejas, con la mujer que busca su moneda, con el padre que espera a su hijo pródigo. Con respecto a este Dios de amor, Pablo pregunta: "El que no escatimó ni a su propio Hijo, sino que lo entregó por todos nosotros, ¿cómo no habrá de darnos, junto con él, todas las cosas?" (Ro 8.32). Pedro también afirma que Dios es un Dios de amor y misericordia y que "él tiene paciencia con ustedes, porque no quiere que nadie perezca sino que todos se arrepientan" (2 P 3.9). En su primera carta, Juan también afirma esta característica de lo más básica de Dios: "Dios es amor" (1 Jn 4.8). Además, en Apocalipsis vemos que este Dios de amor reunirá a gente de toda raza, lengua, pueblo y nación alrededor del Cordero, en la Nueva Jerusalén (Ap 5.9; 7.9; 15.4; 21.24; 22.2).

En Cristo hemos llegado a ser hijos de este padre amoroso y misericordioso (Jn 1.12). Por lo tanto, como sus hijos, debemos involucrarnos y debemos responder al desafío de participar con nuestro padre amoroso en la búsqueda y el rescate de los perdidos. No es posible ser hijos e hijas de este Dios amoroso y rehusarnos a participar en la búsqueda de los perdidos. Además, cuando como hijos e hijas de Dios, nos reunimos para adorar a este Dios de amor, estamos incompletos porque nos faltan los que todavía no han llegado a conocer a nuestro Padre amoroso y misericordioso. Cada vez que nos reunimos para adorar a Dios, tenemos el desafío y el llamado a invitar a otros a unirse con nosotros en la alabanza a nuestro Dios, que ama a toda la humanidad.

C. Dios elige a su pueblo para ser instrumentos de amor en la búsqueda entre las naciones

Dios es el Dios de un pueblo particular y al mismo tiempo es el Dios de todas las naciones. En la Biblia, la palabra "naciones" no se refiere a una entidad política moderna como México, por ejemplo. Se refiere a un grupo particular de personas, conectadas mediante el lenguaje, la cultura, los ancestros y la historia. En el Antiguo Testamento, el término "naciones" habla a las entidades étnicas, al pueblo y a los grupos culturales que conformaban el ambiente inmediato alrededor de Israel. Israel es el am, el pueblo de Dios, y "las naciones" son el goyim, todos los otros grupos de personas que no son parte del am de Dios. Comenzando con el llamamiento de Abraham, la Biblia es clara en que Abraham y los descendientes de Sara, el pueblo de Dios, existen para ser instrumentos de amor entre las naciones.

El Dios de Abraham, de Isaac y de Jacob oyó el clamor de su pueblo en Egipto y usó a Moisés y a su creación para traer liberación de la esclavitud en Egipto. Esta liberación tuvo dos propósitos interrelacionados. El primer propósito fue que el pueblo de Israel llegara a conocer a Dios de manera nueva y adorara al Dios de Abraham, de Isaac y de Jacob en el monte Sinaí (Éx 6.2-7; 7.16; 8.1, 20; 9.1, 13; 10.3, 8; 14.31; 20.2). No obstante, esto fue sólo parte de lo que Dios quería enseñar a su pueblo mediante la liberación de Egipto. Su plan era mucho más grande, más profundo y más intenso. A través del éxodo, Dios quiso que todo Egipto y las "naciones" de alrededor llegaran a saber que el Dios de Abraham, de Isaac y de Jacob es el único Dios verdadero y que ha creado y sostiene toda la vida sobre la tierra (Éx 5.2; 7.5, 17; 8.10; 9.14, 16; 10.2; 14.4, 18, 31). El uso que Dios hizo de su pueblo como instrumentos entre las naciones es tan importante que, siglos más tarde, Pablo cita uno de estos pasajes en su propia descripción de la misión del amor de Dios. Durante el éxodo, Dios usó a Moisés para decirle al faraón: "Pero te he dejado con vida precisamente para mostrar mi poder, y para que mi nombre sea proclamado por toda la tierra" (Éx 9.16; Ro 9.17).

Lo que sigue, es un bosquejo de algunos de los textos que muestran el amor de Dios y su deseo de llevar su amor a "las naciones."

• Dios da mandamientos específicos concernientes al cuidado especial que Israel debe ofrecer "al extranjero entre ustedes" (Gn 12.10; 20.1; 21.34; 47.4; Éx 20.10; 22.21; Lv 18.26; 20.2; 25.40: Nm 15.14-16; Dt 10.18-19; 26.5-11: 1 R 8.27, 41-43; 2 Cr 6-18, 32, la dedicación del templo de Salomón).

• Las "naciones" juegan un papel importante en la actividad de Dios. (Ver Dt 26.19; 1 Cr 16.8, 31; Sal 9.1, 19-20: 47. 1, 7-9; 64.9; 65; 66:1, 4, 8; 67.1-5; 72.17-18; 96.1-3, 7, 10, 13; 97.5-6; 98.2-3; 9; 102.13-15; 108.3; 113.4; Is 2.2-4; 40.5, 17; 49.5-6; 52.15; 55.4-5; 56.6-7; 60.3, 11; 62.2; 66.19-20; Jer 4.2; Sof 2.11-13; Amós; Jonás; Mi 1.1-7; 4.1-5).

• En el Antiguo Testamento y en las palabras de Jesús, "casa de oración para todas las 'naciones.'" El templo de Salomón fue un lugar especial de oración para el "extranjero" (2 Cr

6.32-33; Mi 4.1-2; Is 56.7; Jer 7.11; Mt 21.13; Mr 11.17; Lc 19.46; Mt 25.32; comparar con Hch 14.15-17).

• Dios eligió a Israel para estar entre las naciones como sus instrumentos de amor por todas las personas (Éx 6.6-8; 19.5-6; Dt 4.20; 7.6; 14.2; 26.1; Tit 2.14; 1 P 2.9-10). En su conversación con Nicodemo (Jn 3) y en la declaración de su misión mesiánica (Lc 4.18-19), Jesús menciona la intención de Dios para con su pueblo. Ver también los siguientes pasajes relacionados: Is 35.4-8; 61.1; He 1.9; Sal 45.7; Mt 11.1-6, Juan el Bautista; Sal 145.14-21; Lc 1.46-55; 1 S 2.1-10; Mt 25:31-46, Hch 2.42-47.

• Pablo entendió la misión universal de Dios de tal manera que se consideraba como deudor de todos (Ro 1.14) y fue comprometido a participar en el "misterio de Cristo" (Ef 2.11-3.21).

• El pueblo de Dios es una señal del amor universal de Dios que tiene por todas las naciones (Is 11.12; 49.22; 62.10; Mt 5; Jn 3:14, 15; 12.32; Ro 1.14).

El pacto que Dios hace con su pueblo tiene dentro de si mismo el propósito de alcanzar a las naciones que todavía no conocen a su Creador. Emilio Núñez, enfocándose en el pacto con Noé, nos ayuda a entender este elemento misionero en el pacto de Dios. Núñez explica lo siguiente:

Con el propósito de nuestra reflexión misiológica, lo que más queremos enfatizar del pacto de Dios con Noé y de otros pactos incondicionales que Yahweh establece con los seres humanos es el interés divino en la salvación de todos los seres humanos. Esta salvación no está limitada al perdón de los pecados y al don de la vida eterna. También tenía que ver con el bienestar espiritual (shalom) y físico de los seres humanos. La promesa cubre todo, desde el reino animal (Gn 9.8-17) hasta el mundo vegetal (Gn 8.22-9.3). Dios ha hecho un pacto con "la tierra" (Gn 9.13). Esta bendición es también ecológica. "Mientras la tierra exista habrá siembra y cosecha, frío y calor, verano e invierno, y días y noches" (Gn 8.22). Los efectos del pacto son cósmicos, como una bendición para toda la humanidad. . . . El arco iris se menciona en Ezequiel 1.28 y en Apocalipsis 4.3 como un símbolo de la majestad de Dios. El arco iris se torna en una señal y en un símbolo apocalíptico para la humanidad. El día del juicio viene. . . . Dios no quiere "que nadie perezca sino que todos se arrepientan" (2 P 3.9). Dios "quiere que todos sean salvos y lleguen a conocer la verdad" (1 Ti 2.4). Quiere que las historias bíblicas del diluvio y del arco iris en las nubes sean un incentivo poderoso para todos los seres humanos para arrepentirse y creer en Cristo para su salvación. . . . Cada vez que participamos de la Cena del Señor, en comunión con otros hermanos y hermanas en Cristo, recordamos la sangre que fue vertida como sello de este nuevo pacto (Mt

26.26-29), llevando los pecados del mundo (1 Jn 2.2), como rescate de muchos (Mt 20.28; 1 P 1.18-19) y con el propósito de reconciliar al mundo con Dios (2 Co 5.18-21; Ef 2.16; Col 1.20-21). Deberíamos recordar que la sangre del Cordero fue derramada para "quitar el pecado del mundo" (Jn 1.29). También debemos recordar que en obediencia a Dios, la iglesia debe continuar reuniéndose alrededor de la mesa de comunión "hasta que él venga." En otras palabras, hasta que el Hijo de David regrese a reinar sobre toda la tierra. . . . El pacto de Dios con Noé y los establecidos con el pueblo de Israel, dan prueba del interés divino en la salvación de todas las personas. Los pactos en el Antiguo Testamento proveen una base sólida para la misión cristiana universal. También sirven como fundamento para el concepto de misiones holísticas porque las promesas de los pactos incluyen tanto lo espiritual como lo material. Ofrecen bendiciones para todos los seres humanos (Núñez 1997, 181-82, 214).

La realidad del amor de Dios por todas las personas, como se ha escrito anteriormente, nos muestra que todos los creyentes en Cristo, por definición, deben estar comprometidos en la búsqueda de los perdidos debido a la naturaleza de Dios. En otras palabras, ser hijos de Dios significa que debemos multiplicar nuevas iglesias saludables. Nuestro Padre celestial busca a los perdidos y, como sus hijos, debemos hacer lo mismo.

Los que hemos conocido a Cristo por algún tiempo y somos miembros de una iglesia evangélica probablemente conozcamos las verdades mencionadas, pero con demasiada frecuencia fracasamos en vivirlas. La base fundamental para multiplicar nuevas iglesias saludables yace en la naturaleza de Dios, un Dios amoroso y misericordioso que revela el ser de Dios a los seres humanos y procura estar en una relación de pacto con ellos. Debido a esto, multiplicar iglesias no es opcional. Al contrario, es parte de la naturaleza esencial de nuestra fe. Si somos hijos de este Dios, debemos hacer todo lo posible por buscar, encontrar, recibir e incorporar a todos los seres humanos a la comunidad de fe, de modo que se reconcilien con Dios (2 Co 5). Una misiología bíblica reconoce que, en última instancia, nuestra motivación para multiplicar nuevas iglesias saludables no surge meramente de la naturaleza de la iglesia, sino que fluye de la voluntad de Dios.

En la nota al pie, el lector encontrará una corta lista de obras que enfatizan una perspectiva similar de un Dios que, debido a su amor y misericordia, busca y encuentra a los perdidos.

Porque el amor de Cristo nos obliga

La manera en que Dios muestra su amor y misericordia mediante la búsqueda y la salvación de los perdidos es el fundamento para la misión de Jesucristo, para el envío del Espíritu Santo y para el llamamiento de la Iglesia a anunciar las Buenas Nuevas del reino de Dios a todo el mundo, dando honor y gloria a Dios. Por lo tanto, en esta segunda parte, examinaremos brevemente la misión de Jesucristo como una de las principales motivaciones para multiplicar nuevas iglesias saludables.

A. La encarnación

"Porque tanto amó Dios al mundo, que dio a su Hijo unigénito, para que todo el que cree en él no se pierda, sino que tenga vida eterna" (Jn 3.16). "Y el Verbo se hizo hombre y habitó entre nosotros. Y hemos contemplado su gloria, la gloria que corresponde al Hijo unigénito del Padre, lleno de gracia y de verdad" (Jn 1.14). El amor de Dios no queda en teoría o en especulación. Al contrario, Dios, por su gran amor, se hizo hombre. "Vino a lo que era suyo" (Jn 1.11). En Jesús, el Cristo (el Mesías) Dios se hizo humano, carne y hueso, culturalmente un judío, un hombre que vivió en Palestina durante el primer siglo d.C., bajo el gobierno de César Augusto, mientras que "Cirenio gobernaba en Siria" (Lc 2.2). Dios no vino en forma abstracta o puramente mística. Vino para estar en relación con los seres humanos en situaciones concretas, en una realidad visible e identificable.

Como en el caso de Jesús y de sus discípulos, "el amor de Cristo nos obliga" a hacer visible el amor de Dios a través de nuestras interacciones con todas las personas. Porque "si alguno está en Cristo, es una nueva creación. ¡Lo viejo ha pasado, ha llegado ya lo nuevo! Todo esto proviene de Dios, quien por medio de Cristo nos reconcilió consigo mismo y nos dio el ministerio de la reconciliación: esto es, que en Cristo, Dios estaba reconciliando al mundo consigo mismo, no tomándole en cuenta sus pecados y encargándonos a nosotros el mensaje de la reconciliación." Por lo tanto, como una nueva creación, clamamos a todos por todo el mundo: "En nombre de Cristo les rogamos que se reconcilien con Dios" (2 Co 5.14-20).

Así como Dios se hizo hombre para habitar en medio de la humanidad, los discípulos de Cristo son parte de comunidades, de ciudades y de pueblos. Debido a esto, multiplicar iglesias nuevas y saludables garantiza que las Buenas Nuevas nacen y crecen en lugares concretos, culturas particulares y en medio de gente específica. En realidad, estas congregaciones nuevas y saludables son las embajadoras de la presencia y de la gracia de Dios. Mediante estos grupos de seguidores de Cristo, Dios invita a todos los que se acercan a ellos a reconciliarse con Dios.

Durante su ministerio, Jesús tuvo un número de seguidores (quizás incluso hasta 120), quienes caminaron con él durante los tres años de su ministerio. Caminaron juntos, comieron juntos, oraron juntos, se rieron juntos, lloraron juntos. Ese grupo de discípulos fue la primera congregación del Nuevo Testamento. Así como el primer grupo de seguidores de Jesús fue la primera congregación del Nuevo Testamento, los seguidores de Jesús en el día de hoy conforman una nueva congregación. A medida que las personas se hacen discípulos de Jesucristo, nacen nuevas congregaciones. La gente que conforma estos grupos está hecha de carne y hueso, influida por su cultura y su contexto.

Multiplicar iglesias nuevas y saludables es el fruto de la actividad misionera, que fluye de la naturaleza de la iglesia. El amor de Cristo nos obliga a proclamar la salvación que él ofrece. Y cuando la gente decide seguir a Cristo y reunirse en su nombre, nace una nueva congregación. Más aun, Jesús promete que "donde dos o tres se reúnen en mi nombre, allí estoy yo en medio de ellos" (Mt 18.20). Jesús promete estar presente (a través del Espíritu) en esos momentos y lugares dondequiera que sus seguidores se reúnan en su nombre. Incluso más: "El que me ama obedecerá mi palabra, y mi Padre lo amará, y haremos vivienda en él" (Jn 14.23). En otras palabras, cuando los discípulos de Jesús se reúnen en su nombre y cuando se aman unos a otros, Jesús y Dios el Padre están presentes mediante la presencia del Espíritu Santo.

¿Por qué debemos multiplicar iglesias nuevas y saludables? Porque el amor de Cristo siempre se muestra de manera concreta cuando sus discípulos se reúnen en su nombre, en una atmósfera de amor. Esto ocurre en lugares específicos, el campo, un pueblo, entre personas de carne y hueso que tienen su lengua y cultura particulares. En estos lugares "el amor de Cristo nos obliga" a invitar a los que nos rodean a llegar a ser discípulos del Rey de reyes y Señor de señores.

B. La contextualización

Cuando los discípulos de Jesús se reúnen, lo hacen en una atmósfera donde él está presente. En esta atmósfera, el evangelio de Jesucristo se hace natural al contexto cultural de la Iglesia. El ingenio detrás de la multiplicación de iglesias nuevas y saludables es que éstas vienen de las personas, en cuando a que reflejan la cultura en la que se han multiplicado. En su ministerio, Jesús respondió de manera diferente a cada persona con la que interactuó. Ofreció agua viva a la mujer samaritana. Dio comida a las multitudes hambrientas. En el caso de María y de Marta, les dio vida al devolverle la vida a Lázaro, su hermano que había muerto. En el ministerio de Jesús, sus dones se ajustaban a los que los recibían. De igual manera, cada congregación no debería simplemente reflejar su denominación, organización misionera o iglesia madre. También deben reflejar la cultura en la que se han multiplicado, en términos de economía, de lenguaje y de la visión sobre el mundo y la vida. Las congregaciones saludables deben reflejar la cultura de sus contextos circundantes. En otras palabras, no deben ser como un arbusto importado, plantado entre plantas nativas. En cambio, deben ser plantadas en su suelo nativo donde pueden crecer bien. Por más de cien años, los misiólogos han seguido este concepto, a partir del pensamiento de Roland Allen, John Nevius, Mel Dodges, John A. Mackay, Orlando Costas, Rubén Tito Paredes y otros. La congregación local es donde el evangelio se contextualiza.

C. El llamado a la misión

Una congregación saludable no sólo está constituida por seguidores de Cristo que se reúnen sólo para pensar en sí mismos. Una congregación no será saludable y madura si no alcanza a los que están en la cultura circundante. Los verdaderos seguidores de Jesús tratan de hacer nuevos seguidores de Cristo. Uno puede ver claramente este llamado en los capítulos 9 y 10 de Lucas, además de las cinco grandes comisiones (Mt 28.19-20 – comparar con Mt 10.5-15; Mr 16.15-16; Lc 24.46-49; Hch 1.8; Jn 15.12-17 con 21.15-17).

Bíblicamente hablando, hacer nuevos discípulos nunca ha sido un emprendimiento meramente individual, sino más bien una actividad colectiva. Desde el nacimiento de la Iglesia en Hechos, uno puede ver que los discípulos de Cristo, por el hecho de ser sus seguidores, se unieron a otros discípulos en congregaciones colectivas. Como vimos antes, Jesús dice que donde hayan dos o tres reunidos en su nombre. . . . El ejercicio de la fe cristiana siempre ocurre colectivamente.

Una cristología misionera no separa la persona de Cristo de sus acciones, su humanidad de su divinidad. Tampoco separa el "Jesús de la historia" del "Cristo de la fe." Por el contrario, enfatiza el ministerio misionero de Jesús, como enviado del Padre para salvar al mundo. Este ministerio holístico incluye sus oficios (profeta, sacerdote, rey) y su ministerio como Salvador, Libertador y sabio. Jesús transfiere su misión a sus discípulos: "Como el Padre me envió a mí, así yo los envío a ustedes" (Jn 20.21). La misión y ministerio de Jesús son la base para el llamamiento y el compromiso de los seguidores de Cristo.

En el primer sermón en Hechos, Pablo dice: "Así nos lo ha mandado el Señor: 'Te he puesto por luz para las naciones, a fin de que lleves mi salvación hasta los confines de la tierra'" (Hch

13.47; comparar con Lc 2.32, con referencia a Jesús). Jesús transfiere sus oficios, su ministerio y su misión a sus discípulos quienes, juntos, constituyen el cuerpo de Cristo, la presencia física de Cristo en el mundo. Es de esta manera que nosotros, como discípulos de Cristo, llegamos a ser profetas, sacerdotes, reyes, sanadores, libertadores y sabios en misión. La congregación local como el cuerpo de Cristo existe para poner en acción la misión y ministerio de Jesús en el mundo. Hablando fundamentalmente, la congregación local existe para invitar a otras personas –todos los seres humanos – a ser discípulos de Jesucristo, así como se puede ver en el mensaje de libro de Hechos (Van Engen 1991, 119-130).

Los misiólogos con una mente misionera reconocen que la salvación no se encuentra en la participación en las actividades de la Iglesia ni en simplemente ser un miembro de una iglesia. En este sentido, nuestro llamamiento no es simplemente "multiplicar" iglesias. Básicamente, nuestro llamado es hacer discípulos de Jesucristo. En otras palabras, multiplicar iglesias nuevas y saludables es constituir nuevos grupos de personas que participan en la misión de Cristo siendo sus discípulos.

Nuestro mensaje no es la superioridad de nuestra iglesia o de nuestros credos y confesiones. Además, no existimos simplemente para ser instrumentos de cambio socioeconómico o político. Nuestro mensaje es simplemente y sólo Jesucristo, quien vivió, fue crucificado, se levantó otra vez de los muertos y está sentado a la diestra de Dios el Padre todopoderoso, desde donde vendrá para juzgar a los vivos y a los muertos, tal como lo expresa el Credo de los Apóstoles.

En Apocalipsis, Juan ve el futuro: "Después de esto miré, y apareció una multitud tomada de todas las naciones, tribus, pueblos y lenguas; era tan grande que nadie podía contarla. Estaban de pie delante del trono y del Cordero, vestidos de túnicas blancas y con ramas de palma en la mano. Gritaban a gran voz: '¡La salvación viene de nuestro Dios, que está sentado en el trono y del Cordero!'" (Ap 7.9-10; ver también 5.9; 10.11; 13.7 14.6; 17.15). Esta visión cumple la promesa de la que Juan había oído anteriormente de Jesús cuando dijo: "Pero yo, cuando sea levantado de la tierra, atraeré a todos a mí mismo" (Jn 12.32). La congregación local es una señal y un símbolo, una representación de esa multitud alrededor del trono de Dios y del Cordero. Mientras esperamos el cumplimiento de este tiempo, durante este tiempo entre tiempos de su primera y de su segunda venida, Jesús y nuestro Padre celestial nos han enviado al Espíritu Santo para edificar su Iglesia.

Porque el Espíritu Santo fue enviado para todas las personas y para edificar la iglesia

La tercera razón fundamental para multiplicar iglesias nuevas y saludables es porque esta acción es la obra del Espíritu Santo. En última instancia, no somos nosotros lo que multiplicamos las iglesias. Usted y yo no hacemos crecer la Iglesia. La Iglesia existe sólo debido a la obra del Espíritu Santo. Hay tres aspectos de esta verdad.

A. El Espíritu Santo fue dado para todas las personas

Dios el Padre y su hijo Jesucristo enviaron al Espíritu Santo a partir del deseo de que nadie se pierda y que todos puedan ser salvos. En Hechos 2, Lucas narra los eventos del primer Pentecostés, cuando el Espíritu Santo vino a los discípulos de Jesús: "Estaban todos juntos en el mismo lugar" (Hch 2.1). Formaron una nueva congregación local. El Espíritu Santo fue enviado en forma de fuego y de viento y los discípulos "comenzaron a hablar en diferentes lenguas" (Hch 2.4). Lucas explica, a través de las palabras de Pedro, que "sucederá que en los últimos días – dice Dios --, derramaré mi Espíritu sobre todo el género humano" (Hch 2.17). Lucas nos ofrece una lista de los lugares donde la gente pudo escuchar, en su propia lengua, el sermón de Pedro, a los efectos de enfatizar que el Espíritu Santo fue enviado para todas las personas (Hch 2.8). En la Figura 10, el lector puede apreciar el genio de Lucas para proveernos una lista de las principales culturas y naciones que circundaban a Jerusalén durante ese tiempo. La gente de estos lugares oyó el evangelio de Jesucristo en su propia lengua. Esto fue un milagro de audición y ocurrió mediante la obra especial del Espíritu Santo.

En Hechos 2.9-11, Lucas menciona 15 lugares de origen de los que oyeron el sermón de Pedro en Pentecostés. Esta "tabla de naciones" en Hechos replica a la de Génesis 10. En el capítulo 2, Lucas parece indicar que la confusión de las lenguas en Babel ha sido transformada y sanada en Pentecostés. La gente presente en Pentecostés vino principalmente de las provincias de Asia (del Imperio Romano) y del imperio de Media y de Persia, así como también de Creta y de Roma (ver Figura 10). Todas estas personas oyeron el evangelio en sus propias lenguas nativas.

(Cortesía de Shawn Redford, usada con permiso)

Hay 15 lugares mencionados en Hechos 2.9-11. Esta "lista de Naciones" es una réplica de la que se encuentra en Génesis 10.

En Hechos 2, Lucas parece sugerir una reversión de la confusión de las lenguas en la Torre de Babel. La gente en Pentecostés provenía principalmente de provincias de Asia (el Imperio Romano) y de Media (el Imperio Parto) así como también de Creta y de Roma.

Provincias del Imperio Romano	Ciudades del Imperio Romano	Provincias del Imperio Parto
5. Judea 10. Panfilia 6. Capadocia 11. Egipto 7. Ponto 12. Cirene 8. Asia 14. Creta 9. Frigia 15. Arabia	Jerusalén 13. Roma	1. Partos 2. Media 3. Elam 4. Mesopotamia

¿Por qué multiplicar iglesias nuevas y saludables? Porque a través de nuevas congregaciones el Espíritu Santo quiere continuar transformando las vidas de todas las personas. En Hechos, Lucas nos lo dice otras cuatro veces, en cuatro lugares diferentes, representado a cuatro culturas diferentes, a las cuales el Espíritu Santo viene de forma idéntica a la de Pentecostés en Hechos 2. Ver capítulo 4 (Judea), capítulo 8 (Samaria), capítulo 10 (Cornelio, un gentil convertido al judaísmo, quien tenía temor de Dios), y capítulo 19 (los gentiles de Éfeso, (hasta lo último de la tierra). El Espíritu quiere multiplicar congregaciones locales nuevas y saludables, formadas por mujeres y hombres que representan a "todas las personas." Es claro a partir de Hechos que, para alcanzar esta meta, el Espíritu Santo usa a los seguidores de Cristo e iglesias locales para multiplicar iglesias nuevas y saludables. Este proceso es la norma del Nuevo Testamento

B. El Espíritu Santo edifica congregaciones nuevas y saludables

Al final de cuentas, necesitamos reconocer que como seres humanos, no somos los que edificamos la Iglesia. En realidad, tampoco somos los que multiplicamos congregaciones nuevas y saludables. Esta es la obra del Espíritu Santo. El libro de Hechos claramente enseña que el Espíritu Santo es responsable por el crecimiento, la salud y el desarrollo de una iglesia. En Hechos vemos que el Espíritu Santo hace lo siguiente:

• Edifica la Iglesia.

- Reforma y transforma la Iglesia.
- Da poder a la Iglesia.
- Unifica la Iglesia.
- Da nueva luz y conocimiento a las palabras de Jesús.
- Envía a la Iglesia.
- Crea dentro de la Iglesia un deseo de crecer.
- Acompaña a la Iglesia en su misión.
- Guía a la Iglesia.
- Ora a través de la Iglesia e intercede por ella.
- Da a la Iglesia las palabras para el testimonio y la proclamación.
- Facilita la comunicación.
- Desarrolla y facilita la receptividad de los que escuchan.
- Convence a la gente de pecado, de justicia y de juicio.
- Convierte a la gente a la fe en Jesucristo.
- Reúne y unifica a los cristianos, de modo que juntos puedan ser la Iglesia.
- Recibe a los nuevos creyentes.
- Envía a la Iglesia al mundo que tanto ama Dios.

Uno de los deseos más profundos del Espíritu Santo es hacer crecer la Iglesia. Incluso las mejores estrategias no pueden hacer crecer la Iglesia. La Iglesia es "la misteriosa creación de Dios" (en las palabras de Karl Barth) y existe mediante la obra del Espíritu Santo. Sabemos esta verdad, pero frecuentemente la olvidamos. Quizás olvidamos el rol del Espíritu Santo porque el Espíritu Santo rara vez trabaja solo. El Espíritu Santo disfruta de usar instrumentos humanos, los discípulos de Jesús, para cumplir la tarea de crear iglesias nuevas y saludables.

Este deseo del Espíritu Santo es evidente a lo largo de Hechos en el Nuevo Testamento. Se enfatiza notablemente en Hechos 13. Después de darnos una lista de los líderes de la iglesia de Antioquía, Lucas nos dice que fue el Espíritu Santo el que dijo: "Apártenme ahora a Bernabé y a Saulo para el trabajo al que los he llamado" (Hch 13.2). El resto del libro es la historia de cómo el Espíritu Santo usó a Pablo, a Bernabé y a muchos otros en multiplicar iglesias nuevas y saludables en los diferentes lugares que Lucas menciona en el segundo capítulo. De acuerdo a esto, todas las congregaciones por todo el mundo deben escuchar el llamado del Espíritu Santo para ser agentes del Dios trino en la multiplicación de iglesias nuevas y saludables. Todas las iglesias saludables deberían estar preocupadas por multiplicar iglesias nuevas y saludables y comprometidas en esa tarea, mediante el poder del Espíritu Santo.

C. El Espíritu Santo da dones a los miembros de la Iglesia y los envía para que multipliquen nuevas congregaciones.

Para llevar a cabo esta multiplicación, el Espíritu Santo da dones a los creyentes en Cristo, como medios especiales de gracia. Seguramente, el lector está familiarizado con los pasajes del Nuevo Testamento que mencionan los diferentes dones que el Espíritu Santo da a los miembros del cuerpo de Cristo (ver Ro 12; 1 Co 12; Ef 4; 1 P 4.10-11). Uno podría decir que el Espíritu Santo es como el sistema nervioso central del cuerpo. Así como los nervios en el cuerpo humano llevan impulsos eléctricos desde el cerebro a los músculos, así también el Espíritu Santo lleva los mandatos de la Cabeza de la Iglesia (Cristo) a los miembros del cuerpo y mueve los músculos a la acción. Es decir, el Espíritu Santo mueve a los miembros del cuerpo de Cristo en su misión en el mundo. No es posible multiplicar iglesias nuevas y saludables sin el uso cuidadoso y eficiente de los dones del Espíritu Santo.

Un estudio cuidadoso de Efesios 4, muestra que los dones del Espíritu son dados con dos propósitos complementarios. Por un lado, los dones se usan para el desarrollo y la madurez de los miembros de la Iglesia. Pero la obra del Espíritu Santo no para aquí. El desarrollo y la madurez de los miembros tienen un propósito que va más allá de los confines de la Iglesia. Les son dados para la misión en el mundo. En Efesios 4.12, Pablo dice que los dones han sido dados para "capacitar al pueblo de Dios para la obra de servicio, para edificar el cuerpo de Cristo." La palabra que Pablo usa aquí, traducida como "servicio," es diakonia. Esta palabra, de la que tomamos la palabra "diácono," es una palabra clave que Pablo frecuentemente usa como sinónimo de "la misión de Dios." Por ejemplo, ver Ef 3.1-7, donde Pablo dice que se hizo siervo [diácono] del "misterio" (Ef 3.6), que "los gentiles son, junto Israel, beneficiarios de la misma herencia, miembros de un mismo cuerpo y participantes igual en la promesa en Cristo Jesús." Los dones son actividades del ministerio, practicados tanto fuera como dentro de la Iglesia, para llevar a Cristo a los que todavía no lo conocen como salvador. Cuando los dones se ejercen de esta manera, la Iglesia se "edifica," es decir, crece de manera holística: orgánica, espiritual, social y numéricamente (ver Costas 1975; 1974; 1979). Los dones del Espíritu son dones misioneros, que el Espíritu quiere usar para tocar las vidas de los que todavía no son discípulos de Cristo, a los efectos de transformarlos y llevarlos a la Iglesia de Cristo, creando congregaciones nuevas y saludables.

Debido a que los dones son dados directamente por el Espíritu Santo, sólo deben ser usados en una atmósfera imbuida del fruto del Espíritu: amor, alegría, paz, paciencia, amabilidad, bondad, fidelidad, humildad y dominio propio (Gá 5.22-23; Ef 4.1-6). Cuando estos dones son usados bíblicamente, el resultado que se anticipa es que nuevas personas lleguen a Cristo y que se desarrollen iglesias nuevas y saludables. El Espíritu Santo no da estos dones simplemente para hacer crecer iglesias ya establecidas. El crecimiento bíblico resulta en la multiplicación de creyentes y de congregaciones nuevas y saludables. El crecimiento bíblico también debería resultar en la transformación de la sociedad y la cultura, de los vecindarios circundantes de estas nuevas congregaciones.

En este momento, hay demasiadas mega-iglesias alrededor del mundo, que no han dado origen a suficientes congregaciones nuevas. Pareciera como si quisieran conservar la gracia de Dios toda para ellos y no compartirla con "todas las personas." Una Iglesia saludable procura reproducirse, multiplicando nuevas congregaciones – local, regional y globalmente. Una Iglesia sana participa en la misión de Jesucristo, mediante el poder del Espíritu Santo como "testigos tanto en Jerusalén como en toda Judea y Samaria, y hasta los confines de la tierra" (Hch 1.8). En esta actividad misionera, por la obra del Espíritu Santo, una iglesia sana se multiplicará en otras iglesias nuevas y saludables.

Porque la congregación local es el agente primario del reino de Dios

La exposición sobre la obra del Espíritu Santo que antecede nos lleva a considerar la cuarta razón fundamental por la que debieran multiplicarse iglesias nuevas y saludables. Esta cuarta razón tiene mucho que ver con la naturaleza de la Iglesia y su relación con el reino de Dios. Quiero sugerir aquí que es un aspecto natural y esencial de la naturaleza misma de la Iglesia el reproducirse en nuevas congregaciones. Esto es algo que se puede esperar de toda congregación sana. También podríamos decirlo negativamente: algo le pasa a una congregación local que no se reproduce. Podemos pensar en esto desde tres puntos de vista.

Debemos considerar lo que la Biblia nos enseña acerca de la naturaleza de una congregación sana. Cuando multiplicamos iglesias nuevas y saludables, ¿que estamos multiplicando? La respuesta se puede encontrar en Hechos 2 y en 1 Tesalonicenses 1. En cada pasaje, encontramos una descripción de una congregación nueva de menos de un año. Lucas explica las características de la congregación en Hechos 2.43-47, con el propósito de probar que está constituida por judíos mesiánicos, quienes siguen fielmente los mandamientos del Nuevo Testamento y que también son fieles seguidores del Mesías, Jesús de Nazaret. En el caso de los creyentes de Tesalónica, Pablo menciona las características de esa iglesia, para probar que Dios "los ha escogido" (1 Ts 1.4). ¿Cómo puede uno saber que los creyentes de Tesalónica son elegidos? Se sabe porque manifiestan las siguientes características.

Dado el contexto bíblico en el cual aparecen estas características, creo que Lucas, al igual que Pablo, nos ofrece no sólo una descripción de un grupo particular de creyentes (escrita sólo de forma descriptiva), sino que también está dando un resumen de lo que él cree constituye una auténtica y verdadera iglesia local (escrito en forma normativa). En otras palabras, nuestras congregaciones y nuestras iglesias nuevas y sanas deberían demostrar las características siguientes:

- Hay milagros y señales extraordinarias.
- La congregación tiene un impacto en su contexto circundante.
- Los miembros de la congregación tienen todo en común. Se preocupan unos por otros.
- Comen juntos y celebran la Comunión y la unidad especial.
- Alaban y adoran a Dios.
- El Señor cada día agrega al grupo los que van siendo salvos (Hch 2.43-47).
- Confiesan a Jesús como su Salvador.
- El evangelio llega con poder. Hay milagros y señales especiales.
- Se predica la Palabra.
- Experimentan una comunión de amor.
- Expresan una forma de vida ejemplar.
- Sufren por el evangelio.
- Muestran un espíritu de gozo.
- Muestran una conversión radical.
- Su testimonio es conocido en todo el mundo.
- Demuestran una nueva esperanza (1 Ts 1.2-10).

Hay mucho que podría decirse concerniente a estas dos descripciones de iglesias sanas. No obstante, aquí sólo quiero mencionar una cuestión. Estas dos iglesias nuevas están comprometidas con la evangelización, con la misión y con el crecimiento numérico de creyentes y de congregaciones. Hay ocasiones cuando deseamos enfatizar una o dos de estas características mencionadas en los dos pasajes. No obstante, estas características describen una realidad que toma forma cuando se consideran todas juntas. No es posible aceptar o enfatizar una o dos de estas características y pasar por alto el resto. Hacerlo sería ignorar la forma en que Lucas y Pablo describen a estas dos congregaciones. La descripción de cada una es un paquete completo: orgánica y holística. Enfatizar la unidad, o la adoración, o las señales y milagros significa que uno también debe acentuar la obra misionera de estas congregaciones al predicar el evangelio, la manera en que logran el crecimiento numérico de creyentes y sus intentos de multiplicar iglesias nuevas y saludables (ver Van Engen 1981, 178-90).

Multiplicar nuevas iglesias es la penúltima meta de la misión de Dios. Como cuerpo de Cristo, la Iglesia es la presencia física de Dios en este mundo, para la bendición y la transformación del mundo (Ro 12; 1 Co 12; Ef 4: 1 P 2 y 4). Esta verdad nos obliga a enfatizar la importancia última de la Iglesia. La Iglesia universal, la Iglesia en el mundo —de todos los tiempos y culturas – es una idea y nada más. En realidad, esta Iglesia no existe de manera concreta y visible. Lo que existe es una multitud de congregaciones locales, de iglesias locales, cada una de las cuales es una manifestación local de la Iglesia universal. Usted y yo y todos los creyentes en Jesucristo nunca experimentaremos la Iglesia universal. La base desde la cual somos enviados al mundo es la congregación local, en la cual experimentamos la comunión de los santos y crecemos espiritualmente. Siendo así, es imposible sobreestimar la importancia de la congregación local de hombres y mujeres que aman a Cristo y adoran a Dios, mediante el poder del Espíritu Santo.

No obstante, la meta final de nuestra misión no puede ser sólo la congregación local. Multiplicar, hacer crecer y vigilar el desarrollo de la iglesia local es la penúltima meta de nuestra misión, tal como Orlando Costas nos ayuda a ver (Costas 1974, 90; 1979, 37-59; 1982, 46-48). La meta última de nuestra labor misionera es la gloria de Dios, tal como lo veremos en la parte final de este capítulo.

La penúltima meta de multiplicar iglesias saludables es esencial. Dios ha elegido a la congregación local como su principal instrumento para su misión en el mundo. Siendo así, para alcanzar la meta final, es de suprema importancia edificar miles de nuevas congregaciones misioneras alrededor del mundo. Dios es glorificado cuando las vidas de las personas son cambiadas y la familia y las estructuras socioeconómicas y políticas de una ciudad o nación experimentan una transformación radical. Todo esto se debe a que el Espíritu Santo usó a las congregaciones locales para anunciar la venida del reino de Dios en Jesucristo, de manera holística, a través de la palabra y de la obra, y de manera contextualmente apropiada y bíblicamente sana.

Porque multiplicar nuevas iglesias le da la gloria a Dios

¿Por qué multiplicar iglesias nuevas y saludables? La quinta razón está por sobre todas las demás. Multiplicar nuevas iglesias le da gloria a Dios. Al final del camino, edificar iglesias nuevas y sanas no es para la gloria de una denominación o de una organización misionera. No es para la gloria de un pastor o de un evangelista. No es para la gloria de la iglesia madre. Nuestra motivación fundamental para multiplicar iglesias nuevas y sanas siempre debe ser un profundo deseo de dar gloria a Dios.

A. "Las diez bendiciones" de Efesios 1

Todo lo dicho anteriormente en este capítulo puede resumirse en las palabras de Pablo en el primer capítulo de Efesios. Al comenzar su carta a los efesios, su epístola principal concerniente a la Iglesia y su misión, Pablo usa las palabras de uno de los himnos más antiguos de la Iglesia primitiva. Aunque no se conoce la música, las palabras han sido preservadas porque Pablo las usó al comenzar su carta. El himno contiene diez palabras que son verbos. Estas diez acciones se dividen en tres versos, uno para cada una de las tres personas de la Trinidad. Debido a esto, he llamado a este pasaje: "Las diez bendiciones." Cada verso enfatiza la obra y el rol especial de cada persona de la Trinidad. Esta revisión de lo que Dios ha hecho por nosotros es hermosa, profunda y conmovedora. No obstante, la parte más sobresaliente del himno es una frase que se repite tres veces y sirve como un coro entretejido a lo largo del himno. La frase es: "para alabanza de su gloria." (La primera vez a que aparece dice: "para alabanza de su gloriosa gracia."). Ver las palabras del himno a continuación.

Efesios 1.1-14: "Las diez bendiciones"

A través del Padre
1.   Escogidos
2.   Hechos santos
3.   Predestinados
4.   Adoptados

Coro: para alabanza de su gloriosa gracia

A través del Hijo
5.   Redimidos
6.   Perdonados
7.   Hechos participantes del misterio
8.   Unidos con Cristo
9.   Coherederos con él

Coro: para alabanza de su gloria

A través del Espíritu Santo

10.   Marcados con el sello de la promesa mediante el Espíritu Santo que es el depósito (primer pago) de nuestra herencia hasta la redención de la posesión de Dios.

Coro: para alabanza de su gloria

Siglos más tarde, encontramos un eco del énfasis de Pablo en Efesios en los escritos de Gisbertus Voetius (1589-1676). Un profesor de teología holandés, Voetius fue uno de los primeros misiólogos protestantes. Escribiendo a principios del siglo diecisiete, Voetius afirmó que, bíblicamente, la misión de la Iglesia tiene una meta que consta de tres partes. Declaró que la meta de la misión de Dios en la Biblia era conversio gentili; plantatio ecclesiae; gloria Dei: (a) la conversión de personas a la fe en Jesucristo; (b) la multiplicación de iglesias; y (c) la gloria de Dios (ver Bavinck 1960, 155ss). Durante los últimos cinco siglos, esta perspectiva ha sido la base más fundamental para la obra misionera entre iglesias evangélicas, descendientes de la Reforma Protestante. En lo más básico, la motivación de estas iglesias evangélicas para la expansión de la Iglesia se derivó de su meta visionaria: Dios quiere hombres y mujeres que lleguen a ser seguidores de Cristo, miembros responsables de la Iglesia y agentes de la transformación de sus contextos, para la gloria de Dios. Noten que las tres partes de la articulación de Mateo de la Gran Comisión (Mt 28.18-20) se encuentran aquí (discipular, bautizar y enseñar).

B. La visión en Apocalipsis

La iglesia nueva y sana que más sobresale en la Biblia es la congregación que se reúne alrededor del trono de Jesucristo, el Pastor de Dios en la Nueva Jerusalén. ¡Qué visión sorprendente es la que Juan describe en los últimos pocos capítulos de Apocalipsis! El ángel le dice a Juan que le va a mostrar "a la novia, la esposa del Cordero" (Ap 21.9). Esta figura retórica, este cuadro verbal es una de las principales representaciones de la Iglesia de Jesucristo, a la cual Pablo también describe como la novia preparada para presentarse delante de Jesús, su esposo (Ef 5.23-27). ¡Qué maravilloso! El ángel está presentando a la Iglesia como la Nueva Jerusalén. La Iglesia ha llegado a ser una ciudad con doce puertas que nunca se van a cerrar, hecha de las doce piedras de las vestiduras de Aarón en el tabernáculo del desierto. El ángel también le hace ver que los "reyes de la tierra le entregarán sus espléndidas riquezas." La visión es verdaderamente grandiosa. Los "reyes de la tierra" traen el esplendor de su lengua, de su cultura, de su historia, de su civilización, trayendo todo esto a la Nueva Jerusalén, la cual es la Iglesia, cuyo templo es Jesucristo, cuyo sol y luz es Cristo, cuyas puertas nunca se cierran, de modo que constante y eternamente las personas sean invitadas a lavarse en la sangre de Cristo. Entonces pueden reunirse con todos los santos alrededor del trono del Pastor. Juntos, todos los miembros de esta Iglesia nueva y sana cantan en miles de lenguas, como respondiendo al milagro de Pentecostés en Hechos 2. Todas las naciones, familias, lenguas, tribus del mundo alaban a Dios con el himno de la eternidad:

> Digno eres, Señor y Dios nuestro, de recibir la gloria, la honra y el poder, porque tú creaste todas las cosas; por tu voluntad existen y fueron creadas. . . . ¡Al que está sentado en el trono y al Cordero, sean la alabanza y la honra, la gloria y el poder, por los siglos de los siglos! . . . ¡La salvación viene de nuestro Dios, que está sentado en el trono, y del Cordero! . . . ¡Amén! La alabanza, la gloria, la sabiduría, la acción de gracias, la honra, el poder y la fortaleza son de nuestro Dios por los siglos de los siglos. . . . Grandes y maravillosas son tus obras, Señor, Dios Todopoderoso. Justos y verdaderos son tus caminos, Rey de las naciones. . . . ¡Alegrémonos y regocijémonos y démosle gloria! Ya ha llegado el día de las bodas del Cordero. Su novia se ha preparado (Ap 4.11; 5.13b; 7.10b, 12; 15.3b; 19.7).

En esta ciudad que representa a la Iglesia, hay un árbol muy especial: el árbol de la vida, cuyas hojas "son para la salud de las naciones" (Ap 22.2). Multiplicar iglesias saludables es participar en esta visión, ser conductores, mediante el poder del Espíritu Santo, para moverse hacia esta nueva realidad, el nuevo cielo y la nueva tierra, para la alabanza de la gloria de nuestro Dios. Una de las maneras en que representamos, señalamos, preparamos el camino, invitamos a otros a unirse y participamos de esta visión es multiplicando iglesias nuevas y saludables para la gloria de Dios. La Biblia nos enseña que el pueblo de Dios, la Iglesia, peregrina desde un jardín a una nueva ciudad, la Nueva Jerusalén.

C. La meta final: para alabanza de la gloria de Dios

¿Por qué deberíamos dedicar todo el dinero, tiempo, energía y recursos personales para multiplicar iglesias sanas? En este capítulo he sugerido que más fundamentalmente, tal empresa fluye de la naturaleza y misión de Dios: "Porque tanto amó Dios al mundo." El amor, la iniciativa de Dios, su acción misionera, forma el fundamento, la base para todos los esfuerzos en multiplicar iglesias nuevas y saludables. Entonces, el amor de Dios constituye la fuente de la que fluyen las cinco razones que hemos examinado concernientes a por qué deberíamos multiplicar nuevas congregaciones:

- Porque Dios el Padre busca y encuentra a los perdidos;
- Porque el amor de Cristo nos obliga;
- Porque el Espíritu Santo ha sido enviado a todos los seres humanos (toda carne);
- Porque la congregación local es el agente primario del reino de Dios;
- Porque multiplicar iglesias es para la alabanza de la gloria de Dios.

Luego, podríamos expresar la misión de la Iglesia de la siguiente manera: es la voluntad de Dios que mujeres y hombres de todos los pueblos de la tierra sean invitados a llegar a ser seguidores de Jesucristo, miembros responsables de la Iglesia de Cristo, reunidos en comunidades de fe, en el poder del Espíritu Santo. Estos grupos de creyentes, como agentes del reino de Dios, procuran transformar la realidad de sus contextos, para dar alabanza a Dios.

De ahí que, la Iglesia de Jesucristo está llamada a una acción misionera creativa en el mundo, mientras procura proclamar las buenas nuevas del reino de Dios de maneras bíblicamente fieles, contextualmente apropiadas y globalmente transformadoras. La Cabeza de la Iglesia es Jesucristo, el Señor. Desde este punto de vista, la existencia de la Iglesia tiene un solo propósito: existe para alabanza de la gloria de Dios.

¿Cuáles serán nuestros motivos para multiplicar iglesias nuevas y sanas? ¿Elegiremos los motivos humanos, pecadores, egoístas y opresivos? ¿O elegiremos los motivos y las metas que la Biblia nos da? ¿Multiplicaremos iglesias para nuestra propia gloria, o nos comprometeremos a participar en la misión de Dios para alabanza de la gloria de Dios?

Conclusión

La ancianita de Monterrey, México, que formuló su pregunta tan penetrante, merece una cuidadosa respuesta. En la confusa multiplicidad de diversas opiniones religiosas, necesitamos dar una cuidadosa consideración a nuestros motivos, para multiplicar iglesias. En última instancia, nuestro deseo es que mujeres y hombres lleguen a ser seguidores de Jesús y sólo en segundo lugar que lleguen a ser miembros de nuevas iglesias. Pero, los nuevos seguidores de Jesús necesitan reunirse en comunidades de fe. El resultado de lo cual es la expansión de iglesias nuevas o ya existentes.

La esperanza del mundo y la posibilidad de transformar la realidad que enfrentamos hoy reside en multiplicar miles de iglesias nuevas y saludables en todas las ciudades, pueblos y villas por todo el mundo. Estas congregaciones deben estar constituidas por hijos e hijas de Dios, seguidores de Jesucristo, bendecidos con la presencia y los dones del Espíritu Santo, quienes intencionalmente y de manera cuidadosa procuren ser señales de la venida del reino de Dios, para alabanza de la gloria de Dios.

¿Por qué multiplicar iglesias nuevas y sanas?

1.   Porque Dios es un Dios de amor: la misión es de Dios; el propósito es de Dios. Nuestro Dios, el Dios de la Biblia, "no quiere que nadie perezca sino que todos se arrepientan" (2 P 3.9).

2.   Porque somos escogidos para servir: somos instrumentos en las manos de Dios. Somos el cuerpo de Cristo, la presencia física de Jesucristo en el mundo, en orden a ser una bendición para las naciones. Como cuerpo de Cristo, un aspecto de nuestra naturaleza es levantar nuevas congregaciones, como criamos a nuestros hijos e hijas. Todas las congregaciones maduras deben ser madres de otras congregaciones.

3.   Porque nos encontramos a nosotros mismos en la medida que participamos siendo instrumentos del amor de Dios por todas las naciones y por todos los seres humanos (Mt 10.39). La Iglesia no existe para servir a sus miembros. Al contrario, la Iglesia está formada por miembros quienes, juntos como el pueblo de Dios, existen para ser instrumentos del amor de Dios hacia los que todavía no conocen a Jesucristo.

4.   Porque somos llamados especialmente para participar en la misión de Dios. Una de las maneras más apropiadas y eficientes para expresar concretamente esta elección consiste en multiplicar iglesias nuevas y sanas.

5.   Porque siempre, en todo lugar, somos el pueblo de Dios, el Dios que "tanto amó al mundo, que dio a su Hijo unigénito, para que todo el que cree en él no se pierda, sino que tenga vida eterna" (Jn 3.16). Como tal, somos una comunidad de amor, la comunidad del fruto del Espíritu y no descansamos mientras haya personas que no conozcan a Jesucristo, mediante la obra del Espíritu Santo, para alabanza de la gloria de nuestro Dios.

Bibliografía

A. J. Muste. "Of Holy Disobedience," *Sojourners,* 13.11 (Dec. 1984): 21-22.

Adams, Arthur M. *Effective Leadership for Today's Church.* Philadelphia: Westminster, 1978.

Allen, Roland. *The Spontaneous Expansion of the Church and the Causes Which Hinder It.* Grand Rapids: Eerdmans, 1962.

Alston, Wallace M., Jr. *The Church.* Atlanta: John Knox, 1984.

Anderson, Andy. *Where Action Is.* Nashville: Broadman, 1976.

Anderson, Gerald H., ed. *The Theology of the Christ.* Abingdon, 1961.

_____. ed. *Witnessing to the Kingdom: Melboume and Beyond.* Maryknoll, N.Y.: Orbis, 1982.

Anderson, Gerald H., and Thomas F. Stransky, eds. *Mission Trends Nº 2: Evangelization.* Grand Rapids: Eerdmans, 1975.

Anderson, James D., and Ezra E. Jones. *The Management of Ministry.* New York: Harper and Row, 1978.

_____. *Ministry of the Laity.* New York: Harper and Row, 1985.

Anderson, Ray S. *Minding God's Business.* Grand Rapids: Eerdmans, 1986.

_____. *Mission Theology and Church Theology: An integrative Approach.* Unpublished manuscript, 1989.

_____. *The Praxis of Pentecost: Revisioning the Church's Life and Mission.* Pasadena, Calif.: Fuller Theological Seminary, 1991.

Arias, Esther, and Mortimer Arias. *The Cry of My People: Out of Captivity in Latin America.* New York: Friendship, 1980.

Arias, Mortimer. *Announcing the Reign of God: Evangelization and the Subversive Memory of Jesus.* Philadelphia: Fortress, 1984.

_____. *Salvación es Liberación.* Buenos Aires: Aurora, 1973.

Arn, Winfield C., ed. *The Pastor's Church Growth Handbook.* Pasadena, Calif.: Church Growth, 1982.

Am, Winfield C., and Charles Arn. *Who Cares About Love?* Pasadena, Calif.: Church Growth, 1986.

Avis, Paul D. L. *The Church in the Theology of the Reformers.* P. Toon, R. Martin, eds. Atlanta: John Knox, 1980.

Baker, Wesley C. *The Split-Level Fellowship.* Philadelphia: Westminster, 1965.

Banks, Robert J. *Paul's Idea of Community: The Early House Churches in Their Historical Setting.* Grand Rapids: Eerdmans, 1980.

_____. "A Biblical Vision of the People of God." *Theology News and Notes* (June 1990): 4–7.

Banks, Robert J., and Julia Banks. *The Church Comes Home: A New Base for Community and Mission.* Sutherland, Australia: Albatross, 1989.

Barbour, Ian G. *Religion in an Age of Science.* San Francisco: Harper and Row, 1990.

"Barnabas: The Ministry of Encouragement." *Christian Leadership Letter* (July 1987): 1-3.

214

Barrett, David B. *World Christian Encyclopedia.* Oxford: Oxford University Press, 1982.

_____. "Five Statistical Eras of Global Mission." *Missiology* 12.1 (Jan.1984): 21-39.

_____. "Silver and Gold Have I None: Church of the Poor or Church of the Rich?" *International Bulletin* of *Missionary Research,* 7.4 (Oct.1983): 146–51.

Barrett, Lois. *Building the House Church.* Scottdale, Pa.: Herald, 1986.

Barth, Karl. *Church Dogmatics,* vol. 4, G. T. Thomson, trans. Edinburgh: T and T Clark, 1958.

_____. *The Church and the Churches.* Grand Rapids: Eerdmans, 1936.

_____. *Theology and Church: Shorter Writings 1920–1928,* L. R Smith, trans., 1st American ed. New York: Harper and Row, 1962.

Bassham, Rodger C. "Willingen: Seeking a Deeper Theological Basis for Mission." *International Review* of *Mission,* 67.267 (July 1978): 329–37.

_____. *Mission Theology, 1948-1975: Years of Creative Tension -Ecumenical, Evangelical and Roman Catholic.* South Pasadena, Calif.: William Carey Library, 1980.

Baum, Gregory. *The Credibility of the Church Today: A Reply to Charles Davis.* New York: Herder and Herder, 1968.

_____. "Commentary," in Edward H. Peters, ed.: *De Ecclesia, The Constitution on the Church of Vatican Council II Proclaimed by Pope Paul VI on November 21, 1964.* Glen Rock, N.J.: Paulist, 1965.

_____. "Introduction" in *The Teachings of the Second Vatican Council Complete Texts of the Constitutions, Decrees, and Declarations.* Westminster, Md.: Newman, 1966.

_____. *Man Becoming: God in Secular Language.* New York: Herder and Herder, 1970.

Bavinck, Herman. *Our Reasonable Faith: A Survey of Christian Doctrine.* H. Zyistra, trans. Grand Rapids: Eerdmans, 1956; repr. ed., Grand Rapids: Baker, 1986.

Bavinck, I. H. *An Introduction to the Science of Missions,* David Freeman, trans. Philadelphia: Presbyterian and Reformed, 1960.

_____. *The Impact of Christianity on the NonChristian World.* Grand Rapids: Eerdmans, 1948.

Bennis, Warren, and Burt Nanus. *Leaders: The Strategies of Taking Charge.* New York: Harper and Row, 1985.

Belew, M. Wendell. *Churches and How They Grow.* Nashville: Broadman. 1971.

Bellah, Robert N., et al. *Habits of the Heart: Individualism and Commitment in American Life.* Berkeley, Calif.: University of California Press, 1985.

Berkhof, Hendrikus. *Christian Faith: An Introduction to the Study of Faith, S.* Woudstra, trans. Grand Rapids: Eerdmans, 1979.

Berkhof, Hendrikus, and Philip Potter. *Key Words of the Gospel.* London: SCM, 1964.

Berkouwer, G. C. *The Church,* J. E. Davison, trans. Grand Rapids: Eerdmans, 1976.

_____. *The Second Vatican Council and the New Catholicism,* L. B. Smedes, trans. Grand Rapids: Eerdmans, 1965.

Berton, Pierre. *The Comfortable Pew: A Critical Look at Christianity and the Religious Establishment in the New Age.* Philadelphia: Lippincott, 1965.

Beyerhaus, Peter, ed. *The Church Crossing Frontiers: Essays on the Nature of Mission in Honour of Bengt Sundkler.* Uppsala: Gleerup, 1969.

_____. The Three Selves Formula. *International Review of Missions,* 53 (1964): 393-407.

Birch, Bruce C. "Sages, Visionaries and Poets." *Sojourners,* 13.11 (Dec. 1984): 25-28.

Bjork, Don. "Foreign Missions: Next Door and Down the Street," *Christianity Today,* 29.13 (12 July 1985): 17-21.

Blauw, Johannes. *The Missionary Nature of the Church: A Survey of the Biblical Theology of Mission.* New York: McGraw-Hill, 1962.

Boer, Harry R. *Pentecost and Missions.* Grand Rapids: Eerdmans, 1961.

_____. "Reformed Attitude to the WCC." *Theological Forum:* 10.1-2 (June 1982): 23-29.

Boff, Leonardo. *Ecclesiogenesis: The Base Communities Reinvent the Church,* J. Dierksmeyer, trans. Maryknoll, N.Y.: Orbis, 1986.

_____. *Church, Charism and Power: Liberation Theology and the Institutional Church,* J. Dierksmeyer, trans. New York: Crossroad, 1985.

Bonhoeffer, Dietrich. *The Communion of Saints: A Dogmatic Inquiry into the Sociology of the Church.* E.T., New York: Harper, 1963.

_____. *Letters and Papers from Prison,* New York: Macmillan, 1953.

Bosch, David J. *Witness to the World: The Christian Mission in Theological Perspective.* Atlanta: John Knox, 1980.

_____. "The Scope of Mission," *International Review of Mission,* 73.289 (Jan. 1984): 17-32.

_____. "Mission in Jesus' Way: A Perspective from Luke's Gospel." *Missionalia,* 17.1 (April 1989): 3-21.

_____. "An Emerging Paradigm for Mission." *Missiology,* 11.4 (Oct.1983): 485-5 10.

_____. "Evangelism: Theological Currents and Cross-currents Today." *International Bulletin of Missionary Research,* 11.3 (July 1987): 98-103.

Braun, Neill. *Laity Mobilized: Reflections on Church Growth in Japan and Other Lands.* Grand Rapids: Eerdmans, 1971.

Bright, John. *The Kingdom of God: The Biblical Concept and its Meaning for the Church.* Nashville: Abingdon-Cokesbury, 1953.

Brueggeman, Walter. *In Man We Trust: The Neglected Side of Biblical Faith.* Atlanta: John Knox, 1972.

Callahan, Kennon L. *Twelve Keys to an Effective Church.* New York: Harper and Row, 1983.

_____. *Effective Church Leadership: Building on the Twelve Keys.* San Francisco: Harper and Row, 1990.

"Called and Committed: The Spirituality of Mission." *Today's Ministry,* 2.3 (Spring-Summer 1985): 1, 3-5.

Calvin, John. *Institutes of the Christian Religion,* F. L. Battles, trans. Philadelphia: Westminster, 1960.

Campbell, Thomas C., and Gary B. Reierson. *The Gift of Administration.* Philadelphia: Westminster, 1981.

Cassidy, Richard J. *Jesus, Politics and Society: A Study of Luke's Gospel.* Mary-knoll, N.Y.: Orbis, 1978.

Chaney, Charles L. *Design for Church Growth.* Nashville: Broadman, 1977.

Cho, Paul Yonggi. *More Than Numbers.* Waco, TX.: Word, 1984.

"Christian Unity: Becoming One in Christ," in *Minutes of the General Synod, 1987.* New York: Reformed Church in America, 1987: 53-59.

"Church in Crisis." *Newsweek,,*106 (9 Dec.1985): 66-76.

Claerbaut, David. *Urban Ministry.* Grand Rapids: Zondervan, 1984.

Clinton, J. Robert. *The Making of a Leader.* Colorado Springs: NavPress, 1988.

Clowney, Edmund P. *Called to the Ministry.* Chicago: Inter-Varsity, 1964.

Coleman, Robert E. *The Master Plan of Evangelism* (Old Tappan, N.J.: Revell, 1963).

Collum, Danny. "A. J. Muste, The Prophet Pilgrim." *Sojourners,* 13.11 (Dec. 1984): 12-17.

Congar, Yves M. J. *The Mystery of the Church,* A. V. Littledale, trans. Baltimore: Helicon, 1960.

Conn, Harvie. *Evangelism: Doing Justice and Preaching Grace.* Grand Rapids: Zondervan, 1982.

Conners, Kenneth W *Stranger in the Pew.* Valley Forge, Pa.: Judson, 1970.

Cook, Guillermo. "Grassroots Churches and Reformation in Central America." *Latin American Pastoral Issues,* 14.1 (June 1987): 5-23.

_____. *The Expectation of the Poor: Latin American Basic Ecciesial Communities in Protestant Perspective.* Maryknoll, N.Y.: Orbis, 1985.

_____. "The Protestant Predicament: From Base Ecclesial Community to Established Church-A Brazilian Case Study." *International Bulletin of Missionary Research,* 8.3 (July 1984): 98-102.

Costas, Orlando E. *Christ Outside the Gate: Mission Beyond Christendom.* Maryknoll, N.Y: Orbis, 1982.

_____. *El Protestantismo en América Latina Hoy.* San Jose: IDEF, 1975.

_____. "Churches in Evangelistic Partnership," in C. René Padilla, ed. *The New Face of Evangelicalism: An International Symposium on the Lausanne Covenant.* Downers Grove, Ill.: Inter-Varsity, 1976.

_____. *Liberating News: A Theology of Contextual Evangelization.* Grand Rapids: Eerdmans, 1987.

_____. *The Church and its Mission: A Shattering Critique from the Third World,* Wheaton: Tyndale, 1974.

_____. *The Integrity of Mission: The Inner Life and Outreach of the Church.* New York: Harper and Row, 1979.

Cullman, Oscar. *Christ and Time: The Primitive Christian Conception of Time and History,* F. V Filson, trans. Philadelphia: Westminster. 1964.

Daughdrill, James H., Ir. "A Plea for Laymen's Liberation," *Church Herald,* 30.30 (7 Sept.1973): 12-13, 22-23.

Davidson, James D. *Mobilizing Social Movement Organizations: The Formation, Institutionalization, and Effectiveness of Ecumenical Urban Ministries.* Storrs, Conn: Society for the Scientific Study of Religion, 1985.

Dayton, Edward R., and Theodore W Engstrom. *Strategy for Leadership.* Old Tappan, N.J.: Fleming H. Revell, 1979.

De Dietrich, Suzanne. *The Witnessing Community.* Philadelphia: Westminster. 1958.

Dibbert, Michael T. *Spiritual Leadership, Responsible Management A Guide for Leaders of the Church.* Grand Rapids: Zondervan, 1989.

Dietterich, Paul M., ed. "Managing Clergy Transition," *The Center Letter,* 13.5 (May 1983).

_____. "New Ways of Thinking About Supervision," *The Center Letter,* 13.4 (April 1983).

Dirkswager. Edward I., Jr., comp. *Readings in the Theology of the Church.* Englewood Cliffs, N.J.: Prentice-Hall, 1970.

Dubose, Francis M. *How Churches Grow in an Urban World.* Nashville: Broadman, 1978.

Dudley, Carl S. *Making the Small Church Effective.* Nashville: Abingdon, 1978.

_____. *Where Have All Our People Gone? New Choices for Old Churches.* New York: Pilgrim, 1979.

Dulles, Avery R. *A Church to Believe In: Discipleship and the Dynamics of Freedom.* New York: Crossroad, 1982.

_____. *Models of the Church.' A Critical Assessment of the Church in All its Aspects.* Garden City, N.Y.: Doubleday, 1974.

_____. *The Resilient Church: The Necessity and Limits of Adaptation.* New York: Doubleday, 1977.

Dulles, Avery R. and Patrick Granfield. *The Church: A Bibliography.* Wilmington, Del.: Michael Glazier, 1985.

Dunnam, Maxie D.; Gary I. Herbertson, and Everett L. Shostrom. *The Manipulator and the Church.* Nashville: Abingdon, 1968.

Dumbaugh, Donald *F. The Believers' Church: The History and Character of Radical Protestantism.* Scottdale, Pa.: Herald, 1985.

Ellison, Craig W, ed. *The Urban Mission.* Grand Rapids: Eerdmans, 1974.

Elms, LeRoy. *Be the Leader You Were Meant to Be: What the Bible Says about Leadership.* Wheaton, Ill.: Victor, 1982.

Engstrom, Theodore W. *The Christian Executive: A Practical Reference for Christians in Management Positions.* Waco, TX.: Word, 1976.

_____. *The Making of a Christian Leader.* Grand Rapids: Zondervan, 1976.

Escobar, Samuel. "Base Church Communities: A Historical Perspective." *Latin American Pastoral issues, 14.1* (June 1987): *24-33.*

Flannery, Austin R, ed. *Documents of Vatican II.* Grand Rapids: Eerdmans, 1975.

_____. *Vatican II: More Postconciliar Documents.* Grand Rapids: Eerdmans, 1982.

_____. *Vatican II on the Church.* 2d ed. Dublin: Scepter, 1967.

Freytag, Waiter. "The Meaning and Purpose of the Christian Mission. *International Review of Missions, 39* (April 1950): 153-61.

Fuller, W. Harold. *Mission Church Dynamics: How to Change Bicultural Tensions into Dynamic Missionary Outreach.* South Pasadena, Calif.: William Carey Library, 1980.

Garvin, G. W. "Marks of Growing Churches," *Action Information,* 11.4 (Aug.-Sept. 1985): 14.

Gatu, John. "The Urgency of the Evangelistic Task," in C. Rene Padilla. ed. *The New Face of Evangelicalism: An International Symposium on the Lausanne Covenant.* Downers Grove, Ill.: Inter-Varsity, 1976.

Getz, Gene A. *Sharpening the Focus of the Church. Chicago:* Moody, 1974.

_____. *The Measure of a Church.* Glendale, Calif.: Regal, 1975.

Gibbs, Eddie. *Followed or Pushed?* London: MARC Europe, 1987.

_____. *I Believe in Church Growth.* Grand Rapids: Eerdmans, 1982.

Gilliland, Dean. *Pauline Theology and Mission Practice. Grand* Rapids: Baker, 1983.

Glasser, Arthur F. *El Anuncio del Reino.* Eugene: Wipf & Stock, 2019.

Goodall, Norman. *ed. Missions Under the Cross: Addresses Delivered at the Enlarged Meeting of the Committee of the International Missionary Council at Willingen, in Germany, 1952.* London: Edinburgh House, 1953.

Grabowski, Stanislaus I. *The Church: An Introduction to the Theology of St. Augustine.* St. Louis: Herder, 1957.

Graham. W. Fred. "Declining Church Membership: Can Anything Be Done?" *Reformed Journal,* 30.1 (Jan. 1980): 7-13.

Granberg-Michaelson, Karin. "Reclaiming the Healing Ministry of the Church." *Perspectives,* 2.7 (Sept.1987): 4-7.

Gray, Robert M. *Church Business Administration,* 2 vols. Enid, Okia.: Phillips University Press, 1968.

_____. *Managing the Church.* Enid, Okia.: Phillips University Press, 1970.

Green. E. Michael B. *Evangelism in the Early Church.* Grand Rapids: Eerdmans, 1970.

Greenleaf, Robert K. *Servant Leadership.* New York: Paulist, 1977.

Greenway, Roger S. *Apostle to the City: Biblical Strategies for Urban Missions.* Grand Rapids: Baker, 1978.

_____. *An Urban Strategy for Latin America.* Grand Rapids: Baker, 1973.

Griffiths, Michael C. *God's Forgetful Pilgrims: Recalling the Church to its Reason for Being.* Grand Rapids: Eerdmans, 1975.

Grimes, Howard. *The Rebirth of the Laity.* New York: Abingdon, 1962.

Guder, Darrell L. *Be My Witnesses: The Church's Mission, Message, and Messengers.* Grand Rapids: Eerdmans, 1985.

Gutiérrez, Gustavo. *A Theology of Liberation.* C. Inda and J. Eagleson, trans. Maryknoll, N.Y.: Orbis, 1973.

_____. *We Drink From Our Own Wells: The Spiritual Journey of a People,* M. I. O'Connell, trans. Maryknoll, N.Y: Orbis, 1984.

Hadaway, C. Kirk, Stuart A. Wright, and Francis M. Dubose. *Home Cell Groups and House Churches.* Nashville: Broadman, 1987.

Hall, Francis J. *The Church and the Sacramental System.* New York: Longman's, Greenand Co., 1920.

_____. *Dogmatic Theology,* vol.7: *About the Church.* New York: Longmans, Green and Co. ca. 1910; repr. ed., New York: American Church Union, 1967.

Hale, I. Russell. *Who Are the Unchurched? An Exploratory Study.* Washington.D.C.: Glenmary Research Center, 1977.

Hanson. Paul D. The Identity and Purpose of the Church. *Theology Today,* 42.3 (Oct.1985): 342-52.

_____. *The People Called: The Growth of Community in the Bible.* New York: Harper and Row, 1986.

Harper, Michael. *Let My People Grow! Ministry and Leadership in the Church.* Plainfield, N.J.: Logos International, 1977.

Hendrix, Olan. *Management for the Christian Worker.* Libertyville, Ill.: Quill, 1976.

Hermelink, I., and H. I. Margull, eds. *Basileia.* Stuttgart: Evang. Missions-Verlag, 1959.

Hersey, Paul, and Kenneth II. Blanchard. *The Situational Leader.* Escondido, Calif.: Center for Leadership Studies, 1985.

_____. *Management of Organizational Behavior: Utilizing Human Resources.* 5th ed. Englewood Cliffs, N.J.: Prentice-Hall, 1988.

Hersey, Paul; Kenneth II. Blanchard, and Walter Natemeyer. "Situational Leadership, Perception and the Impact of Power." Escondido, Calif.: Center for Leadership Studies, 1979.

Hesselgrave, David J. *Communicating Christ Cross-culturally: An Introduction to Missionary Communication.* Grand Rapids: Zondervan, 1978.

_____. *Planting Churches Cross-culturally: A Guide for Home and Foreign Missions.* Grand Rapids: Baker, 1980.

Hesselink, I. John. "Reformed But Ever Reforming," *Church Herald,* 31.21 (18 Oct. 1974): 6-7.

Hill, Bradley N. "An African Ecciesiojogy in Process: Six Stages of Dynamic Growth." *Missiology,* 16.1 (Jan. 1988): 73-87.

Hodges, Melvin L. *The Indigenous Church and the Missionary: A Sequel to "The Indigenous Church."* South Pasadena, Calif.: William Carey Library, 1977.

_____. *A Theology of the Church and its Mission: A Pentecostal Perspective.* Springfield, Mo.: Gospel, 1977.

Hoekendijk, Johannes C. "The Call to Evangelism," *International Review of Missions,* 39 (Apr.1950): 162-75.

_____. "The Church in Missionary Thinking," *International Review of Missions,* 41 (July 1952): 324-36.

_____. *The Church Inside Out.* I. C. Rottenberg, trans. Philadelphia: Westminster, 1966.

Hogue, C. B. *I Want My Church to Grow.* Nashville: Broadman, 1977.

Hoge, Dean R., and David A. Roozen. *Understanding Church Growth and Decline.* New York: Pilgrim, 1979.

Hoge, Dean R., et al. *Converts, Dropouts, Returnees: A Study of Religious Change among Catholics.* New York: Pilgrim, 1981.

Howard, David M. *The Great Commission for Today.* Downers Grove, Ill.: Inter-Varsity, 1976.

Hull, Bill. *Jesus Christ Disciple-maker: Rediscovering Jesus' Strategy for Building His Church.* Colorado Springs: NavPress, 1989.

Hunter, George G., III. *To Spread the Power: Church Growth in the Wesleyan Spirit.* Nashville: Abingdon, 1987.

Hunter, Kent R. *Your Church Has Personality.* Nashville: Abingdon, 1985.

Hutcheson, Richard G., Jr. *Mainline Churches and the Evangelicals.* Atlanta: John Knox, 1981.

"Into the Next Century: Trends Facing the Church." *Christianity Today Institute* (17 Jan.1986).

Isais, Juan M. *The Other Side of the Coin,* E. F. Isais, trans. Grand Rapids: Eerdmans, 1966.

Jenkins, Daniel T. *The Strangeness of the Church.* Garden City, N.Y: Doubleday, 1955.

Johnson, Benton. "Is There Hope for Liberal Protestantism?" in Dorothy Bass, Benton Johnson, and Wade Clark Roof, eds. *Mainstream Protestantism in the Twentieth Century: Its Problems and Prospects* (Louisville: Committee on Theological Education, Presbyterian Church, USA, 1986): 13-26.

Johnson, Douglas W *Managing Change in the Church.* New York: Friendship, 1974.

Jones, Ezra Earl, and Robert L. Wilson, eds. *What's Ahead for Old First Church?* New York: Harper and Row, 1974.

Jordan, James B., ed. *The Reconstruction of the Church.* Tyler, TX.: Geneva Ministries, 1986.

Kane, J. Herbert. *The Christian World Mission.* London: Lutterworth, 1963.

_____. *Understanding Christian Missions.* Grand Rapids: Baker, 1974.

Kelley, Arleon L. *Your Church: A Dynamic Community.* Philadelphia: Westminster, 1982.

Kelley, Dean M. *Why Conservative Churches Are Growing: A Study in the Sociology of Religion.* 2d ed. New York: Harper and Row, 1977.

Kemper, Vicki, with Larry Engel. "Dom Helder Camara: Pastor of the Poor." *Sojourners,* 16.11 (Dec. 1987): 12-15.

Kgatla, S. T. "The Church for Others: The Relevance of Dietrich Bonhoeffer for the Dutch Reformed Church Today." *Missionalia,* 17.3 (Nov. 1989): 151-61.

Kirk, Andrew J. *The Good News of the Kingdom Coming: The Marriage of Evangelism and Social Responsibility.* Downers Grove, Ill.: Inter-Varsity, 1985.

Kittel, Gerhard, and Gerhard Friedrich, eds. *Theological Dictionary of the New Testament,* G. W. Bromiley, trans., 10 vols. Grand Rapids: Eerdmans, 1964-1976.

KIemme, Huber F. *Your Church and Your Community.* Philadelphia: Co-operative, 1957.

Koster. Edward H. Leader Relationships: "A Key to Congregational Size," *Action Information,* 13.4 (July-Aug. 1987): 1-5.

Kraemer, Hendrik. *A Theology of the Laity.* Philadelphia: Westminster, 1958.

_____. "The Church in Search of Mission." *Christianity Today,* 15.1 (1 Jan. 1971): 10-12.

220

_____. *The Communication of the Christian Faith.* Philadelphia: Westminster, 1956.

Kraft, Charles H., *Christianity in Culture: A Study in Dynamic Biblical Theologizing in Cross-Cultural Perspective.* Maryknoll, N.Y.: Orbis, 1979.

Kraft, Charles H. and Tom N. Wisley, eds. *Readings in Dynamic Indigeneity.* Pasadena: William Carey Library, 1979.

Krass, Alfred C. *Evangelizing NeoPagan North America: The Word that Frees.* Scottdale, Pa.: Herald, 1982.

_____. *Five Lanterns at Sundown: Evangelism in a Chastened Mood.* Grand Rapids: Eerdmans. 1978.

Küng, Hans. *Structures of the Church,* S. Attanaslo, trans. New York: Nelson, 1964.

_____. *The Church,* R. Ockenden, trans. New York: Sheed and Ward, 1967.

Küng, Hans, and Jurgen Moltmann, eds. *Who Has the Say in the Church?* New York: Harper and Row, 1981.

Kuyper, Abraham. *Dictaten Dogmatiek,* 5 vols. Kampen, the Netherlands: Kok, 1910: vol. 2: *Locus de Sacra Scriptura;* vol.4: *Locus de Salute, Ecclesia, Sacramentis.*

_____. *Tractaat van de Reformatie der Kerken.* Amsterdam: Hoveker, 1884.

Ladd, George Eldon. *The Gospel of the Kingdom: Scriptural Studies in the Kingdom of God.* Grand Rapids: Eerdmans, 1959.

The Presence of the Future: The Eschatology of Biblical Realism. Grand Rapids: Eerdmans, 1974.

Langman, Harm Jan. *Kuyper en de Volkskerk.* Kampen, the Netherlands: Kok, 1950.

Larson, Bruce, and Ralph Osborne. *The Emerging Church.* Waco, TX.: Word, 1970.

Larson, Philip M., Ir. *Vital Church Management* Atlanta: John Knox, 1977.

Latourette, Kenneth S., et al. *Church and Community.* New York: Willett, Clark and Co., 1938.

_____. *The Emergence of a World Christian Community.* New Haven: Yale University Press, 1949.

Lee, Bernard I., and Michael A. Cowan. *Dangerous Memories: Mouse Churches and Our American Story.* Kansas City, Mo.: Sheed and Ward, 1986.

Libanio, I. B. "Base Church Communities (CEBs) in Socio-Cultural Perspective." *Latin American Pastoral Issues,* 14.1 (June 1987): 34-47.

Lindgren, Alvin I. *Foundations for Purposeful Church Administration.* Nashville: Abingdon, 1965.

Lindgren, Alvin J., and Norman Shawchuck. *Management for Your Church: How to Realize Your Church Potential Through a Systems Approach.* Nashville: Abingdon, 1977.

Lingenfelter, Sherwood G., and Marvin K. Mayers. *Ministering Cross-Culturally: An Incarnational Model for Personal Relationships.* Grand Rapids: Baker, 1986.

Linthicum, Robert C. *City of God, City of Satan: A Biblical Theology for the Urban Church.* Grand Rapids: Zondervan, 1991.

_____. "Doing Effective Ministry in the City." *Together,* 18 (Apr.-June 1988): 1-2.

_____. Towards a Biblical Urban Theology." *Together,* 18 (Apr.-June, 1988): 4-5.

Löffler, Paul. "The Confessing Community: Evangelism in Ecumenical Perspective." *International Review of Mission,* 66.264 (Oct.1977): 339-48.

Luzbetak, Louis. *The Church and Cultures: New Perspectives in Missiological Anthropology.* Maryknoll, NY.: Orbis, 1989.

McBrien, Richard P. *The Church in the Thought of Bishop John Robinson.* Philadelphia: Westminster, 1966.

McGavran, Donald A. *Ethnic Realities and the Church: Lessons from India.* South Pasadena, Calif.: William Carey Library, 1978.

_____. *Understanding Church Growth,* rev. ed. Grand Rapids: Eerdmans, 1990.

McGavran, Donald A., and George G. Hunter Ill. *Church Growth Strategies That Work.* Nashville: Abingdon. 1980.

McGavran, Donald A., and Winfield C. Am. *Back to Basics in Church Growth.* Wheaton, Ill.: Tyndale, 1981.

_____. *Growth -A New Vision for the Sunday School.* Pasadena, Calif.: Church Growth, 1980.

_____. *How to Grow a Church.* Glendale, Calif.: Regal, 1973.

_____. *Ten Steps for Church Growth.* New York: Harper and Row, 1977.

Mackay, John. "The Witness of the Reformed Churches in the World Today," *Theology Today,* 11 (Oct.1954): 373-84.

McKee, Elsie Anne. *Diakonia in the Classical Reformed Tradition and Today.* Grand Rapids: Eerdmans, 1989.

MacNair, Donald I. *The Growing Local Church.* Grand Rapids: Baker. 1975.

Malony, H. Newton. "Organized Disorganization or Disorganized Organization." *Theology News and Notes* (Oct.1976): 3-4, 27.

Marcum, Elvis. *Outreach: God's Miracle Business.* Nashville: Broadman, 1975.

Martin, David. *Tongues of Fire: The Explosion of Protestantism in Latin America.* Oxford: Blackwell, 1990

Martin, Ralph R. *The Family and the Fellowship: New Testament Images of the Church.* Grand Rapids: Eerdmans, 1979.

Mayers, Marvin K. *Christianity Confronts Culture: A Strategy for CrossCultural Evangelism.* Grand Rapids: Zondervan, 1974.

Metz, Donald L. *New Congregations: Security and Mission in Conflict.* Philadelphia: Westminster, 1967.

Metzger, Bruce M. "The New Testament View of the Church," *TheologyToday.* 19.3 (Oct.1962): 369-80.

_____. "The Teaching of the New Testament Concerning the Church." *Concordia Theological Monthly,* 34.3 (Mar 1963): 147-55.

Mickey, Paul A., and Robert L. Wilson. *What New Creation?* Nashville: Abingdon. 1977.

Miguez-Bonino, José. "Fundamental Questions in Ecciesiology," in Sergio Torres and John Eagleson, eds. *The Challenge of Basic Christian Communities: Papers from the International Ecumenical Congress of Theology, February 20-March 2, 1980, Sao Paulo, Brazil,* I. Drury, trans. Maryknoll. N.Y: Orbis, 1981:145-59.

Miller, Donald G. *The Nature and Mission of the Church.* Richmond: John Knox. 1957.

Minear, Paul S. *Images of the Church in the New Testament.* Philadelphia: Westminster, 1960.

_____. *Jesus and His People.* New York: Association, 1956.

"Ministry in the Church, Ministry in the World -What's the Connection? A Conversation between James Adams and Celia Hahn." *Action Information,* 12.4 (July-Aug. 1986): 1-5.

"Missionary Structures of the Congregation," in *The Church for Others and the Church for the World: A Quest of Structures for Missionary Congregations.* Geneva: World Council of Churches, 1968.

Moberg, David 0. *The Church as a Social Institution: The Sociology of American Religion.* Englewood Cliffs, N.J.: Prentice-Hall, 1962.

Moltmann, Jürgen, y Hans Küng. Who Has the Say in the Church? New York: Harper and Row, 1981.

Moltmann, Jürgen, and M. Douglas Meeks. *Hope for the Church: Moltmann in Dialog with Practical Theology,* T. Runyan, ed. and trans. Nashville: Abingdon, 1979.

_____. *The Church in the Power of the Spirit.* New York: Harper and Row, 1977.

Myers, David G. "Faith and Action: A Seamless Tapestry." *Christianity Today,* 24.20 (21 Nov.1980): 16-19.

Myers, Harold, ed. *Leaders.* Waco, TX.: Word, 1987.

Myra. Harold, ed. *Leaders: Learning Leadership from Some of Christianity's Best.* Carol Stream, Ill.: Christianity Today, 1986.

Neighbor, Ralph W., Jr. *Where Do We Go from Here? A Guidebook for the Cell-Group Church.* Houston: Touch, 1990.

Neill, Stephen C. *Colonialism and Christian Missions.* New York: McGraw-Hill. 1966.

_____. *Creative Tension.* New York: Friendship, 1959.

_____. *Fulfill Thy Ministry.* New York: Harper, 1952.

_____. ed. *Twentieth Century Christianity: A Survey of Modern Religious Trends by Leading Churchmen,* rev. ed. Garden City, N.Y.: Doubleday, 1963.

Nelson, C. Ellis. *Congregations: Their Power to Form and Transform.* Atlanta: John Knox, 1988.

Newbigin, J. E. Lesslie. "Can the West Be Converted?," *Princeton Seminary Bulletin,* n.s. 6.1(1985): 25-37.

_____. *Foolishness to the Greeks: The Gospel and Western Culture.* Grand Rapids: Eerdmans, 1986.

_____. *Sign of the Kingdom.* Grand Rapids: Eerdmans. 1981.

_____. *The Good Shepherd: Meditations on Christian Ministry in Today S World.* Grand Rapids: Eerdmans, 1977.

_____. *The Gospel in a Pluralist Society.* Grand Rapids: Eerdmans, 1989.

_____. *The Household of God: Lectures on the Nature of the Church.* New York: Friendship, 1954.

_____. *The Life and Mission of the Church.* Ban galore, India: Student Christian Movement, 1958.

_____. *The Open Secret: Sketches for a Missionary Theology.* Grand Rapids: Eerdmans, 1978.

Nicholls, Bruce J., and Kenneth Kantzer. *In Word and Deed: Evangelism and Social Responsibility.* Grand Rapids: Eerdmans, 1986.

Niebuhr, H. Richard; Wilhelm Pauck, and Francis R Miller. *The Church Against the World.* Chicago: Willett, Clark and Co., 1935.

Ogden, Greg. "The Pastor as Change Agent," *Theology News and Notes* (June 1990): 8-10.

Osborne, Larry W. *The Unity Factor: Getting Your Church Leaders to Work Together,* Waco, TX.: Word, 1989.

Ott, E. Stanley. *The Vibrant Church: A People-Building Plan for Congregational Health.* Ventura, Calif.: Regal, 1989.

Padilla, C. Rene. "A New Ecciesiology in Latin America." *International Bulletin of Missionary Research,* 11.4 (Oct.1987): 156-64.

_____. *Mission Between the Times: The Essays of C. René Padilla.* Grand Rapids: Eerdmans, 1985.

_____. ed. *The New Face of Evangelicalism: An International Symposium on the Lausanne Covenant.* Downers Grove, Ill.: Inter-Varsity, 1976.

Pannenberg, Wolfhart; Avery Dulles, and Carl E. Braaten. *Spirit, Faith, and Church*. Philadelphia: Westminster, 1970.

Payton, James R., Jr. "The Reformed Concept of the Church with Ecumenical Implications." *Reformed Ecumenical Synod Theological Forum*, 10.1, 2 (June 1982): 3-12.

Pederson, Donald R. "Taking Charge as a Pastoral Leader." *Action Information*, 13.1 (Jan.-Feb. 1987): 1-6.

Pendorf, James G., and Helmer C. Lundquist. *Church Organization: A Manual for Effective Local Church Administration*. Wilton, Conn.: Morehouse-Barlow, 1977.

Perry, Lloyd M., and Norman Shawchuck. *Revitalizing the Twentieth Century Church*. Chicago: Moody, 1982.

Peters, George L. *A Biblical Theology of Missions*. Chicago: Moody, 1972.

_____. *A Theology of Church Growth*. Grand Rapids: Zondervan, 1981.

_____. *Saturation Evangelism*. Grand Rapids: Zondervan, 1970.

Petersen, J. Randall. "Church Growth: A Limitation of Numbers?" *Christianity Today*, 25.6 (27 March 1981): 18-23.

Phillips, William. "In Search of a Leader." *Action Information*, 13.3 (May-June 1987): 1-6.

_____. "Understanding the Congregation: A Systems Approach." *Action Information*, 13.6 (Nov.-Dec. 1987): 18-20.

Piet, John H. *The Road Ahead. A Theology for the Church in Mission*. Grand Rapids: Eerdmans, 1970.

Piper, John. *Let the Nations be Glad! The Supremacy of God in Missions*. G.R.: Baker, 1993, 2003, 2010.

"Planning Concepts." *Christian Leadership Letter* (Sept.1987): 1-3.

Powell, Paul W *How to Make Your Church Hum*. Nashville: Broadman, 1977.

Price, Peter. *The Church as the Kingdom: A New Way of Being the Church*. London: Marshal, Morgan, and Scott, 1987.

Raines, Robert A. *The Secular Congregation*. New York: Harper and Row, 1968.

"Redemptive Work of Christ and the Ministry of His Church." *Encounter*, 25.1 (Winter 1964): 105-29.

Reeves, R. Daniel, and Ronald Jenson. *Always Advancing:Mlodern Strategies for Church Growth*. San Bernardino, Calif.: Here's Life, 1984.

"Report of the Section on Unity," in *New Delhi Report 3rd Assembly Delhi, 1961*. New York: Association for World Council of Churches, 1962.

Reumann, John, ed. *The Church Emerging: A U.S. Lutheran Case Study*. Philadelphia: Fortress, 1977.

Richards, Lawrence 0. *A New Face for the Church*. Grand Rapids: Zondervan, 1970.

_____. "The Great American Congregation: An Illusive Ideal?" *Christianity Today*, 24.20 (21 Nov.1980): 20-23.

Richards, Lawrence 0., and Clyde Hoeldtke. *A Theology of Church Leadership*. Grand Rapids: Zondervan, 1980.

Richards, Lawrence 0., and Gilbert Martin. *Lay Ministry: Empowering the People* of God. Grand Rapids: Zondervan, 1981.

Richardson, William J., ed. *The Church as Sign*. Maryknoll, N.Y: Orbis, 1968.

Ridderbos, Herman N. *Church, World, Kingdom*. Potchefstroom, South Africa: Institut vir die Befordering van Calvinisme, 1979.

_____. *Paul,* I. R. DeWitt, trans. Grand Rapids: Eerdmans, 1975.

_____. *The Coming of the Kingdom,* H. de Jongste, trans. Philadelphia: Presbyterian and Reformed, 1962.

Robinson, Jo Ann D. *Abraham Went Out A Biography of A. I Muste.* Philadelphia: Temple University Press, 1982.

Rocker, Dolore. and Kenneth I. Pierre. *Shared Ministry: An Integrated Approach to Leadership and Service.* Minnesota: Saint Mary's, 1984.

Roof. Wade Clark, and William McKinney. *American Mainline Religion: Its Changing Shape and Future.* New Brunswick: Rutgers University Press, 1987.

Roozen, David A.: William McKinney, and Jackson W. Carroll, eds. *Varieties* of *Religious Presence: Mission in Public Life. New* York: Pilgrim, 1984.

Rose, Larry L., and C. Kirk Hadaway, eds. *An Urban World: Churches Face the Future.* Nashville: Broadman, 1984.

Rouch. Mark A. *Competent Ministry: A Guide to Effective Continuing Education.* Nashville: Abingdon, 1974.

Sample, Tex. *BlueCollar Ministry Facing Economic and Social Realities of Working People.* Valley Forge, Pa.: Judson. 1984.

Sauer, James B. *Vision for Tomorrow: Influencing the Future through Planning and Leadership Development.* Presbyterian Church in Canada, 1983.

Savage, John S. "Ministry to Missing Members." *Leadership,* 8.2 (Spring 1987): 116-21.

Sawyer, Dennis. "Torn Between Church and Community." *Leadership,* 7.4 (Fall 1986): 75-77.

Schaeffer, Francis A. *The Mark of the Christian.* Downers Grove, Ill.; Inter-Varsity, 1969.

Schaller, Lyle E. *Activating the Passive Church.* Nashville: Abingdon, 1981.

_____. *Getting Things Done: Concepts and Skills for Leaders.* Nashville: Abingdon. 1986.

_____. *Growing Plans: Strategies to Increase Your Church's Membership.* Nashville: Abingdon, 1983.

_____. *Hey! That's Our Church!* Nashville: Abingdon, 1975.

_____. *It's a Different World: The Challenge for Today's Pastor.* Nashville: Abingdon, 1987.

_____. *Looking in the Mirror Self-Appraisal in the Local Church.* Nashville: Abingdon, 1984.

_____. "Marks of a Healthy Church." *Parish Paper.* New York: Reformed Church in America, 1983.

_____. *Planning for Protestantism in Urban America.* Nashville: Abingdon, 1965.

_____. *Reflections of a Contrarian: Second Thoughts on the Parish Ministry.* Nashville: Abingdon, 1989.

_____. *The Change Agent: The Strategy of Innovative Leadership.* Nashville: Abingdon, 1972.

_____. *The Decision-Makers: How to Improve the Quality of Decision-Making in the Churches.* Nashville: Abingdon, 1974.

_____. *The Pastor and the People: Building a New Partnership for Effective Ministry.* Nashville: Abingdon, 1973.

Schaller, Lyle E., and Charles A. Tidwell. *Creative Church Administration.* Nashville: Abingdon, 1975.

Schillebeeckx, Edward. *Ministry,* J. Bowden, trans. New York: Crossroad, 1981.

Schlink, Edmund. *The Coming Christ and the Coming Church.* Philadelphia: Fortress, 1968.

Schmemann, Alexander. *Church, World, Mission: Reflections on Orthodoxy in the West.* Crestwood, N.Y: St. Vladimir's Seminary Press, 1979.

Schuller, Robert. *Your Church Has Real Possibilities.* Glendale, Cal if.: Regal, 1974. Scott, Waldron. *Karl Barth's Theology of Mission.* Downers Grove, Ill.: Inter-Varsity, 1978.

Scouteris, Constantine. " The People of God-Its Unity and Its Glory: A Discussion of John 17:17-24 in the Light of Patristic Thought." *Greek Orthodox Theological Review,* 30.4 (Winter 1985): 399-420.

Segundo, Juan Luis. *The Community Called Church,* J. Drury, trans. Maryknoll, N.Y.: Orbis, 1973.

Sexton, Virgil W. *Listening to the Church: A Realistic Profile of Grass Roots Opinion.* Nashville: Abingdon, 1971.

Shannon, Foster H. *The Growth Crisis in the American Church: A Presbyterian Case Study.* South Pasadena, Calif.: William Carey Library, 1977.

Sheip, Earl E., and Ronald H. Sutherland. *The Pastor as Prophet.* New York: Pilgrim, 1985.

Shenk, Wilbert. *Exploring Church Growth.* Grand Rapids: Eerdmans, 1983.

_____. "Missionary Congregations." *Mission Focus* (March 1978): 13-14.

_____. *The Challenge of Church Growth.* Scottdale, Pa.: Herald, 1973.

Sheppard, David. *Built As a City: God and the Urban World Today.* London: Hodder and Stoughton, 1974.

Sider, Ronald J. *Rich Christians in an Age of Hunger: A Biblical Study.* Downers Grove, Ill.: Inter-Varsity, 1977.

_____, ed. *Cry Justice: The Bible on Hunger and Poverty.* New York: Paulist, 1980.

Silber, Mark B. "Successful Supervisory Secrets: Lessons of Leadership." *PACE* (Nov. 1985): 89-93.

Sine, Tom. *The Mustard Seed Conspiracy: You Can Make a Difference in Tomorrow's Troubled World.* Waco, TX.: Word, 1981.

Smith, Donald P. *Congregations Alive.* Philadelphia: Westminster, 1981.

Smith, W. Douglas, Jr. *Toward Continuous Mission: Strategizing for the Evangelization of Bolivia.* South Pasadena, Calif.: William Carey Library, 1977.

Snyder, Howard A. *The Community of the King.* Downers Grove, Ill.: Inter-Varsity, 1977.

_____. *The Problem of Wine Skins: Church Renewal in a Technological Age.* Downers Grove, Ill.: Inter-Varsity, 1975.

_____. *Liberating the Church: The Ecology of Church and Kingdom.* Downers Grove, Ill.: Inter-Varsity, 1982.

Sobrino, Jon. *The True Church and the Poor.* Maryknoll, N.Y: Orbis, 1984.

Southard, Samuel. *Training Church Members for Pastoral Care.* Valley Forge, Pa.: Judson, 1982.

Stapert, John. "What Church Cares About Love?" *Church Herald,* 43.12 (27 June 1986): 4-5.

Stott, John R. W *Christian Mission in the Modern World.* Downers Grove, Ill.: Inter-Varsity, 1975.

_____. "The Living God Is a Missionary God," in: Ralph D. Winter and Steve Hawthord, eds. *Perspectives on the World Christian Movement: A Reader.* South Pasadena, Calif.: William Carey Library, 1981: 10-18.

Sundkler, Bengt G. *The World of Mission,* E. J. Sharpe. trans. Grand Rapids: Eerdmans, 1963.

Surrey, Peter J. *The Small Town Church.* Nashville: Abingdon, 1981.

Thung, Mady A. "An Alternative Model for a Missionary Church: An Approach of the Sociology of Organizations." *Ecumenical Review,* 30.1 (Jan.1978): 18-31.

_____. *The Precarious Organization: Sociological Explorations of the Church's Mission and Structure.* The Hague: Mouton, 1976.

Tillapaugh, Frank. *The Church Unleashed: Getting God's People Out Where the Needs Are.* Ventura, Calif.: Regal, 1982.

Tollefson, Kenneth. "The Nehemiah Model for Christian Missions." *Missiology,* 15.1 (Jan.1987): 31-55.

Torrance, Thomas E "The Mission of the Church," *Scottish Journal of Theology,* 19.2 (June 1966): 129-43.

Torres, Sergio, and John Eagleson, eds. *The Challenge of Basic Christian Communities,* J. Drury, trans. Maryknoll, N.Y: Orbis, 1981.

Towns. Elmer L., John N. Vaughan, and David J. Seifert. *The Complete Book of Church Growth.* Wheaton, Ill.: Tyndale, 1981.

Trueblood, D. Elton. *The New Man for Our Time.* New York: Harper and Row, 1970.

Valenzuela, José Antonio. "Biblia y Unidad de Ia Iglesia," *Presencia Ecuménica,* 9 (Apr.1988): 8-13.

Van den Heuvel, Albert H. *The Humiliation of the Church.* Philadelphia: Westminster, 1966.

Van Engen, Charles. "A Portrait of Our Church." Unpublished congregational self-study form, Holland, Mich., 1985.

_____. "Church Growth, Yes! But Which Kind?" *Church Herald,* 34.16 (5 Aug. 1977): 12-13, 28.

_____. "Get Behind Me, Satan." *Church Herald,* 37.20 (3 Oct.1980): 10-12, 29.

_____. "Let's Contextualize Kingdom Growth." *Church Herald,* 35.22 (3 Nov. 1978): 10-12.

_____. "Pastors as Leaders in the Church." *Theology News and Notes* (June 1989): 15-19.

_____. *The Growth of the True Church.* Amsterdam: Rodopi, 1981.

_____. "The Kind of Men God Calls." *Church Herald,* 30.33 (5 Oct.1973): 10,21.

_____. "The Reformed Contribution in Mission in the City Tomorrow." Unpublished lecture, Chicago, 1986.

_____. "Who Receives the Vision?" *Church Herald.* 30.22 (1 June 1973)12-14.

_____. "Your Church Cannot Grow -Without the Holy Spirit." *Church Herald.* 35.8 (21 Apr.1978): 6-8.

Van Klinken, Jaap. *Diakonia: Mutual Helping with Justice and Compassion.* Grand Rapids: Eerdmans. 1989.

Verkuyl, Johannes. *Contemporary Missiology: An Introduction,* D Cooper. trans. Grand Rapids: Eerdmans. 1978.

_____. *Break Down the Waits: A Christian Cry for Racial Justice.* Grand Rapids: Eerdmans, 1973.

Vicedom, George F. *The Mission of God: An Introduction to a Theology of Mssion,* G. A. Thiele. D. Hilgendorf, trans. St. Louis: Concordia, 1965.

Visser T'Hooft, W. A. *The Pressure of Our Common Calling.* New York: Doubleday, 1959.

Voelkel, Jack. *Student Evangelism in a World of Recolution.* Grand Rapids: Zondervan, 1974.

Vos, Geerhardus. *The Teaching of Jesus Concerning the Kingdom and the Church.* Grand Rapids: Eerdmans, 1958.

Wagner, C. Peter. "Aiming at Church Growth in the Eighties." *Christianity Today* (Nov. 21, 1980): 24-27.

_____. *Church Growth and the Whole Gospel: A Biblical Mandate.* San Francisco: Harper and Row, 1981.

_____. *Leading Your Church to Growth: The Secret of Pastor-People Partnership in Dynamic Church Growth.* Ventura, Calif.: Regal, 1984.

_____. *Our Kind of People: The Ethical Dimensions of Church Growth in America.* Atlanta: John Knox, 1979.

_____. *Your Church and Church Growth,* packaged set of materials. Pasadena, Calif.: Fuller Evangelistic Association, 1976.

_____. *Your Church Can Be Healthy.* Nashville: Abingdon, 1970.

_____. *Your Church Can Grow.* Glendale, Calif.: Regal, 1984.

_____. *Your Spiritual Gifts Can Help Your Church Grow.* Glendale, Calif.: Regal, 1979.

Wainwright, Geoffrey. *The Ecumenical Moment: Crisis and Opportunity for the Church.* Grand Rapids: Eerdmans, 1983.

Wakatama, Pius. *Independence for the Third World Church: An African's Perspective on Missionary Work.* Downers Grove, Ill.: Inter-Varsity, 1976.

Wallis, Jim. *Agenda for Biblical People.* New York: Harper and Row. 1976.

Wairath, Douglas A. *Leading Churches Through Change.* Nashville: Abingdon 1979.

_____. *New Possibilities for Small Churches.* New York: Pilgrim, 1983.

_____. *Planning for Your Church.* Philadelphia: Westminster, 1984.

Warren, M. A. C. "The Missionary Obligation of the Church in the Present Historical Situation." *International Review of Missions,* 39 (Oct.1950): 393-408.

_____. *I Believe in the Great Commission.* Grand Rapids: Eerdmans, 1976.

Wasdell, David. "The Evolution of Missionary Congregations." *International Review of Mission,* 66 (Oct.1977): 366-72.

Watson, David C. K. *I Believe in the Church,* 1st American ed. Grand Rapids: Eerdmans, 1979.

_____. *I Believe in Evangelism,* 1st American ed. Grand Rapids: Eerdmans, 1976.

Webber, George W. *The Congregation in Mission: Emerging Structures for the Church in an Urban Society.* Nashville: Abingdon, 1964.

Webber, Robert E. *The Church in the World: Opposition. Tension, or Transformation?* Grand Rapids: Zondervan. 1986.

Weeden, Larry K., ed. *The Magnetic Fellowship: Reaching and Keeping People.* Waco, TX.: Word, 1988.

Wells, David. Reigniting Some Reformation Fire." *Christianity Today,* 24.18 (24 Oct.1980): 14-19.

Welsh, John R. "Comunidades Ecleslais de Base: A New Way to Be Church." *America,* 154.5 (8 Feb.1986): 85-88.

Werning, Waldo J. *Vision and Strategy for Church Growth.* Chicago: Moody, 1977.

Westerhoff, John H., Ill. *A Pilgrim People: Learning Through the Church Year.* New York: Harper and Row, 1984.

Wieser, Thomas, ed. *Planning for Mission: Working Papers on the New Quest for Missionary Communities.* New York: U.S. Conference, World Council of Churches, 1966.

Williams, Cohn W *The Church.* Philadelphia: Westminster, 1975.

_____. *Where in the World? Changing Forms of the Church's Witness.* New York: National Council of Churches of Christ, 1963.

Wilson, Frederick, ed. *The San Antonio Report: Your Will Be Done. Mission in Christ's Way.* Geneva: World Council of Churches, 1990.

Wilson, Robert L. "How the Church Takes Shape." *Global Church Growth,* 20.6 (Nov.-Dec. 1983): 325-27.

Woelfel, James W. *Bonhoeffer's Theology: Classical and Revolutionary.* Nashville: Abingdon, 1970.

Wofford, Jerry, and Kenneth Kllinski. *Organization and Leadership in the Local Church.* Grand Rapids: Zondervan, 1973.

Womack, David A. *Breaking the Stained-Glass Barrier.* New York: Harper and Row, 1973.

World Alliance of Reformed Churches. "Diakonia 2000: Who Gives? Who Receives?" *Reformed Press Service,* 254 (Jan. 1987): 1-6.

Worley, Robert. *A Gathering of Strangers: Understanding the Life of Your Church.* Philadelphia: Westminster, 1976.

Wuthnow, Robert. "Evangelicals, Liberals, and the Perils of Individualism." *Perspectives* 6.5 (May 1991): 10-13.

Yancey, Philip. "The Shape of God's Body." *Leadership,* 8.3 (Summer 1987): 88-94.

Yoder, John H. "The Experiential Etiology of Evangelical Dualism." *Missiology,* 11.4 (Oct.1983): 449-59.

_____. *The Politics of Jesus.* Grand Rapids: Eerdmans, 1972.

Your Kingdom Come: Mission Perspectives; Report on the World Conference on Mission and Evangelism, Melbourne, Australia, 12-25 May 1980. Geneva: World Council of Churches, 1980.

Ziegenhals, Walter E. *Urban Churches in Transition: Reflections on Selected Problems and Approaches to Churches and Communities in Racial Transition Based on the Chicago Experience.* New York: Pilgrim, 1978.

Zikmund, Barbara Brown. *Discovering the Church.* Philadelphia: Westminster, 1983.

Zwaanstra, Henry. "Abraham Kuyper's Conception of the Church." *Calvin Theological Journal, 9* (Apr-Nov. 1974): 149-81.

_____. "The Reformed Conception of the Church and Its Ecumenical Implications." *Theological Forum,* 10.1, 2 (June 1982): 13-22.